U0532480

百年中国

百年中国
百个"三"

Bainian Zhongguo
Baigesan

主　编　聂　剑
副主编　王　员
　　　　方振凡

江西人民出版社

前 言

20世纪初迄今的百年，是中华民族从屈辱、抗争，走向崛起的百年，是波澜壮阔的百年。

浩瀚的历史，有许多事件颇具妙趣，百年中国就有不少事件与"三"这个数字机缘巧合，《百年中国百个"三"》将这些"巧合"汇集起来，让读者分享其中趣味。

本书的编写，是为了落实中宣部和教育部关于《普通高校思想政治理论课建设体系创新计划》的要求，加强和改进思想政治理论课教育教学。本着构建"体现思想性、科学性、可读性相统一的立体化教材体系"的精神，选取百年中国的相关内容，为高校师生提供与《中国近现代史纲要》及《毛泽东思想和中国特色社会主义理论体系概论》课程相配套的，符合实际需要的教学参考书。本书可以作为思想政治理论课教师参考书、学生辅学读本，也可以作为中国近现代史知识的普及读物。

我们相信，《百年中国百个"三"》对于提高读者阅读历史书籍的兴趣，让读者在轻松有趣的状态下加深对百年中国的了解，会有助益。

目 录

前 言 1

总 论

1 马克思主义三个组成部分 2
2 中国半殖民地半封建化三个阶段 4
3 三座大山 8
4 三次革命高潮 11
5 中国三次近代化运动 14
6 三次国内革命战争 18
7 三次思想解放运动 20
8 中国共产党历史上三次重大转折 25
9 毛泽东思想三个活的灵魂 28
10 共产党的三大优良作风 31
11 人民军队三大民主 33
12 20 世纪中国三次历史巨变 35

分 论

13 外国列强三次占领中国都城 40
14 北洋三杰 43
15 北洋军阀三大派系 46
16 三民主义 48

17 孙中山"建国三时期说" ………………………… 51
18 第三国际 …………………………………………… 54
19 李大钊早期宣传马克思主义三篇重要论文 …… 57
20 马克思主义在中国传播初期的三次论战 ……… 60
21 黄埔三杰 …………………………………………… 63
22 三民主义同志联合会 …………………………… 67
23 中国工人运动三次高潮 ………………………… 70
24 早期农民运动三大领袖 ………………………… 73
25 国民党右派三次反共事件 ……………………… 76
26 北伐战争三大主战场 …………………………… 80
27 上海工人三次武装起义 ………………………… 82
28 1927年共产党领导的三大武装起义 ………… 85
29 三大纪律、八项注意 …………………………… 88
30 龙潭三杰 ………………………………………… 91
31 土地革命时期三次"左"倾错误 ………………… 95
32 长征路上的"三人团" …………………………… 98
33 红军三大主力会师 ……………………………… 101
34 南方三年游击战争 ……………………………… 104
35 联合国民党抗日三个步骤 ……………………… 107
36 抗日战争三个阶段 ……………………………… 110
37 近卫三次对华声明 ……………………………… 113
38 "三光政策" ……………………………………… 115
39 "三三制" ………………………………………… 118
40 延安整风整顿三风 ……………………………… 121
41 国民党顽固派三次反共高潮 …………………… 124
42 三项自卫原则 …………………………………… 127
43 三青团 …………………………………………… 129
44 "和平、民主、团结"三大口号 ………………… 132
45 抗战胜利后三种不同的建国方针 ……………… 135

46 第二条战线上的"三反运动" 138

47 第三党 140

48 第三条道路 143

49 延安保卫战三战三捷 146

50 三查三整 150

51 新民主主义革命三大纲领 153

52 新民主主义革命胜利三大法宝 156

53 "党的三大建设" 159

54 军队政治工作三大原则 162

55 解放战争三个阶段 165

56 解放战争三大战役 168

57 解决国民党武装三种基本方式 171

58 蒋介石三次下野 174

59 宋氏三姐妹 177

60 新中国成立初期三大运动 180

61 "三反""五反"运动 183

62 社会主义三大改造 185

63 新中国成立初期国营经济建立的三大途径 188

64 三大差别 190

65 新中国成立初期的三大外交政策 193

66 三个主体,三个补充 196

67 三面红旗 198

68 "老三篇" 201

69 三级所有,队为基础 204

70 "三自一包、四大自由" 206

71 两参一改三结合 208

72 三年困难时期 211

73 三查运动 214

74 我国农业社会主义改造的三个阶段 217

75 正确认识改革开放前后两个 30 年 220
76 三线建设 224
77 三支两军 227
78 "三要三不要" 230
79 "三个世界划分"理论 233
80 民国三大校长 235
81 邓小平的"三落三起" 238
82 十一届三中全会 241
83 中美三个联合公报 243
84 两岸"三通" 245
85 教育的三个面向 248
86 清理"三种人" 251
87 现代化建设三步走战略 253
88 "三个有利于"标准 255
89 "三讲"教育 258
90 社会主义公有制的三大组成部分 261
91 "三资"企业 264
92 "三农"问题 267
93 传统社会主义的三大特征 270
94 "三个代表"重要思想 272
95 三股势力 275
96 三个文明 279
97 中国特色社会主义的三位一体 281
98 三个自信 283
99 现代中国三个三十年 286
100 "三严三实"专题教育 289

后　　记 292

总论

1 马克思主义三个组成部分

> 马克思主义有三个组成部分,是指马克思主义哲学、马克思主义政治经济学和科学社会主义三大部分。

问题的起源

说马克思主义有三个组成部分,这是就基本内容来说的。人们认为,"马克思主义三个组成部分"的说法是来自于列宁的论述。

1913年3月,为纪念马克思逝世30周年,同时也为了彻底粉碎国内外阶级敌人对马克思主义的猖狂进攻,捍卫马克思主义的基本理论原则,向工人阶级进行马克思主义基本理论教育,列宁发表了《马克思主义的三个来源和三个组成部分》的重要文章。文章驳斥了资产阶级和修正主义者对马克思主义的攻击和"修正",概括地论述了马克思主义理论的三个来源和三个组成部分。列宁的原本概括是:第一,"马克思主义的哲学",包括"马克思的辩证唯物主义"和"马克思的历史唯物主义"。第二,"马克思的经济理论"。第三,"阶级斗争学说"。

列宁对马克思主义三个组成部分的概括和我们现在的说法不完全一致。1919年10月,近代中国传播马克思主义的第一人李大钊发表了我国第一部系统全面介绍马克思主义的具有划时代意义的文章《我的马克思主义观》,阐述了马克思主义的三个组成部分即唯物史观、政治经济学和科学社会主义。指出"这三部理论,都有不可分割的关系,而阶级竞争说恰如一条金线,把这三大原理从根本上联络起来"。由此,马克思主义三个组成部分的说法开始在中国流行起来。

三个组成部分的内容与关系

今天我们所说的马克思主义三个组成部分是指马克思主义哲学、马克思主义政治经济学和科学社会主义三大部分。

马克思主义的三个组成部分

马克思主义哲学是无产阶级的科学世界观和方法论，是无产阶级及其政党认识世界和改造世界的思想武器。

马克思主义政治经济学阐明了剩余价值学说，揭开了资本主义剥削的秘密，揭示了资本主义生产方式的本质及其产生、发展和灭亡的客观规律，阐述了无产阶级在资本主义社会中的地位和历史使命，为无产阶级革命提供了理论依据。

科学社会主义以马克思主义哲学和政治经济学为理论基础，阐明了无产阶级解放运动的条件和发展规律，指出了无产阶级彻底解放的正确道路，这就是推翻资产阶级统治，用无产阶级专政代替资产阶级专政，建立"各尽所能、按劳分配"的社会主义社会，并最终实现"各尽所能、按需分配"的共产主义社会。

马克思主义的三个组成部分是一个有机统一的整体。马克思主义哲学是马克思主义全部学说的理论基础，马克思主义政治经济学是马克思主义哲学的运用与证明，科学社会主义既是马克思主义哲学和政治经济学的运用，又是马克思主义哲学和政治经济学的落脚点。它们共同构成了马克思主义完整的科学体系。

马克思主义三个组成部分划分的意义

马克思主义三个组成部分的划分和表述，是列宁经过长期钻研形成的对马克思主义独立、独到、独特的新见解，有着重要的意义。它有助于我们在面对马克思主义博大精深的理论体系时，快速抓住马克思主义理论中最核心和最主要的内容。特别是在面向广大工农大众，传播马克思主义、推进马克思主义大众化的过程中，它能够帮助我们在整体把握马克思主义的同时，以最通俗的表达，让人们在最短的时间内记住、理解马克思主义理论。

当然，马克思主义是一个完整的、内容十分丰富的理论体系，我们切不可将马克思主义机械理解为就是这三大部分的内容，而是应该从整体去把握马克思主义的精髓及其立场、观点、方法。

【知识链接】

列宁：《马克思主义的三个来源和三个组成部分》，《列宁全集》第19卷，人民出版社1959年版。

高放：《马克思主义没有三个组成部分吗？——兼谈马克思主义教研体系改革问题》，《江汉论坛》，2005年第5期。

2 中国半殖民地半封建化三个阶段

> 中国史学界把从1840年鸦片战争爆发到1949年中华人民共和国成立前这一历史时期的中国近代社会，称之为半殖民地半封建社会。中国的半殖民地半封建社会形态是在历史发展过程中，随着资本主义侵略的加深而逐渐形成的，其主要标志是资本主义列强发动的一系列侵略战争以及中国被迫签订的一系列不平等条约。其形成过程大致可以分为半殖民地半封建社会的开端、程度加深和定型三个阶段。

半殖民地半封建社会的开端

所谓半殖民地国家，就是这个国家在形式上还是一个独立的国家，还没有亡国，但领土、主权的完整遭到了严重的破坏。所谓半封建社会，是指原有的封建自然经济遭到破坏，已经有了资本主义经济，但发展不充分，封建剥削关系仍占主要地位。

1840年英国发动鸦片战争，清政府战败，并于1842年签订了中国近代史上第一个不平等条约——《南京条约》。条约主要内容及危害有：（一）割让香港岛给英国，破坏了中国领土主权完整；（二）中国赔偿英国款项总计2100万银元，相当于清政府全年财政收入的三分之一，为此清政府加强了对人民的压榨，加重了人民的负担；（三）开放广州、福州、厦门、宁波、上海为通商口岸，使我国东南沿海的门户洞开，为外国资本主义的商品输出提供了便利条件；（四）进行关税协议，中国向英国商人征收进出口货物税，必须同英国政府商议，破坏了中国的关税自主权，为外国侵略者对中国进行经济掠夺提供了有利条件。《南京条约》签订后，英、法、美等西方列强又通过一系列不平等条约，在中国攫取了领事裁判权、片面最惠国待遇等许多特权。

鸦片战争以前，中国是一个独立自主的封建国家，清政府行使全部主权。鸦片战争以后,《南京条约》的签订使中国的领土、关税、贸易等主权开始遭到破坏。同时,西方资本主义国家向中国倾销商品、掠夺原料,逐步地把中国卷入世界资本主义市场,中国自给自足的自然经济开始解体。因此,中国开始沦为半殖民地半封建社会。

第二次鸦片战争后,英、法、俄、美等国继续与清政府签订了一系列不平等条约,侵犯了我国更多的权益。例如:外国公使进驻北京,开始直接干涉清政府的内政外交;增开天津、九江、南京、镇江等11处为通商口岸,资本主义侵略势力开始扩张到整个沿海地区和长江流域,开始侵犯中国的沿海及内河航运主权;外国人可以进入内地游历、通商和传教;沙俄通过1858年的《瑷珲条约》、1860年的《北京条约》和1864年的《勘分西北界约记》,先后割占了我国领土144万多平方公里。

半殖民地半封建化程度的加深

1895年甲午战败后签订的《马关条约》是中国半殖民地半封建化严重加深的标志,它使中国丧失了更多的主权,使得帝国主义大大加强了对中国经济、政

1895年李鸿章在日本马关与日本全权代表签订《马关条约》

治的控制。《马关条约》主要内容及危害有：(一) 规定割辽东半岛 (后归还)、台湾及其附属岛屿、澎湖列岛给日本，进一步破坏了中国的领土主权，引起了帝国主义瓜分中国的狂潮，甲午战争后仅仅两三年，中国的主要地区大部分都被列强们瓜分为各自的势力范围；(二) 赔偿日本军费白银2亿两，巨额赔款相当于清政府三年财政收入的总和，大大加重了中国人民的负担。清政府无力偿还，只有大借外债，从而便利了西方列强通过贷款控制中国的财政和经济命脉；(三) 开放沙市、重庆、苏州、杭州为商埠，帝国主义侵略势力已深入到内地；(四) 允许日本在通商口岸开设工厂，产品运销内地免收内地税。《马关条约》第一次允许帝国主义对华资本输出，列强们争先恐后在华投资办厂，中国不仅是帝国主义列强商品的销售场所，也是他们的投资场所。帝国主义列强利用中国的原料和廉价劳动力，进行高额利润的生产，中国经济更进一步沦为帝国主义的附庸。《马关条约》的签订使得外国资本主义对中国的侵略进入了一个新的阶段。甲午战争以后，随着列强对华资本输出步伐的加快和中国民族资本主义的初步发展，中国自然经济解体的进程加快。因此，中国社会半殖民地半封建化的程度大大加深了。

半殖民地半封建化社会的定型

列强为维护其在华利益，组成了八国联军，又一次发动了侵华战争。1900年8月，联军攻进北京，清政府求和，对义和团"痛加剿除"，并于1901年9月同英、俄、美、法、日、德、意、奥、西、比、荷11国签订了《辛丑条约》，主要内容有：(一) 清政府向各国赔款白银4.5亿两，年息4厘，本息共计约9.8亿两，以关税、盐税和常关税作为担保，分39年还清，巨额的赔款给中国的财政和经济发展造成巨大伤害；(二) 划北京东交民巷为"使馆界"，允许各国驻兵保护，不准中国人居住；(三) 拆毁大沽炮台，允许帝国主义国家派兵驻扎北京到山海关铁路沿线重要地区，使清政府处于列强军事控制之下；(四) 永远禁止中国人民成立和参加任何反帝组织，各级官吏必须及时镇压人民的反帝活动；(五) 改总理衙门为外务部，"班列六部之前"，负责对外交涉。1901年《辛丑条约》的签订是中国半殖民地半封建化社会完全形成的标志，这时的帝国主义已经从政治、经济、军事、财政等方面基本控制了清政府，清政府则完全沦为了帝国主义统治中国的工具。

面对外国资本主义的入侵，腐朽的清政府对外妥协、对内镇压。中国封建势力沦为外国资本主义统治中国的工具，中国逐步变成半殖民地社会。中国卷入世

1901年清政府与侵华各国签订辛丑条约

界资本主义市场后，自然经济开始解体，民族资本主义作为一种新的经济因素出现并开始发生作用，但封建剥削制度仍占优势，中国逐步变成半封建社会。由于近代的中国是半殖民地半封建社会，所以近代中国民主革命的任务是反帝反封建，历史证明农民阶级、资产阶级无法带领人民完成这一任务，最终中国人民正确地选择了马克思主义，选择了社会主义道路。在中国共产党的领导下，中国摆脱了半殖民地半封建的状态，实现了国家的独立和民族的解放。

【知识链接】

梁景和：《中国近代史基本理论问题文献汇编》，社会科学文献出版社2013年版。

彭明、王续添：《中国近代史纲要》，华文出版社2004年版。

3 三座大山

> "三座大山",是对中国新民主主义革命时期的三大敌人的喻称,即帝国主义、封建主义、官僚资本主义。中国人民在中国共产党的领导下推翻了"三座大山",建立了新中国。

"三座大山"的由来

1922年7月,中国共产党在上海召开了第二次全国代表大会。此次会议制定了中国共产党的最低纲领:"消除内乱,打倒军阀,建立国内和平;推翻国际帝国主义的压迫,达到中华民族的完全独立;统一中国为真正的民主共和国",间接提出了要推翻帝国主义和封建主义这"两座大山"。针对"谁是我们的敌人,谁是我们的朋友"这个革命的首要问题,毛泽东在《中国社会各阶级的分析》一文中指出:"一切勾结帝国主义的军阀、官僚、买办阶级、大地主阶级以及附属于他们的一部分反动知识界,是我们的敌人",提出了中国革命的任务是打倒帝国主义、封建主义和官僚资本主义"三座大山"。在1945年6月的中国共产党第七次全国代表大会闭幕会上,毛泽东指出"现在也有两座压在中国人民头上的大山,一座叫作帝国主义,一座叫作封建主义。中国共产党早就下了决心,要挖掉这两座山"。

1949年10月1日毛泽东在天安门城楼上庄严宣告中华人民共和国中央人民政府成立

1948年4月1日,

毛泽东《在晋绥干部的讲话中》中把官僚资本主义同帝国主义、封建主义一起列为中国革命的对象。毛泽东在这个讲话中指出："无产阶级领导的，人民大众的，反对帝国主义、封建主义和官僚资本主义的革命，这就是中国的新民主主义的革命，这就是中国共产党在当前历史阶段的总路线和总政策。""三座大山"的提法最终形成。

"三座大山"之一：帝国主义

　　帝国主义掌控了旧中国的经济、政治、军事与文化，是中国人民最主要的压迫势力。帝国主义先后发动了第一次鸦片战争、第二次鸦片战争、中日甲午战争、八国联军侵华战争等一系列野蛮侵略行为，强迫中国签订《南京条约》《北京条约》《马关条约》《辛丑条约》等一系列不平等条约，从政治、经济、文化各方面控制了中国。在政治上，帝国主义列强践踏中国的神圣主权，在中国割占领土，强占租界，攫取了中国的海关主权、司法主权和外交权等诸多权益；在经济上，帝国主义控制了中国的海关，垄断了中国的金融、航运、进出口贸易等特权，牢牢控制了中国的经济命脉；在文化上，帝国主义国家通过在中国传播宗教、设立医院、开设学校、发行报纸、吸引留学生等文化侵略政策，麻痹中国人的精神，培养为他们侵略政策服务的买办文人。帝国主义在侵略过程中，还烧杀抢掠，在中国犯下滔天罪行，给中国人带来了巨大伤害。中国的近代史在一定程度上，就是帝国主义侵略中国的一部历史。

　　帝国主义的侵略遭到了中国人民的顽强反抗。从三元里抗英开始，中国人民一直顽强地反抗着帝国主义的侵略。长达八年的全面抗日战争的完全胜利，就是中国人民顽强抗击帝国主义侵略的伟大成果。1946年，毛泽东同志更是提出了"一切帝国主义和反动派都是纸老虎"的著名论断，最终带领着中国人民推翻了帝国主义这座大山。

"三座大山"之二：封建主义

　　在近代中国，封建主义是阻碍中国社会进步的最反动势力之一，这主要是因为，封建剥削制度是帝国主义统治中国的主要支柱和中国封建军阀实行专制统治的社会基础。地主阶级控制着中国广大基层政权，充当政府的官吏，北洋军阀和国民党新军阀是依靠地主阶级来对全国实行统治的。封建剥削制度是以地主占有土地，剥削农民的剩余劳动为前提的，而且还同商人、高利贷结合在一起。封建剥削制度的残酷性和封建经济自给自足的特点，使中国生产力低下，人民生活极度贫困。反对封建主义从根本上说，就是要在经济上消灭封建剥削制度，尤其是地主土地所有制；就是要在政治上消灭军阀的专制统治，消灭地主阶级。

毛主席在天安门城楼上宣告新中国成立

近代以来，广大人民发动了许多运动反抗封建统治。1851年到1864年的太平天国运动，沉重打击了清朝的封建统治，颁布了《天朝田亩制度》。根据"凡天下田，天下人同耕"的原则，按人口平均分配土地。1911年辛亥革命爆发，结束了中国两千多年的封建帝制。土地革命时期，中国共产党带领广大农民打土豪分田地，废除封建剥削与债务，满足农民的土地要求，沉重打击了封建地主阶级。解放战争和新中国成立后，中国共产党分别在解放区和新区推行土地改革运动，封建土地所有制从此被消灭。

"三座大山"之三：官僚资本主义

"官僚资本"的提法，在20世纪20年代才出现。1923年，瞿秋白在《前锋》杂志上发表《论中国之资产阶级的发展》一文，首次使用了"官僚资本"一词。虽然提法较晚，但是官僚资本早在19世纪60年代就开始产生，主要体现是清政府洋务派所办的企业。中日甲午战争后，官僚资本在工矿企业和军事企业上均有所发展，并在新兴的银行业中占有很大的势力。辛亥革命后，官僚资本转移到北洋军阀手中。到了国民政府统治时期，官僚资本达到顶峰，并和国家政权结合在一起，成为国家垄断资本主义。其中最有代表性的则是蒋介石、宋子文、孔祥熙，以及陈果夫和陈立夫四大家族的官僚资本集团。他们利用政治、经济特权攫取中国人民的财富。

【知识链接】

季为、刘江茹：《三座大山》，《档案天地》，2008年第6期。

4 三次革命高潮

> 近代史学家胡绳认为革命高潮"乃是社会力量的配备通过激烈的阶级斗争而充分地表露出来的时期"。以阶级斗争的表现作为划分的标志，近代中国的三次革命高潮分别是太平天国运动、义和团运动和辛亥革命。

太平天国运动

1851—1864年的太平天国运动是由洪秀全等领导的一场反对清政府统治和外国侵略的农民运动，是中国历史上规模最大、时间最长的农民运动。革命斗争的锋芒主要是指向封建地主阶级，指向封建政权。

1851年，洪秀全领导发动了金田起义；1853年，太平天国定都天京，颁布了《天朝田亩制度》；1856年，由于领导集团内部矛盾激化引发的天京事变成为太平天国由盛转衰的转折点；1864年，太平天国首都天京陷落，标志着运动失败。洪秀全领导的太平天国运动，体现了新时期农民战争的特点，其领导人开始向西方学习，探索中国独立、富强的途径，担负起反帝反封建的任务。

太平天国运动前，洪秀全创立拜上帝教，把儒家思想和基督教教义糅合起来，写出《原道救世歌》《原道醒世训》《原道觉世训》等著作，道出农民群众的心声，号召农民起来打倒满清皇帝及封建官僚地主。这些著作成为洪秀全领导农民进行反清运动的理论基础，也成为太平天国运动反清的旗帜。

《天朝田亩制度》是1853年太平天国定都天京后颁布的反对封建土地所有制的纲领性文件。《天朝田亩制度》规定了"凡天下田，天下人同耕"的土地分配原则，还制定了具体的分田办法。此外，这一制度还规定了"天下人人不受私，物物归上主"的产品分配原则，并实行"圣库"制度。这一纲领强烈地反映了农民要求废除封建土地私有制，最终建立一个大同社会的愿望，但这种绝对平均主义的分配方法不符合客观发展规律和中国国情，具有一定空想性。但这一纲领在实施过程中也为农民争取了一些益处，如没收地主、官僚的浮财，没收祠堂庙宇的土地，烧田契、债据，强迫地主捐款等。

而《资政新篇》是1856年太平天国遭遇"天京事变"后颁布的意在挽救太平天国政权和重振朝纲的资本主义改革纲领。《资政新篇》与《天朝田亩制度》不同，它要求建立资本主义经济体制，发展资本主义工业、商业和交通运输业，承认和保护私有财产，准许私人投资，保护专利等。《资政新篇》是较早的向西方学习的著作，虽然与《天朝田亩制度》大相径庭，但同样缺乏实践的基础，具有一定的空想性。

虽然洪秀全领导的这支农民革命队伍与封建统治阶级进行了英勇顽强的战斗，与清政府对峙了15年，势力扩展到17个省区，沉重打击了清王朝的统治，但太平天国运动只是一个没有先进阶级领导的单纯的农民战争，无法克服农民阶级所固有的保守主义、宗派主义、享乐主义等，也缺乏用科学系统的理论指导革命实践的能力，有严重的历史局限性。太平天国最后遭到国内外镇压，运动失败。此外，腐败也从根本上动摇了太平天国政权的根基。

义和团运动

1900年的义和团运动，是一次兼具自发性质和政府支持的大规模民众运动，是近代中国革命史上的第二次革命高潮。19世纪末列强瓜分中国的狂潮、美国的"门户开放"政策、洋教势力的猖獗，促使了义和团运动的爆发，斗争以"扶清灭洋"为口号，是一次伟大的反帝爱国运动。

义和团本来是长期流行在山东、直隶（今河北）一带的民间秘密结社，带有封建迷信色彩，他们利用设立神坛、画符请神等方法秘密聚众。同时义和团的成分复杂，既有贫苦农民、手工业者也有城市贫民、运输工人等。

义和团运动在山东爆发后迅速发展，1900年下半年，义和团斗争扩展到长江下游、两广、西北和西南等地区，反帝风暴席卷全国。面对迅猛发展的义和团运动，帝国主义进行武装干涉。1900年6月10日，俄、英、美、日、德、法、意、奥等八国在英国海军中将西摩尔的率领下从天津租界出发，向北京进犯。在京津铁路沿线的廊坊地区，义和团手持大刀长矛，同以洋枪洋炮武装起来的外国侵略者进行了激烈的战斗，沉重地打击了侵略者的嚣张气焰。

面对空前的民族危机，义和团运动显示了中国人民的巨大力量，有力打击了帝国主义瓜分中国的阴谋。义和团运动上承太平天国的革命精神，同时也对资产阶级革命运动的发展具有促进作用,资产阶级革命派从义和团运动中看到了群众的力量,增强了通过革命争取民族解放的信心。同时义和团运动也促进了中国广大人民群众的觉醒,是近代中国人民革命斗争的重要组成部分。

义和团的历史功绩可彪炳史册,但因没有先进阶级的领导和农民阶级固有的局限性,不可避免地具有蒙昧落后、盲目排外等弊端。腐朽无能的清政府对外投降帝国主义,对内镇压义和团运动,使义和团处于内外夹攻的困境。于是,在中外反动势力的联合绞杀下,轰轰烈烈的义和团运动失败了。

辛亥革命

以孙中山为领导的资产阶级革命派于1911年进行了辛亥革命,拉开了中国近代历史的新篇章。辛亥革命推翻了中国两千多年的封建君主专制政体,建立了资产阶级民主共和国和第一个资产阶级政权(南京临时政府),对推动中国社会进步具有重大意义。

辛亥革命使中国在经济、思想、文化和社会风俗等方面发生了许多新的变化。如:在经济方面,南京临时政府成立以后,设立实业部,颁布了一系列有利于民族工商业发展的政策和措施,国内实业集团纷纷成立,开工厂、设银行成为风气,民族资本主义得到发展;在思想方面,辛亥革命对君权神授观念和皇权思想进行了猛烈的鞭挞和批判,极大地促进了人民的思想解放,同时,辛亥革命也传播了民主思想,使民主共和观念深入人心;在社会风俗方面,新政府提倡移风易俗,破除旧时代的旧规陋习,去除封建叩拜礼仪、称呼礼仪,男子剪辫,女子放足之风迅速席卷全国等。

由于资产阶级的软弱性和妥协性,辛亥革命的果实被窃取,革命也没有彻底完成反帝反封建的任务,没有改变中国半殖民地半封建的社会性质。但辛亥革命产生了深远影响,不仅促进了新文化运动和五四运动的到来,也为马克思主义在中国的传播打开了通道,为中国共产党的诞生准备了思想条件。

把太平天国运动、义和团运动、辛亥革命作为"三次革命高潮"有一定的局限性,因为以"阶级斗争"为标志划分的"三次革命高潮"远远不能对整个中国近代史做出全面的概括,特别是遗漏了不属于阶级斗争的经济、政治、文化等方面的内容。

【知识链接】

胡绳:《从鸦片战争到五四运动》,人民出版社1981年版。

胡绳:《中国近代历史的分期问题》,《历史研究》,1954年第1期。

5 中国三次近代化运动

> 中国近代化是指近代中国所发生的工业化及其伴随的政治、经济、文化等方面的深刻变化,以及由此实现的近代中国社会转型。中国三次近代化运动,包括洋务运动、戊戌变法和新文化运动。

洋务运动

1840年的鸦片战争打开了中国的大门,清政府被迫签订了一系列丧权辱国的不平等条约,从此中国卷入了世界资本主义市场之中,开始沦为半殖民地半封建国家,中国的传统社会结构也面临严重的考验,中国开始走向近代化。一些有识之士开始显示追求近代化的思想倾向,如,以林则徐、魏源为代表的地主阶级改革思想家提出了"采西学""制洋器""改弊政"等主张,力图富国强兵。

1866年左宗棠在福建设立福州船政局

中国人追求近代化是在不断向西方学习的过程中实现的，首先体现在经济上，即学习西方的器物。19世纪六七十年代的洋务运动是迈出近代化历程的第一步。此次运动以"中学为体，西学为用"为指导思想，虽有较强的保守性，但也开始引进西方先进的生产技术和

第一批赴美留学的中国幼童

科学文化，模仿西方资本主义的生产模式开办新式企业，并取得了一些成就。

洋务运动前期以"自强"为旗号，模仿西方军事技术兴办了一批近代军工企业。如1861年曾国藩创立的安庆内军械所，1865年李鸿章筹办的江南制造局，1865年李鸿章在南京设立的金陵机器制造局，1866年左宗棠在福州设立的福州船政局，1867年崇厚在天津设立的天津机器局等，都是当时主要的新式军工企业。洋务运动后期以"求富"为旗号，兴办了一批民用工业。如1872年李鸿章设立的上海轮船招商局，1878年李鸿章设立的开平矿务局，1878年李鸿章筹建的上海机器织布局，1888年张之洞筹办的湖北织布局等，这些企业虽引进了西方资本主义的生产方式和生产关系，但多是官督商办和官商合办，因此这一时期的民族资本主义在外国资本主义和国内封建主义的双重压迫下畸形发展。甲午战争的惨败和《马关条约》的签订，标志着以洋务运动为代表的清政府的近代化探索失败。

洋务运动虽然失败了，但拉开了中国经济近代化的序幕，之后追求经济近代化的脚步并未停止，在"实业救国"的浪潮下，以工业化为主体的经济近代化有了一定的发展。甲午中日战争以后民族工业初步发展，其中以棉纺织业的发展最为突出；一战期间民族工业的短暂春天中，纺织业和面粉业发展最快。

此外，洋务运动也在一定程度上对人们的思想解放有着不可忽视的促进作用，洋务运动时期，各种新式学堂的设立、外文译书的出版、派遣留学生出国学习等文化教育活动，是中国近代意义上的文化教育事业发展的开端。

戊戌变法

洋务运动后，近代中国由学习西方的器物进一步学习西方的政治制度，将学习西方先进的科技文化与变革社会制度有机地结合在一起。甲午战争的失败和丧权辱国的《马关条约》的签订，给中国社会带来深重灾难的同时也促进了中华民族的觉醒。

资产阶级改良派推行的戊戌变法试图推进中国的政治近代化。改良派以天赋人权论、社会契约论等西方近代民主思想为理论武器对封建君主专制主义展开了猛烈的鞭挞和批判，用进化论来论证民主政治取代君主专制的历史必然性。此外，改良派还提出"兴民权""设议院"等政治主张，以"建立君主立宪政体"为目标，重视工商业和新式教育的发展，提出设立农工商总局和铁路矿总局等新式机构、创办京师大学堂等具体政策。但是变法运动的领导者只是一个没有实权的皇帝，其支持者只是少数开明的旧式知识分子，最终戊戌变法在封建势力的打压下宣告失败。

戊戌政变宣告了资产阶级改良派的失败，此后，改良运动逐渐退出主流地位，资产阶级革命运动逐渐取代改良运动成为时代的新潮流。以孙中山为代表的资产阶级革命派领导的辛亥革命推翻了中国两千多年的封建君主专制政体，建立了资产阶级民主共和国，使民主共和的观念深入人心，有力地推进了中国近代化的进程。

新文化运动

近代中国向西方的学习已逐步从生产技术领域深入到思想文化领域。西方文化大量涌入，使得中国的思想文化开始由传统文化向近代文化转型。

新文化运动是由陈独秀、胡适、李大钊等受过新式教育的知识分子发起的一次"反孔教、反传统、反文言"的思想文化运动。进步知识分子纷纷通过《新青年》，批判封建思想，宣传进步文化。在陈独秀、李大钊等的领导下，新文化运动以民主与科学为口号，以"提倡民主，反对专制；提倡科学，反对迷信；提倡新道德，反对旧道德；

《新青年》杂志

提倡新文学，反对旧文学"为基本内容，以《新青年》为阵地，极大地宣传了新思想，在社会上产生了巨大反响。

新文化运动是一次寻找民族自强道路的爱国运动，也是一次思想启蒙运动，在社会上掀起了一股思想解放的潮流。它沉重打击了中国封建传统礼教，推动了民主与科学在中国的传播，为马克思主义在中国的传播和五四爱国运动的爆发奠定了思想基础。但这次运动局限在知识分子阶层里，没有深入群众，也没有提出实现民主政治、追求科学的具体办法。

由此可见，中国的近代化由"师夷长技以制夷"开始，到"中体西用"，到"自由平等博爱"，到"民主和科学"，经历了一个由"器物层次"到"制度层次"再到"思想层次"的转变过程。最终由中国共产党带领人民找到了一条建设有中国特色社会主义的正确道路，中国社会逐渐迈向现代化。

【知识链接】

史远芹：《中国近代化的历程》，中共中央党校出版社1999年版。

张磊、王杰：《孙中山与中国近代化》，人民出版社1999年版。

6 三次国内革命战争

> 20世纪20年代至40年代，中国先后发生了北伐战争、土地革命战争以及解放战争等三次较大规模的国内战争，统称为三次国内革命战争。

北伐战争

1924—1927年的北伐战争亦即第一次国内革命战争。1924年，共产党和国民党实现合作，建立了革命统一战线。由此，中国革命进入第一次国内革命战争时期。1925年，先后爆发了"五卅运动"和"省港大罢工"。1926年7月，国民革命军约10万人从广州分三路出师北伐，一路指向湖南和湖北，一路指向福建和浙江，一路指向江西，不到半年，均取得胜利。革命势力于是从珠江流域发展到长江流域。但由于国民党先后发动"四一二""七一五"政变，国共合作彻底破裂，第一次国内革命战争以失败告终。

土地革命战争

1927—1937年的土地革命战争亦即第二次国内革命战争。1927年10月，毛泽东率领秋收起义部队到达井冈山，开展游击战争，进行土地革命，建立了全国第一个农村革命根据地。井冈山革命根据地逐渐发展成为以江西瑞金为中心的中央革命根据地。1931年11月成立了中华苏维埃共和国临时中央政府。这时还建立了湘赣区、鄂豫皖区等十多个革命根据地。从1930年底到1931年9月，红军粉碎了蒋介石的三次"围剿"。在1931年日本帝国主义侵略中国的"九一八"事变后，蒋介石继续发动第四次、第五次"围剿"。中央苏区第五次反"围剿"失败，中共中央和红军主力被迫于1934年10月开始长征，于1935年10月到达陕北。1937年卢沟桥事变后，第二次国内革命战争结束。中国人民开始了伟大的抗日战争。

解放战争

1946—1949年的中国人民解放战争亦即第三次国内革命战争。在抗日战争胜利后，在美国支持下，国民党撕毁和平协议，于1946年7月向解放区发动全面进攻，企图消灭人民革命力量。中国共产党领导人民解放军和广大革命人民，英勇奋战。在战争的第一年，即消灭国民党军120万人。1947年7月，中国人民解放军由战略防御转入战略进攻。从1948年9月至1949年1月，连续进行了辽沈、淮海、平津三大战役，取得辉煌胜利。1949年4月，人民解放军横渡长江，解放了南京和江南广大地区。1949年10月1日，中华人民共和国成立，标志第三次国内革命战争胜利结束。

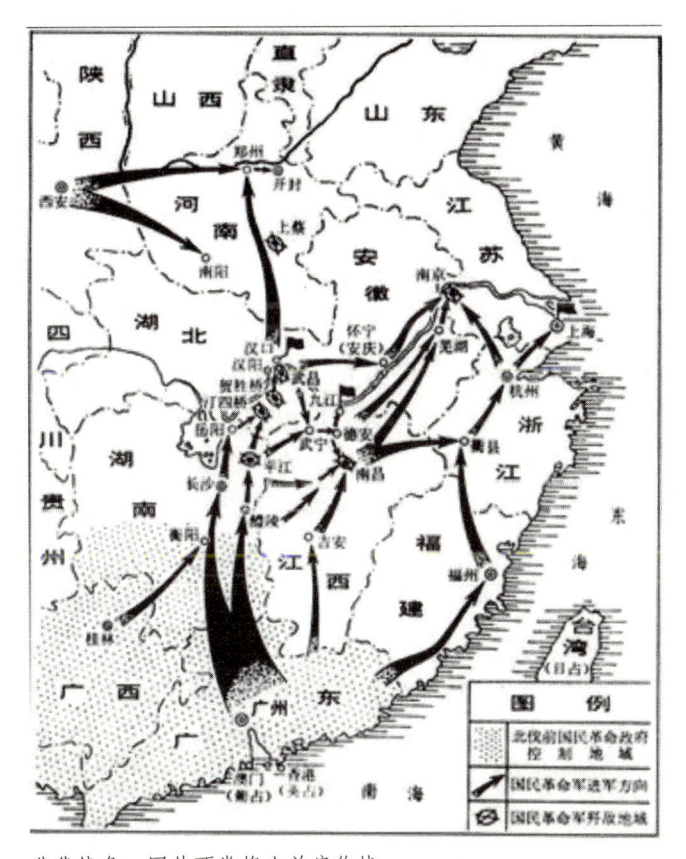

北伐战争：国共两党将士并肩作战

【知识链接】

马沈：《北伐战争下限的再探索》，《近代史研究》，1995年第3期。

沙健：《土地革命战争与毛泽东思想的形成》，《马克思主义研究》，1998年第4期。

7 三次思想解放运动

> 20世纪中国历经了三次重大的思想解放运动：第一次是五四新文化运动，这次运动促进了马克思主义在中国的传播及其与中国工人运动的结合，为中国共产党的建立奠定了阶级基础和思想基础；第二次是延安整风，整风运动是马克思主义与中国实际相结合的第一次历史性飞跃，促进了毛泽东思想的形成，并最终为新民主主义革命的胜利和新中国的成立提供了理论指导；第三次是真理标准问题大讨论，大讨论促进了邓小平理论的形成，为中国特色社会主义伟大事业的开创提供了理论依据。三次思想解放运动不仅对中国社会发展起了巨大的推动作用，而且与中国共产党和中国人民的发展及命运密切相关，影响极其深远。

三次思想解放运动的时代背景

20世纪中国三次伟大的思想解放运动，同中国人民革命与建设事业的发展历程有着紧密的联系。每当革命和建设事业处于严峻的历史关头和关键时期，都必然需要大的思想解放运动为开路先锋，去荡涤前进路上的一切障碍。

第一次思想解放运动发生于1919年。辛亥革命的胜利成果被袁世凯所篡夺，北洋军阀的反动统治使中国进入黑暗的深渊，帝国主义列强加紧掠夺与压迫使中华民族的危机进一步加剧。在一批先进知识分子的号召下，一个以学习西方民主与科学为主要内容的新文化运动轰轰烈烈地开始了。俄国十月革命的一声炮响给中国送来了马克思主义，让先进的中国人看到了民族救亡图存的新希望。选择马克思主义，选择走社会主义道路，成为历史的必然。五四运动正是在这样的背景下发生的。

第二次思想解放运动发生于20世纪40年代。1935年的遵义会议，确立了毛泽东在党和红军中的领导地位，实现了党的历史的伟大转折，从组织上保证了党能够在实现马克思列宁主义基本原理同中国革命实际相结合的正确道路上前进。然而，党内长期存在着的"左"、右倾错误，特别是以教条主义为主要特征的王明"左"倾错误，还没有来得及从思想上系统地彻底清算，党内对这种错误的思想根源还缺乏深刻认识，党内的"三股歪风"，即主观主义、宗派主义和党八股还较为突出。为此，迫切需要在党内进行一次普遍的马克思主义的教育运动。1941年到1945年4月，在以延安为中心的全党范围内，开展了一场深入的马克思主义教育运动，这就是著名的延安整风运动。

第三次思想解放运动发生于20世纪70年代末期。1976年历经十年之久的"文化大革命"结束后，中国急需拨乱反正，但中央主要领导人提出"两个凡是"的思想路线，两种截然对立的政治路线和思想路线冲突日趋激烈。要使我国的社会主义建设重新回到正确轨道上来，必须冲破教条主义思维的束缚，确立科学的指导思想和行动路线，统一全党全国人民的思想。1978年真理标准问题的讨论以及十一届三中全会的召开，就应运而生了。

三次思想解放运动的过程与内容

五四运动是1919年5月4日发生在北京以青年学生为主的一场学生运动，广大群众、市民、工商人士等中下阶层共同参与的一次示威游行、请愿、罢工、暴力对抗政府等多形式的爱国运动，是中国人民彻底的反对帝国主义、封建主义的爱国运动。

1919年1月，第一次世界大战战胜国在法国巴黎召开所谓的"和平会议"，竟然决定将德国在中国山东的权益转让给日本。此消息传到中国后，北京学生群情激愤。1919年5月4日下午，北京3000多名学生代表冲破军警阻挠，云集天安门。他们打出"誓死力争，还我青岛""收回山东权利""拒绝在巴黎和约上签字""废除二十一条""外争主权，内除国贼"等口号，并且要求惩办交通总长曹汝霖、币制局总裁陆宗舆、驻日公使章宗祥，学生游行队伍移至曹宅，痛打了章宗祥，火烧赵家楼。随后，军警给予镇压，并逮捕了学生代表。1919年5月19日，北京各校学生同时宣告罢课。天津、上海、南京、杭州、重庆、南昌、武汉、长沙、厦门、济南、开封、太原等地学生，先后宣告罢课，支持北京学生的斗争。1919年6月5日，上海工人开始大规模罢工，以响应学生。

五四运动这场彻底的不妥协的反帝、反封建的伟大斗争得到全国人民的响应。

全国有20多个省区，100多个大中城市卷入到这场如火如荼的洪流之中，尤以上海爆发的"六三"运动规模最大。最终，卖国贼被罢黜，中国政府拒绝在巴黎和约上签字，这场反帝爱国运动取得了胜利。

延安整风运动的主要内容是反对主观主义以整顿学风，反对宗派主义以整顿党风，反对党八股以整顿文风。整顿"三风"，就是要在全党树立一切从实际出发，理论联系实际，实事求是的马克思主义作风。在整风运动期间，毛泽东先后作了《改造我们的学习》《整顿党的作风》《反对党八股》等著名报告，成为整风运动的指导性文献。1945年4月党的六届七中全会通过了《关于若干历史问题的决议》，对党内若干重大历史问题作了正式结论，标志着整风运动结束。

真理标准问题大讨论经历了两个阶段：从1977年初到1978年5月以前，是以党内思想斗争为主的第一阶段，也是真理标准大讨论的酝酿和准备阶段；从1978年5月11日《光明日报》发表特约评论员文章《实践是检验真理的唯一标准》，到1978年12月初的十一届三中全会准备会议，是以公开的理论争论为主的第二阶段，也是这场大讨论的广泛深入阶段。从1979年5月开始，在全国范围内、在广大基层，进行了真理标准问题讨论的补课。1981年6月，党的十一届六中全会做出了《关于建国以来党的若干历史问题的决议》，标志着指导思想上拨乱反正任务的基本完成，也标志着真理标准问题讨论的结束。

三次思想解放运动的历史意义

三次思想解放运动都在历史转折关头发挥了巨大的作用，对于马克思主义中国化的历史进程以及中国共产党领导的革命、建设事业的发展，都具有重大的历史意义和深远的影响。

五四运动是一个彻底的反帝反封建的爱国运动，也是一次伟大的思想解放运动。五四运动极大地促进了马克思主义在中国的传播，促进了马克思主义与中国工人运动相结合，从而为中国共产党的建立奠定了阶级基础和思想基础，并作了干部上的准备。1921年成立了中国共产党，这是开天辟地的大事变。中国共产党的成立给灾难深重的中国人民带来了光明和希望，指明了中国人民的斗争道路。自从有了中国共产党，中国革命的面目就为之一新。这是第一次思想解放运动给中国革命带来的划时代的历史巨变。

延安整风运动是一次全党范围的马克思主义的思想教育运动，也是破除党内把马克思主义教条化、把共产国际决议和苏联经验神圣化错误倾向的伟大思想解

《光明日报》发表的《实践是检验真理的唯一标准》的文章

放运动。延安整风实现了马克思主义中国化的第一次历史性飞跃，促进了毛泽东思想的形成。1945年党的七大正式确立毛泽东思想为全党的指导思想，使全党有了在思想上工作上取得一致的牢固的理论基础。中国共产党人正是在毛泽东思想的指引下，取得了新民主主义革命的全面胜利，建立了新中国，并进而确立了社会主义制度。这是第二次思想解放运动带来的20世纪中国的第二次历史性巨变。

真理标准问题大讨论是一场具有重大意义的马克思主义教育运动和思想解放运动。它打破了人们思想的禁锢，促进了人们思想上的大解放，助推了党的指导思想上的拨乱反正，为党的十一届三中全会的召开作了重要思想准备。以十一届三中全会为开端，我国找到了建设中国特色社会主义的新道路，实现了马克思主

【知识链接】

高晓林、王海军：《建党八十年以来三次思想解放运动与马克思主义中国化》，《党史纵横》，2001年第2期。

倪培强：《20世纪中国经历的三次思想解放运动》，《新疆师范大学学报（哲学社会科学版）》，2009第3期。

沈宝祥：《真理标准问题讨论始末》，中共党史出版社2008年9月版。

中国化的第二次历史性飞跃，促进了邓小平理论的形成。在邓小平理论的指引下，中国走上了改革开放和社会主义现代化建设的新时期，从而带来了20世纪中国又一次历史性巨变。

三次思想解放运动的历史告诉我们，时代在发展，历史在前进，新情况新问题不断在出现，中国共产党只有始终坚持解放思想、实事求是的思想路线，自觉把马克思主义基本原理与中国实际相结合，不断开拓马克思主义的新境界，用发展着的马克思主义来指导新的实践，才能推动我们的事业不断走向胜利。

8 中国共产党历史上三次重大转折

> 在中国共产党九十多年的历史上,发生过三次重大的历史性转折。第一次是从北伐战争的失败到土地革命战争的兴起,转折的标志是八七会议;第二次是从第五次反"围剿"的失败到抗日战争的兴起,转折的标志是遵义会议;第三次是从"文化大革命"的严重挫折到中国特色社会主义的兴起,转折的标志是十一届三中全会。

八七会议与第一次重大转折

1927年8月7日,中共中央在汉口召开了中央紧急会议,史称"八七会议"。会议是在大革命失败、党领导的革命处于危急关头的关键时期召开的。

1921年成立的中国共产党,高举反帝反封建的大旗,领导工农运动,推动国共合作,掀起了轰轰烈烈的大革命运动,北伐战争的胜利进军基本摧毁了北洋军阀的反动统治。然而,由于国民党右派集团叛变革命,党处于幼年时期犯了右倾机会主义错误,致使革命事业遭到了惨重失败。大批共产党人和革命群众被屠杀,中国共产党人由六万多人减少到一万人左右,工会会员由三百万减少到三万,农会大都不复存在,中国革命处在生死存亡的危急关头。八七会议正是在这一背景下召开的。

八七会议总结了第一次大革命失败的教训,批判和纠正了陈独秀的右倾机会主义错误,确定了土地革命和武装反抗国民党反动派的总方针,选举了由瞿秋白等组成的临时中央政治局,号召全党和人民群众继续革命的战斗,并把发动秋收起义作为当时党的最主要任务。正是在八七会议上,毛泽东提出了"枪杆子里面出政权"的著名论断。

八七会议解决了大革命失败后继续进行革命斗争的关键问题,给正处在思想混乱和组织涣散中的中国共产党指明了方向,成为我党历史上第一次重大转折的标志。在八七会议的正确方针指引下,我党领导人民积极开展武装反抗国民党反动派的斗争，探索建立农村革命根据地，广泛发动农民开展土地革命，使革命力量逐渐得到恢复和发展，从而迎来了土地革命战争的顺利发展。

遵义会议与第二次重大转折

1935年1月，在红军长征途中，中共中央在贵州遵义召开政治局扩大会议，史称"遵义会议"。遵义会议是中国共产党和红军的历史上一个生死攸关的转折点。

从1927年秋到1930年，全国各地在党的领导下先后开展了200多次武装起义，相继建立了井冈山革命根据地等农村革命根据地，探索走上了一条农村包围城市、武装夺取政权的革命道路，农村革命斗争迅速发展。各个革命根据地多次击退了国民党军队的"围剿"，连续四次取得反"围剿"斗争的伟大胜利。然而，由于王明"左"倾教条主义在中央的统治，革命斗争力量遭到严重损失，继而导致中央革命根据地第五次反"围剿"失败，红军被迫进行长征。由于实行错误的军事指挥，长征途中的中央红军接连受挫，由出发时的八万人减少到三万人。中国革命濒临失败，党和红军面临严重的危机。遵义会议就是在这样的背景下召开的。

会议集中解决了当时最为紧迫的军事问题，并改组了中央领导机构，撤销了"左"倾错误领导人博古、李德的军事指挥权，推选毛泽东为中央政治局常委，成立由毛泽东、周恩来、王稼祥参加的三人军事指挥小组，全权负责军事。遵义会议结束了"左"倾教条主义错误在中央的统治，实际上确立了毛泽东在党内和军内的领导地位。这使得红军在极端险恶的条件下转危为安，从而在危急关头挽

遵义会议会址

救了党，挽救了红军，挽救了中国革命。此后，在以毛泽东为代表的正确路线指引下，党和红军最终取得长征的胜利，并在陕北建立了新的革命根据地，开始投入到伟大的抗日战争中去，迎来了全民族抗战的兴起。可以说，正是经过这次伟大转折，中国共产党由幼年进入成熟阶段。

十一届三中全会与第三次重大转折

1978年12月，中国共产党第十一届中央委员会第三次全体会议在北京举行，史称"十一届三中全会"。全会是在"文化大革命"结束后、决定中国向何处去的历史关头召开的重要会议。

新中国成立以来，党领导人民进行了建设社会主义的艰辛探索，取得了历史性的成就，但也出现了挫折和失误，包括"文化大革命"这一全局性的严重"左"倾错误。1966—1976年的十年间，我国社会主义建设受到了严重干扰和破坏，国民经济濒临崩溃的边缘。如何纠正过去"左"的错误，开辟新的发展道路，成为关系党和国家前途命运的重大抉择。

十一届三中全会果断停止使用"以阶级斗争为纲"的口号，做出了把党和国家的工作重心转移到社会主义现代化建设上来、实行改革开放的战略决策。全会从根本上冲破了长期"左"倾错误的严重束缚，端正了党的指导思想，重新确立了党的马克思主义的正确路线，揭开了党和国家历史的新篇章，是新中国成立以来中国共产党历史上具有深远意义的伟大转折。以十一届三中全会为标志，我国社会主义现代化建设进入了改革开放的新时期，党和国家的发展翻开了全新的一页。

三次重大转折，对于中国共产党和中国革命与建设事业的发展都产生了深远的影响，同时，三次转折的历史也充分证明，中国共产党不愧为伟大、光荣、正确的党，不愧为领导全国人民实现共同理想的核心力量。

【知识链接】

何天齐：《论我党历史上三次重大转折》，《武汉大学学报（社科版）》，1988年第5期。

张树军：《中国历史大转折——十一届三中全会实录》，深圳报业集团出版社2011年1月版。

侯保重：《遵义会议：决定中国历史命运的三天》，上海人民出版社1995年版。

刘汉东：《中国革命历史小丛书——八七会议》，新华出版社1995年版。

9 毛泽东思想三个活的灵魂

> 毛泽东思想的活的灵魂,是指毛泽东思想内的基本立场、基本观点和基本方法,他们贯穿于毛泽东思想形成、发展的整个过程,贯穿于毛泽东思想的每一个组成部分。它们有三个基本方面:实事求是,群众路线,独立自主。

毛泽东思想三个活的灵魂的提出

以毛泽东同志为主要代表的中国共产党人,根据马克思列宁主义的基本原理,把中国长期革命实践中的一系列独创性经验作了理论概括,形成了毛泽东思想。毛泽东思想内容丰富,主要包括了以下几个主要方面:关于新民主主义革命、关于社会主义革命和社会主义建设、关于革命军队的建设和军事战略、关于政策和策略、关于思想政治工作和文化工作、关于党的建设等。实事求是,群众路线,独立自主是贯串于上述各个组成部分的立场、观点和方法,它们表现在《反对本本主义》《实践论》《矛盾论》《〈农村调查〉的序言和跋》《关于领导方法的若干问题》《人的正确思想是从哪里来的?》等重要著作以至毛泽东同志的全部科学著作中,表现在中国共产党人的革命活动中。

在改革开放前后,邓小平在倡导用准确的完整的毛泽东思想作指导时,强调了实事求是的思想路线和群众路线,并特别指出实事求是是毛泽东思想的精髓。在关于真理标准问题的讨论中,邓小平明确强调,摆在我们面前的问题,关键还是实事求是、理论与实际相结合、一切从实际出发。正是在坚持实事求是的思想路线的基础上,邓小平在十一届三中全会前的中央工作会议闭幕会上发表了《解放思想,实事求是,团结一致向前看》的讲话,并就党的思想路线问题指出,只有解放思想,坚持实事求是,一切从实际出发,理论联系实际,我们的社会主义现代化建设才能顺利进行。胡乔木作为《关于建国以来党的若干历史问题的决议》起草小组的负责人,比较早地提出决议起草要注意"毛泽东思想的实质是什么的问题，并初步提出了毛泽东思想的活的灵魂的基本内容。1981年6月，中共中央在《关于建国以来党的若干历史问题的决议》中，系统地概括和论述了毛泽东思想的活的灵魂，即"实事求是、群众路线、独立自主"。

三个组成部分的内容与关系

毛泽东思想的活的灵魂，是贯穿于毛泽东思想各个组成部分的立场、观点和方法，是辩证唯物主义和历史唯物主义在中国革命和建设中的创造性的运用和发展，具有鲜明的中国特色。

实事求是，就是从实际出发，理论联系实际，就是要把马克思列宁主义普遍原理同中国革命具体实践相结合。群众路线，就是一切为了群众，一切依靠群众，从群众中来，到群众中去。独立自主，自力更生，是从中国实际出发、依靠群众进行革命和建设的必然结论。这三个方面既相对独立，又互相联系，辩证统一，共同构成毛泽东思想活的灵魂。

第一，实事求是、群众路线、独立自主是一个辩证统一的整体。实事求是是毛泽东思想的观点和方法论，因此，它在毛泽东思想活的灵魂的三个基本内容中占据着核心的地位，是毛泽东思想的精髓。实事求是作为辩证唯物主义和历史唯物主义的集中概括，同样也是群众路线和独立自主的理论基础，而群众路线和独立自主则不仅体现着实事求是的根本要求和实质，反过来也对实事求是起着很大的制约作用。

第二，实事求是的首要要求就是一切从实际出发。从实际出发，不仅要从客观的自然条件出发，更重要的是要从社会的实际出发，而社会实际，主要就是人民群众的实际生活状况以及人民群众的根本利益，因此，必须从群众生活和群众实践这个最大的实际出发，才能做到一切从实际出发。只有如实地了解群众生活与实践中的需求，才能提出符合实际的理论、路线、方针和政策。可见，尊重群众、依靠群众是实事求是内在的根本要求。

第三，独立自主、群众路线是实事求是的根本保证。独立自主的基本点就是从中国实际出发，依靠中国人民自己的力量进行革命和建设，使马克思主义的普遍原理同中国革命和建设的具体实践相结合，把中国革命和建设的事业做好。因此，独立自主就是遵照实事求是的根本原则，从中国实际出发，依靠群众进行革命和建设的必然结论。反之，如果离开了群众路线和独立自主的基本原则，也无法做到实事求是。

总之，毛泽东思想的活的灵魂的三个基本内容之间是既相互依赖又相互制约的辩证统一关系，它使得毛泽东思想成为一个完整的科学理论体系。

掌握毛泽东思想活的灵魂的意义

毛泽东思想的活的灵魂，是以毛泽东为代表的中国共产党人，把辩证唯物主义和历史唯物主义运用于无产阶级政党的全部工作，在中国革命的长期艰苦奋斗中形成的具有中国共产党人特色的立场、观点和方法，这些立场、观点和方法，丰富和发展了马克思列宁主义。我们要完整地准确地理解毛泽东思想，坚持和发展毛泽东思想，最根本、最重要的就是深刻领会和掌握毛泽东思想的活的灵魂。

10 共产党的三大优良作风

> 党的三大优良作风，即理论联系实际的作风，密切联系群众的作风，批评与自我批评的作风。

三大优良作风的由来

"三大优良作风"最早是由毛泽东在党的七大上总结概括出来的。1945年4月24日，毛泽东在党的七大上作了《论联合政府》的报告，报告明确指出："以马克思列宁主义的理论思想武装起来的中国共产党，在中国人民中产生了新的工作作风，这主要的就是理论和实践相结合的作风，和人民群众紧密地联系在一起的作风以及自我批评的作风。"这是我们党第一次明确提出三大作风的概念，标志着我们党三大优良作风的正式形成。

三大优良作风的内容及关系

理论联系实际，就是把马克思列宁主义的基本原理同中国革命的具体实践相结合，运用马克思主义的立场、观点和方法，研究和解决中国革命和建设的实际问题。理论联系实际的作风，是党的最根本的作风，其基本点就是坚持一切从实际出发，实事求是，在实践中检验真理和发展真理。

密切联系群众，是指党的各级组织和党员干部要和党内外的群众结合在一起，密切党和人民群众的关系，一切为了群众，一刻也不脱离群众。其基本点就在于要牢固树立群众观点，坚持贯彻党的群众路线。这种作风，是中国共产党特有的政治优势，是我们党取得一切胜利的力量源泉和基本保证。

批评和自我批评，就是要按照"团结——批评——团结"的原则积极开展党内思想斗争，清除党内错误思想，维护党的团结统一。这是正确处理和有效解决党内矛盾，克服缺点，纠正错误的科学方法，是发扬党内民主、实施党内监督的有效手段，也是保证党的肌体健康、增强党的战斗力的锐利武器。

三大优良作风集中体现了党的性质和宗旨，是马克思主义世界观和方法论在党内生活和党的工作实践中的具体体现。三大作风之间是相互联系、相互依存、相互促进的。不坚持理论联系实际，就不可能有真正的群众路线，批评和自我批评也就没有客观的依据和标准。不贯彻群众路线，就不可能了解群众的需要和集中群众的智慧，实事求是和批评与自我批评就是一句空话。不开展批评和自我批评，就不能坚持真理和修正错误，就会造成主观和客观、认识和实践的脱离，就从根本上违反了实事求是的原则，也就脱离了群众。

共产党的三大优良作风

三大优良作风的意义

【知识链接】

韩振峰、纪淑云：《党的三大优良作风的由来与发展》，《传承》，2012第18期。

刘晶芳：《中国共产党优良作风建设史》，广东人民出版社1999年版。

弓克：《党魂——老一代共产党人优良作风300个故事》，吉林人民出版社2002年版。

党的七大做出了"三大优良作风"的理论概括，赋予了它完备的形态和深刻的内涵，这在中国共产党的发展史上具有十分重要的意义。这既体现了党的成熟与壮大，又反映了革命斗争的迫切需要。三大优良作风是对党的建设经验教训的深刻总结，是毛泽东建党思想的重要组成部分，它的提出标志着中国共产党正式确立了实事求是的思想路线和密切联系群众的群众路线，是中国共产党走向成熟的重要体现。同时，三大作风是中国共产党在领导中国革命斗争的伟大实践和党的自身建设中逐步形成的宝贵财富，是党的优良传统和政治优势，是中国共产党团结广大人民、战胜强大敌人的强有力的精神武器，它对于推进不同时期党的建设都发挥了重要作用。今天，继承并发扬党的三大优良作风，对于加强党的先进性、纯洁性建设，不断增强党的战斗力，对于加强和改善党的领导，不断推进党的建设的伟大工程，仍然具有十分重要的现实意义。

11 人民军队三大民主

> 人民军队的三大民主，是中国人民解放军内部实行的民主制度，即政治民主、经济民主、军事民主。这种民主制度，是在官兵一致原则的基础上建立起来的，是中国人民解放军政治工作的一项基本原则。

人民军队民主的发展

早在1927年领导湘赣边界秋收起义部队进行三湾改编时，毛泽东就宣布实行军内民主制度，规定官兵待遇平等，经济公开，士兵有开会说话的自由，团以下各级建立士兵委员会，士兵委员会代表士兵利益，参加部队管理，从而建立了军队内部新型的官兵关系和上下级关系。井冈山革命斗争时期，毛泽东于1928年11月在《井冈山的斗争》一文中提出："中国不但人民需要民主主义，军队也需要民主主义。军队内的民主主义制度，将是破坏封建雇佣军队的一个重要的武器。"1929年12月，毛泽东又在《中国共产党红军第九次代表大会决议案》（即"古田会议决议"）中规定：官兵之间只有职务的分别，没有阶级的分别；实行集中指导下的民主生活，坚决废除肉刑，禁止辱骂，让士兵有说话的权利，反对打击报复；克服极端民主化，保证民主生活的正常开展。

抗日战争时期，中国共产党领导部队运用整风的方法，通过召开民主会议，检查官兵关系，纠正军阀主义倾向，开展"尊干爱兵"运动，增进官兵情谊，加强内部团结，部队民主生活得到进一步发展。解放战争时期，人民解放军开展了新式整军运动，普遍采用民主的方法，进行阶级教育，整顿组织，检查工作，评议党员和干部；在练兵中实行官教兵、兵教官、兵教兵，评教评学；在作战时，发动群众讨论如何完成战斗任务。这场新式整军运动，进一步推动了部队政治、经济、军事三大民主的发展。1948年1月30日，毛泽东在对军队开展民主运动进行经验总结的基础上，为中共中央革命军事委员会起草了《军队内部的民主运动》的指示。他在指示中将军队内部的民主生活概括为三大民主，即政治民主、经济民主和军事民主。他指出："部队内部政治工作方针，是放手发动士兵群众、指挥员和一切工作人员，通过集中领导下的民主运动，达到政治上高度团结、生活上获得改善、军事上提高技术和战术的三大目的。"人民军队内部的民主生活，由此奠定了更加坚实的制度基础。

三大民主的内涵及意义

政治民主是指官兵在政治上一律平等，相互之间只有职务和分工的不同，没有人格的高低贵贱之分。军队干部和士兵都是军队的主人，都有关心军队建设、关心国家大事的权利。干部尊重战士的民主权利，发扬民主作风，实行群众路线。战士参加连队管理，并有权批评和监督干部。一句话，就是军人在政治上享有自由发表意见，参与军队管理的权利。

经济民主是指官兵有权管理和监督军队内部的经济生活。例如：通过军人委员会了解和反映官兵对伙食的意见，提出改善办法；实行经济公开，监督经济开支，维护财经纪律，防止贪污浪费、侵占战士利益和违反政策等现象发生；发展业余农副业生产，使经济生活获得改善。一句话，经济民主，就是军人在部队经济生活方面有管理和监督的权利。

军事民主是指官兵在作战和训练中拥有表达意见、协商讨论以促进军队正确决策和军队战斗力提高的权利。例如：在军事训练中，实行官兵互教的练兵方法，开展评教评学活动；在作战时，发动干部战士出主意、想办法，解决战术、技术难点，讨论如何执行作战命令、作战计划；战后开展战评活动，总结战斗经验。一句话，就是军人在作战、训练以及完成其他各项任务中，都享有提建议的正当权利。

三大民主在中国共产党领导的长期革命战争和军队建设中发挥了重大作用。它从根本上改变了旧军队长官压迫士兵的不平等关系，废除了旧军队的管理制度和带兵方法，从而在官兵团结的基础上，构建了新型官兵关系。在社会主义建设新时期，军队现代化水平和官兵文化素质的提高，一方面对军队内部的民主生活提出了更高要求，另一方面使军队内部民主生活获得了更加丰富和成熟的发展。

【知识链接】

夏宏根主编：《中共党史珍闻》，华夏出版社1993年版。

李庆山、孙翠玲编著：《军史知识》，星球地图出版社2012年版。

12 20世纪中国三次历史巨变

> 中华民族在20世纪走过了一条漫长而曲折的道路，经历了三次历史性巨变。这三次历史性巨变，是决定中华民族前途命运的三个重大事件。第一次历史巨变是辛亥革命，第二次历史巨变是中华人民共和国的成立，第三次历史性巨变是改革开放。

"三次历史巨变"的由来

"三次历史性巨变"的说法源于1997年党的十五大。党的十五大报告站在世纪之交回顾过去、展望未来时强调指出，即将过去的20世纪是中国发生翻天覆地变化的一百年，在这一个世纪以来，中国人民在前进道路上经历了三次历史性的巨大变化，产生了三位站在时代前列的伟大人物：孙中山、毛泽东、邓小平。党的十五大报告关于"三次历史巨变"的提出，是从世纪之交的高度对过去一百年来中国人民的奋斗历程所做的新的科学概括，为我们在新的历史条件下正确总结历史经验、准确把握未来发展确立了基本依据。

"三次历史巨变"的概括，科学把握了近代中国历史发展的主题和脉络。1840年鸦片战争后，中国开始沦为半殖民地半封建国家。中华民族面对着两大历史任务：一个是求得民族独立和人民解放；一个是实现国家繁荣富强和人民共同富裕。前一任务是为后一任务扫清障碍，创造必要的前提。完成这两大历史任务，就是要实现中华民族的伟大复兴，这就是中国近现代史的主题，中国近现代史上的一切问题都是围绕这一主题而展开的。"三次历史巨变"正是中国人民为完成两大历史任务而不懈抗争所取得的重大成果，也是正确认识20世纪以来中国历史发展的基本线索。

从"三次历史巨变"把握百年中国的发展历程，总结历史经验，我们得出的结论是：只有中国共产党才能领导中国人民取得民族独立、人民解放和社会主义的胜利，才能开创建设有中国特色社会主义的道路，实现民族振兴、国家富强和人民幸福。

"三次历史巨变"的含义

第一次历史巨变是辛亥革命。辛亥革命推翻了统治中国几千年的君主专制制度。20世纪初,帝国主义列强对中国的侵略日益扩大,使中国的民族危机进一步加深,而懦弱无能的清朝政府为了维护自己的统治,任由帝国主义列强宰割,致使民怨沸腾,社会矛盾进一步激化。1911年,中国爆发了辛亥革命,结束了封建帝制,成立了中华民国。辛亥革命是一次比较完整意义上的资产阶级民主革命,站在时代前列、领导辛亥革命的是伟大的革命先行者孙中山。孙中山首先喊出了"振兴中华"的口号,领导组建了第一个资产阶级政党"中国同盟会",提出和确立了"三民主义"作为革命纲领,为推动辛亥革命的发展发挥了重大而积极的作用。

第二次历史巨变是中华人民共和国的成立和社会主义制度的建立。辛亥革命,并没有改变中国半殖民地半封建社会的性质,也未完成反帝反封建的任务。1921年成立的中国共产党,总结了辛亥革命的历史经验和教训,确立了马克思主义的指导思想,继续为中国的繁荣富强而努力奋斗。中国共产党领导人民经过28年艰苦卓绝的斗争,取得了新民主主义革命的基本胜利,建立了新中国。1949年10月1日,天安门广场举行了隆重的开国大典,向全世界正式宣告中华人民共和国的成立。新中国成立后,党领导全国人民逐步完成了对农业、手工业、资本主义工商业的社会主义改造。至1956年底,"三大改造"基本完成,标志着社会主义基本制度在我国的建立。第二次历史巨变是在以毛泽东为核心的党的第一代领导集体的领导下完成的,是在毛泽东思想的正确指导下实现的。毛泽东是伟大的马克思主义者,是伟大的无产阶级革命家、战略家和理论家,是中国人民的伟大领袖。毛泽东对于新中国的创建、社会主义道路的开辟和全面建设社会主义的伟大成就,都做出了不可磨灭的历史贡献。毛泽东思想实现了马克思主义与中国实际相结合的历史性飞跃,是中国共产党应始终坚持的科学指导思想和理论武器。毛泽东为中国人民和中华民族的发展做出的杰出贡献,永远为中国人民所铭记。

第三次历史性巨变是改革开放,为实现社会主义现代化而奋斗。1978年12月中国共产党十一届三中全会做出了把党和国家的工作中心转移到经济建设上来,实行改革开放的战略决策,吹响了走自己的路、建设中国特色社会主义的时代号角。三十多年来,全国各族人民贯彻党在社会主义初级阶段的基本路线,以经济建设为中心,坚持四项基本原则,坚持改革开放,取得了举世瞩目的巨大成就,我国的社会面貌发生了历史性的深刻变化。第三次历史性巨变,是以邓小平为核心的第二代领导集体领导的新的革命。邓小平是我国改革开放的总设计师,为中国特色社会主义道路的探索和我国社会主义现代化建设伟大成就的取得，做出了关键性的历史贡献。邓小平理论开辟了马克思主义与中国实际相结合的新境界，是中国共产党人必须始终坚持的指导思想和行动指南。

"三次历史巨变"的意义

辛亥革命结束了统治中国两千多年的封建君主专制制度，建立了中国历史上的第一个资产阶级共和政府，在政治上、思想上给中国人民带来了深远的影响。它不仅使民主共和的观念深入人心，而且激发了人民的爱国热情和民族觉醒。辛亥革命虽未能改变旧中国的社会性质和人民的悲惨境遇，但为中国的进步打开了闸门，使反动统治秩序再也无法稳定下来。

中华人民共和国的成立和社会主义制度的建立，开辟了中国历史的新纪元。新中国的成立，推翻了"三座大山"的统治，结束了近代中国被侵略被奴役的屈辱历史，中国人民从此站起来了，成为国家的主人。社会主义制度的建立，实现了中国历史上最伟大最深刻的社会变革，为中华民族的发展进步创造了制度条件。这是中国从古未有的人民革命的大胜利，也是社会主义和民族解放的具有世界意义的大胜利。

改革开放开启了我国社会主义现代化建设的新时期，是我国历史上从未有过的伟大变革。在改革开放的引领下，中国共产党人和中国人民以一往无前的进取精神和波澜壮阔的创新实践，谱写了中华民族自强不息、顽强奋进新的壮丽史诗，中国人民的面貌、社会主义中国的面貌、中国共产党的面貌都发生了历史性变化。实践证明，改革开放是决定当代中国命运的关键抉择，是发展中国特色社会主义、实现中华民族伟大复兴的必由之路。继续沿着改革开放的道路阔步前进，中华民族必将迎来伟大复兴的光明前景。

如今，历史的车轮已驶入21世纪，当我们在中国共产党领导下意气风发地朝着新世纪的奋斗目标阔步前进的时候，回顾中国人民在上个世纪走过的艰难而曲折的道路，无不对前人在艰难岁月创立的不朽业绩肃然起敬！

【知识链接】

张磊、张苹：《孙中山传》，人民出版社2011年版。

何明：《伟人毛泽东》，中国文献出版社2003年版。

徐佑珠：《世纪伟人邓小平》，中共中央党校出版社1997年版。

周尚文：《三次历史性巨变》，上海人民出版社1998年版。

分论

13 外国列强三次占领中国都城

> 都城又称首都或国都,通常是一个国家的政治中心或中央政府所在地,也是象征国家主权的中心城市。然而在近代,中国的都城——北京和南京,却先后三次分别被英法联军(1860)、八国联军(1900)和日军(1937)攻陷。这不仅是近代中国的耻辱,也是中华民族的不幸。

英法联军侵占北京

1856年至1860年,英法联军发动第二次鸦片战争,企图进一步打开中国市场。为了挑起战争,英法两国分别借口"亚罗号"事件和"马神甫"事件,组织两国联军派往中国。1857年12月,英法联军攻占广州,并成立"联军委员会"对广州实行殖民统治。此后,英法联军悍然北上,准备以武力迫使清政府答应其侵略条件。1858年5月20日,英法联军突袭天津大沽炮台。26日,联军兵临天津城下,并扬言进攻北京。1859年,清政府要求英、法、美公使由北塘登陆换约,但遭到断然拒绝。随后,英法联军炮轰大沽炮台,强行登陆。清政府派遣的僧格林沁亲王,率领清军力战,卒至溃败,不久天津陷落,北京危在旦夕。9月18日,联军攻陷通州,进逼北京。清政府在张家湾、八里桥组织了两场阻击战,但都以惨败而告终。咸丰皇帝最后被迫带着后妃和一些贵族、大臣,仓皇逃往热河行宫避乱。1860年10月13日,英法联军占领了安定门,攻陷了中国古都——北京,并对北京城进行了野蛮洗劫。最为典型的是西北郊的圆明园,一座规模宏大、景色秀丽的皇家园林,由清朝统治者耗时150余年精心营建而成,园内奇珍异宝无数,并且藏有珍贵的古代文物与典籍,被英法联军洗劫一空,最终被纵火焚毁。

八国联军再占北京

19世纪末20世纪初，在中国北方爆发了义和团运动，对外国驻华机构和人员构成威胁。帝国主义列强目睹清政府镇压无效，纷纷调兵前来中国，企图巩固并扩大对华侵略权益。1900年6月初，英、美、德、法、俄、日、意、奥八个国家，聚集24艘军舰于大沽口外。6月中旬，当西摩尔中将率领2000余名各国侵略军以"救护使臣"为名，由天津向北京进犯时，义和团战士协同爱国清军英勇作战，成功地在廊坊等地阻击了侵略军的进攻，敌人损失惨重，狼狈逃回天津租界。16日夜间，聚集于大沽口外的各国军舰在俄国海军头目带领下，向大沽守将发出战前的最后通牒，但总兵罗荣光严词拒绝了列强的无理要求。双方经过6个小时激战，最后大沽炮台失陷，清政府被迫组织天津保卫战。6月21日，清廷在无充分战争准备的情况下，盲目对各国宣战，7月14日，联军攻占天津城，并成立了"天津都统衙门"对天津进行殖民统治。8月4日，联军集结兵力两万余人从天津沿运河两岸，分两路进逼北京。8月14日，中国首都北京再次失陷。此后，八国联军在北京城内，疯狂地进行烧杀抢掠，致使北京城和北京人民再次遭遇惨痛浩劫。慈禧太后携带光绪皇帝和王公大臣仓促离京西逃，并在途中下令屠杀义和团，另派奕劻和李鸿章为全权大臣，向侵略者乞和。列强趁机要挟清政府，索取更多侵略权益，由此进一步加强了对清廷的控制，使清廷沦落为"洋人的朝廷"。

日本侵略者侵占南京

1938年11月12日，日本侵略军占领上海后，继续向南京推进。11月20日，国民政府宣布迁都重庆，蒋介石令唐生智为南京卫戍长官，罗卓英、刘兴为副司令长官，率领10余万人守卫南京。11月27日，日军攻占无锡，28日，又占领了吴兴，连续突破了国民政府两道国防工事线。随后，日军集中五个师团兵力分三路，沿沪宁铁路、京杭公路和吴兴、溧水一线推进，形成对国民政府首都南京的进攻态势。12月1日，日军下达攻占南京的命令，随后，句容、孟塘、湖熟、淳化等地相继失守，南京被围。10日，日军发起总攻，12日，南京雨花台失守后，日军由光华门、中华门冲入城内，双方展开了激烈的巷战。当日晚，唐生智奉命撤离南京，并下令各部分路突围。随着败兵与老百姓如潮水般涌来，下关陷入极度混乱之中，船少人多，人人争渡，踩死、淹死者不计其数。12月13日，南京失守，此为近代中国的首都第三次被外国侵略者攻陷。在华中派遣军司令松井石

【知识链接】

王承仁、吴剑杰：《中国近代八十年史》，武汉大学出版社1985年版。

唐生智、刘斐等著：《南京保卫战》，中国文史出版社2013年版。

根和第六师团长谷寿夫指挥下，残暴的日本侵略者在南京进行了惨绝人寰的大屠杀，被害人数达30万以上。南京的陷落，不仅使守城部队和南京百姓遭受了巨大的灾难，而且深深加重了中华民族的屈辱感。

近代中国都城三次被外国侵略者占领，反映了落后就要挨打的深刻历史教训，并启示我们：只有国家富强，民族复兴，中国才能彻底摆脱任人欺凌的历史，重新成为一个屹立于东方的世界大国。

14 北洋三杰

> "北洋三杰"指的是早年跟随、辅助袁世凯编练新军的三名主要助手,分别是王士珍、段祺瑞、冯国璋,他们是北洋军阀集团中的骨干成员。时人根据三人性格,称王士珍为北洋之龙,段祺瑞为北洋之虎,冯国璋是北洋之犬。

小站练兵和"三杰"形成

王士珍(1861—1930年)出生于直隶正定(今河北省石家庄),9岁入私塾,17岁弃文从军。1894年参加甲午战争,当镇标期间得到总兵叶志超赏识,被推荐进入北洋军备学堂。在北洋军备学堂里,王士珍不仅学到了现代西方军事理论,还结识了一批有抱负、有作为的年轻学员,这为他日后的发展铺垫了良好的人脉关系。段祺瑞(1865—1936年),安徽合肥人,也被称为"段合肥"。1889年,毕业于天津武备学堂,随即被李鸿章派赴德国学军事。1890年回国,历任北洋军械局委员、威海营武备学堂教习。冯国璋(1857—1919年),直隶(今河北)河间人,北洋武备学堂毕业。1896年,王士珍与段祺瑞、冯国璋一同被荫昌推荐到北洋陆军中任职,辅佐袁世凯在天津小站练兵,这成为他们人生的转折点。

甲午战争中国战败,清政府为了整顿武备,决定派遣袁世凯接任胡燏棻编练新式陆军。袁世凯到任之后就积极扩充新式陆军,派人分别到山东、河南、安徽一带增募步兵,又派人到奉天增募骑兵,随后在小站成立了新建陆军督练处,将新式陆军人数扩编到七千人。新式陆军基本上采用德国军队建制,分有步、骑、炮、工四个兵种,以步兵为主体。武器装备方面又从国外购置了步枪、马枪、快枪等新式武器,装备了部队。各级军官一部分来自淮军旧将,另一部分从军事武备学堂毕业生中挑选优秀学员充任,这也就为王士珍、段祺瑞、冯国璋提供了进入北洋陆军的机会。王士珍、段祺瑞、冯国璋三人是天津武备学堂的高才生,袁世凯发展北洋陆军初期由于军事人才不足,于是要求自己的老朋友荫昌推荐几位军事人才。荫昌向袁世凯推荐了这三人。三人到来之后迅速得到袁世凯的重用，分别担任步兵营、炮兵营、工兵营管带及学堂监督，王士珍、段祺瑞、冯国璋在北洋陆军中既要带兵，又要管训练，逐渐成为袁世凯编练新军的三个最为倚重的助手，地位举足轻重，时人称之为"北洋三杰"。

军阀混战与"三杰"兴衰

辛亥革命爆发后，冯国璋、段祺瑞均曾率军镇压武昌起义。王士珍当时也坚决主张镇压革命军，忠于清廷。但王士珍后因拒绝在清帝退位诏书上副署，愤而辞官。他曾积极参与张勋复辟，失败之后再次隐居。随后在段祺瑞、冯国璋的竭力挽留下，王先后担任过短暂的陆军总长、国务总理，随后便永久离开了政坛。直皖战争、直奉战争时，他利用自己的北洋元老身份，参与调停活动。

袁世凯去世后，北洋派系分裂，段祺瑞成为"皖系"首领，代理国务卿和陆军总长成为实权者，冯国璋则成为"直系"首领。由于一战问题，段祺瑞与时任总统黎元洪发生矛盾（史称"府院之争"），被其罢免。后因张勋复辟，段在天津马厂誓师，驱逐张勋，再次重掌政权，冯国璋则以副总统的身份，暂代总统职位。1917年8月，段祺瑞执掌的北京政府，宣布对德宣战，趁机向日本借款，扩充皖系势

王士珍

段祺瑞

冯国璋

力。同年，段祺瑞企图发动内战，以武力统一中国。在段祺瑞的排挤下，冯国璋于1918年8月通电辞职，1919年12月28日病逝，终年60岁。此后，皖直两大北洋派系交恶，爆发直皖战争，段祺瑞在战败后被迫辞职，从此丧失军政大权，后虽然再次担任过国务总理、中华民国临时执政，但终究有其名而无其实。段祺瑞虽为军阀，但在民国，其人格形象颇佳，有"三造共和"，"六不总理"的美称，晚年拒绝日本人的胁迫诱惑，表现出了应有的民族情怀。

【知识链接】

徐青：《北洋三杰——王士珍、段祺瑞、冯国璋合传》，光明日报出版社1993年版。

叶小青：《北洋之龙王士珍》，《炎黄春秋》，2006年第4期。

胡晓：《段祺瑞及北洋皖系研究述评》，《安徽史学》，1996年第4期。

15 北洋军阀三大派系

> 在近代中国，"军阀"是指依靠武装力量干预政治或割据地方的军人集团及其领袖。直系、皖系和奉系，构成了北洋军阀的三大派系。

北洋军阀派系的起源和形成

作为近代中国军阀的典型代表，北洋军阀起源于中日甲午战争后清政府命袁世凯在天津小站编练的"新建陆军"。袁世凯担任过北洋大臣，因而这支新军又称"北洋军"。民国初年，袁世凯复辟帝制失败，继而染病身亡，他所统率的军队随后分裂成直系、皖系两大军事派系。除此之外，中国北方和南方还存在其他军事派系。1917年后，那些依靠军队操纵中央和地方政权的军事派系，逐渐被人们称呼为"军阀"，其中以北洋军阀的势力最大。原非"北洋"正统出身的奉系，经过1920年直皖战争，成为对中国政局具有重要影响的一个军事集团，所以与直系、皖系一起，被并称为北洋军阀三大派系。

北洋军阀三大派系，均以首领籍贯所属地域而得名。直系首领冯国璋是直隶（今河北）河间人，皖系首领段祺瑞是安徽合肥人，奉系首领张作霖是奉天（今辽宁）海城人。冯国璋、段祺瑞与王士珍，人称"北洋三杰"。他们三人都曾在清末协助袁世凯编练新军，辛亥革命时，冯和段率军镇压过武昌起义。袁世凯死后，冯先后任副总统、代理总统，段则以陆军总长、参谋总长等身份长期担任国务总理，执掌实权。直系军事力量形成较早，在地盘和兵力上占有优势，其主要成员包括李纯、陈光远、王占元、蔡成勋、曹锟等督军或将领。1919年冯国璋死后，曹锟、吴佩孚成为直系首领，主要成员包括萧耀南、齐燮元、王承斌、孙传芳等实力派。皖系军事力量形成时间虽然较晚，兵力也较弱，但长期操纵北京政府的中央实权，其主要成员包括徐树铮、靳云鹏、段芝贵、卢永祥、张敬尧、倪嗣冲、陈树藩等。奉系军事力量崛起于位居关外的东北地区，后借直皖战争的机会入关，逐步成为北洋军阀后期最大的实力派,其主要成员包括吴俊陞、张作相、张景惠、杨宇霆、姜登选、李景林等。

三大派系的社会影响

"北洋军"是近代中国军事现代化的产物之一,但在清末民初的政治动荡环境下,从晚清"北洋军"演变而来的北洋军阀,对中国社会产生了较多的破坏性影响。

北洋军阀三大派系,一方面试图以军事力量控制南方,另一方面,在英、美、日本等外国列强支持下,相互之间争战不息,造成中国政局动荡。1920年直皖战争,皖系战败,直奉军阀控制北京政府;1922年第一次直奉战争,奉军战败,退守关外,直系军阀控制北京政府;1924年第二次直奉战争,冯玉祥倒戈,发动北京政变,致使直系战败,奉系军阀开始控制北京政府。皖系首领段祺瑞为扩充实力,曾与日本秘密签订《中日军事协定》,同意日本在中国驻军并指挥中国军队,充当了日本帝国主义侵略中国的工具。北洋军阀统治时期,不仅出现"张勋复辟""贿选总统"等政治丑剧,而且因其与外国列强勾结,未能保护国家利益,激起五四运动等民族主义运动。段祺瑞临时执政时期,还曾发生过震惊全国的"三一八"惨案。

北洋军阀派系的瓦解

1920年以后,北洋军阀对北京政府的统治,日益失去民心支持。随着其内部的新陈代谢和武力争斗,在三大派系中,直系、皖系的实力不断遭到削弱。奉系入关后夺得北京政权的过程,就反映了这一历史演变。

对北洋军阀的毁灭性打击,来自于国民革命军北伐。国共第一次合作推动的国民革命,以"打倒军阀"为主要目标之一。1926年后,国民革命军开始北伐,很快消灭了直系军阀吴佩孚、孙传芳在南方的主力。1928年蒋介石举行"二次北伐",打败奉系军队,进而占领北京。奉系首领张作霖乘坐火车撤回东北时,在皇姑屯路段被日本关东军密谋炸死。1928年12月,张作霖之子张学良宣布东北易帜,加入南京国民政府,奉军被改编为东北边防军。至此,北洋军阀三大派系彻底瓦解,退出了中国的历史舞台。

16 三民主义

> 三民主义是中国民主革命先行者孙中山提出的资产阶级民主革命的纲领，即民族主义、民权主义、民生主义。三民主义的提出与发展在历史上有一个过程，它们是孙中山革命思想逐渐成熟的体现。

三民主义的提出

晚清时期，清政府腐败无能，丧权辱国。为推翻腐败无能的清政府，孙中山于1894年11月在檀香山成立兴中会。兴中会的宗旨是"驱逐鞑虏，恢复中华，创立合众政府"。随后，虽然孙中山领导的武装暴动都惨遭失败，但是促进了革命事业的大发展，更多的反清革命团体纷纷成立。为了更好地适应革命的发展，需要汇集各革命团体，建立全国性的统一政党来领导革命，并制定出严格的革命纲领来指导革命。1905年7月孙中山在日本提出了要建立统一组织的倡议，倡议得到了黄兴、宋教仁等人的响应。1905年7月30日各革命团体代表在日本东京召开筹备会议，决定建立中国同盟会，并确定孙中山提出的"驱逐鞑虏，恢复中华，建立民国，平均地权"为革命纲领。8月20日，中国同盟会在东京成立，选举孙中山为总理。1905年10月确定《民报》为中国同盟会的机关报。在《民报发刊词》中，孙中山提到"余维欧美之进化，凡以三大主义：曰民族，曰民权，曰民生"。这是孙中山首次将其主张归纳为"三民主义"，这也是中国历史上第一

1905年同盟会机关报——《民报》

个要求经过民族革命、政治革命、社会革命,建立共和国制度的民主主义纲领,具有鲜明的时代特点。

三民主义的原义

孙中山宣扬的民族主义,就是对内要消除满族少数人对多数人的统治,排除满族的专制皇权,建立一个多民族的共和国,实现"五族共和",使汉、满、蒙、回、藏处于平等的地位,共同参与国家政治。民族主义对外而言就是要争取中华民族在国际上求得独立,废除列强强加给中华民族的一系列不平等条约和不平等待遇,改变中国沦为"次殖民地"的现实。

民权主义就是要接受西方资产阶级自由、平等、博爱的口号,推翻封建君主专制的政体,建立资产阶级民主共和国政体,确立国民全体平等自由的选举权、参政权和为防止封建专制复辟的革命权。民权主义是三民主义的核心内容。

民生主义就是人民的生活,社会的生存,国民的生计,群众的生命。孙中山把实行民生主义视为实现大同世界的必经阶段。在政策上,主张平均地权,建设国家资本主义,其核心就是解决土地问题。孙中山考察了西方资本主义制度,发现欧美资本主义制度容易产生贫富分化而导致尖锐的阶级冲突。为此,孙中山主张应逐步实现土地国有,其具体办法就是"核定天下地价,其现有之定价,仍归原主所有,其革命后社会改良进步之增价,则归于国家,为国民所共享"。民生主义反映了孙中山对劳苦大众的深切同情。但是民生主义带有强烈的空想色彩,其不可能真正解决中国土地问题。

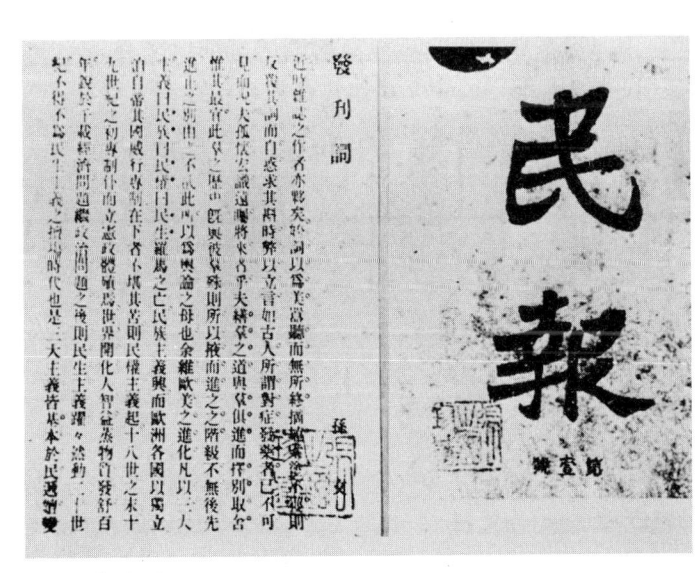

《民报》发刊词

新三民主义的发展

"二次革命"之后,孙中山领导了多次革命运动,都以失败告终。在俄国十月革命和国内五四运动的影响下,在共产国际和中国共产党的帮助下,孙中山根据当时的革命形势,确定了"联俄、联共、扶助农工"的三大政策,对三民主义重新作了解释。1924年1月,中国国民党一大在广州召开。这次代表大会通过的宣言对三民主义做出了新的解释,即为新三民主义。新三民主义在民族主义方面,接受中国共产党的政治主张,对外要求中国民族自求解放,反对帝国主义的政治经济侵略,使中国获得自由独立;对内实现各民族一律平等;同时要求世界上被压迫民族全体解放。在民权主义方面,主张建立"为一般平民所共有,非少数人所得而私"的普遍民权,摒弃代议政治,实行直接民权,使人民真正能够参加管理政权;强调民国以民为主,主权在民,总理和官吏都是人民公仆。在民生主义方面,进一步发展了平均地权、节制资本的思想,提出用国家授田的方法,实现"耕者有其田",废除地主土地所有制,解决农民的土地问题,打破一切不平等条约对中国的束缚,收回海关、实行关税壁垒政策,保护本国民族工业;发展国家资本,不允许私人资本主义控制国计民生;振兴交通、矿产、工业等实业;改善工人农民的经济地位等等。新三民主义与旧三民主义相比,其内容已经有了很大改变,更好地适应了当时革命形势的发展。

【知识链接】

孙中山:《三民主义》,东方出版社2014年版。

沈渭滨:《论"三民主义"理论中国家与社会的关系》,《复旦学报》,2005年第5期。

17 孙中山"建国三时期说"

> 辛亥革命时期，孙中山提出，在中国这个长期实行君主专制的国家，要想实现民权，建立资产阶级共和国，必分三个时期，历经三个阶段：军政时期、训政时期和宪政时期。孙中山的"建国三时期说"对国民党政权后来的发展，产生了深远影响。

"建国三时期说"的提出

20世纪初，革命派与改良派展开激烈论战，其中一个论题就是中国人是否有资格建立民主共和国问题。孙中山认为，当时中国民智未开，国民普遍智识低下，对民主共和后知后觉。为实现民权，建立共和国，就必然要通过革命政府和先知先觉者引导民众，依次渐进，使国民养成自由平等之资格。1906年，孙中山在《中国同盟会革命方略》中首次提出了"建国三时期说"，主要内容为：第一期为"军法之治"，革命军起义后，军队和人民同受治于"军法"之下，由军政府总摄地方行政，清除清政府的苛政积弊及其残余势力，以三年为期。第二期为"约法之治"，颁行约法，地方议会议员和地方行政官员由当地人民选举产生，军政府、地方议会和人民各循"约法"所规定的权利义务行事，这一时期以天下平定后六年为限。第二期为"宪法之治"，制定宪法，解除军政府权柄，国民公举大总统及公举议员组织国会，一国之政事，依宪法以行之。1914年，孙中山重申了革命三时期说，即："一、军政时期。此期以积极武力，扫除一切障碍，而奠定民国基础。二、训政时期。此期以文明治理，督率国民，建设地方自治。三、宪政时期。此期俟地方自治完备之后，乃由国民选举代表，组织宪法委员会，创制宪法；宪法颁布之日，即为革命成功之时。"在1923年的《中国革命史》中，孙中山对建设之程序作了进一步阐述，并提交中国国民党第一次全国代表大会审议，其"建国三时期说"正式成为国民党和国民政府的治国理论。

"建国三时期说"的内容

1924年4月,孙中山在《国民政府建国大纲》中提出,要以革命的三民主义建设国家的程序,他对军政时期、训政时期和宪政时期的目标和任务进行了详细规定。

第一时期即军政时期,实行军法之治,军政府"以积极武力,扫除一切障碍,而奠定民国基础";军政时期军政高于一切。政府一面用武力扫除国内的障碍,一面向人民宣传主义,开化人心,促进国家的统一。各省在全省范围扫除了旧的统治之时,训政时期到来,军政结束。

第二时期即训政时期,训政为过渡时期。在这一时期实行约法之治,军政府"以文明治理,督率国民建设地方自治"。第一步,由政府派经过训练合格的人员去各县帮助筹备自治。把全县的人口调查清楚、土地测量完毕、警卫办理妥善、全县道路修成。同时,人民经过了直接民权的训练,履行了国民的义务,并誓信革命的主义。第二步人民选举县官,让他负责一县的政事,选举议员来草拟一县的法律,一个完全自治的县建成。在这个县中,国民有直接选举官员的选举权,有直接罢免官员的罢官权,有直接创制法律的创制权,有直接否决法律的复决权。第三步,每县地方自治政府成立以后,选一国民代表,用以组织代表会,参与中央政事。凡是一个省以内所有的县全部自治的时候,为宪政开始时期。省长由国民代表会选举产生,国民代表会拥有监督本省自治之权。在行政上,省长受中央指挥。

第三个时期即宪政时期,实行宪法之治,"地方自治完备之后,乃由国民选举代表,组织宪法委员会,创制宪法,宪法颁布之日,即革命成功之时"。宪政时期,中央政府内设五院:行政院、立法院、司法院、考试院、监察院。宪政初期因为各省完全自治的时间不定,宪法一时没能制定,所以各院院长归总统任免领导。但是,当全国一半以上省份实现宪政时,开国民大会,制定并颁布宪法。国民大会行使最高权力,对中央级政府官员有选举权和罢免权,对中央法律拥有创制与复决权。宪法颁布之日,宪政也就同时宣告完成。人民按宪法举行大选。原国民政府在选举后三个月解职,民选政府接替行使权力,这样,建国的任务完成。

"建国三时期说"实现了吗?

"建国三时期说"是孙中山民权主义的重要内容。它策划了建立共和国的具

民国国会会场

体步骤,规定人民群众只有经过3年的"军法之治"和6年的"约法之治"之后,才能获得"共和国民之资格"。另一方面,孙中山的"建国三时期说",体现了他通过渐进式的政治发展来完成近代中国现代国家建设的思路。

南京国民政府利用和夸大孙中山主张中的消极方面,于1928年10月抛出《中国国民党训政大纲》,宣布实施"训政",在训政的名义下建立起国民党的一党专政。训政体制的主要设计者胡汉民还提出"训政保姆论",认为在训政时期,国民党主持政权,掌握国家政治、经济、军事各项统治权。国民党被视为"政治保姆",国民被视为"婴儿",由国民党教育国民,训练其行使政权的能力。这实际上是将一切权力交给国民党和国民政府总揽,实行一党专政。"训政保姆论"是南京国民政府立法的重要理论依据。1931年5月,蒋介石组织召开"国民会议",制颁《训政时期约法》。1936年5月,南京国民政府又制定了《中华民国宪法草案》,组织召开"制宪国大",选举"国大代表"。但是这些举动,并未真正使孙中山的"建国三时期说"得到实现。

【知识链接】

彭先兵:《让历史告诉未来:孙中山的"军政、训政、宪政"三阶段方略及启示》,《吉首大学学报》,2013年第4期。

黄海平:《孙中山的建国三步骤:军政、训政、宪政》,《历史学习》,2003年第1期。

18 第三国际

> 第三国际即"共产国际",1919年3月,由列宁领导创建,总部设在莫斯科,是各国共产党的国际联合组织的简称。

第三国际的创立与解散

在国际共产主义运动中,为了加强各国社会主义和工人组织的联合,曾先后建立了第一国际(国际工人联合会)和第二国际(社会主义国际)。第二国际建于1889年7月,第一次世界大战爆发后,第二国际破产。列宁领导十月革命取得胜利后,各国共产党有了很大的发展,客观形势要求建立新的国际组织。在这种情况下,共产国际成立了。因为是在第一国际和第二国际之后成立的共产主义国际组织,故称第三国际。第三国际抛弃了第二国际的改良主义,而号召世界革命。1943年,为了适应反法西斯战争的发展,便于各国共产党独立处理问题,5月15日,共产国际执行委员会主席团做出《关于提议解散共产国际的决定》,并于5月25日公开宣布《解散共产国际的决议》。5月26日,中国共产党发布决定,完全同意解散共产国际。由于各国共产党一致同意解散共产国际,6月8日,共产国际执委会主席团举行了最后一次会,并决定共产国际于1943年6月10日正式解散。

第三国际与中国共产党之间的联系

第三国际与中国共产党之间有着千丝万缕的联系,中国共产党就是在共产国际的帮助下成立的。1920年4月,共产国际代表维经斯基(吴廷康)在翻译杨明斋的陪同下来到中国,了解中国革命情况。他们通过俄国汉学家译学馆俄文教习伊凤阁和鲍立维的介绍,联系到李大钊,又通过李联系上上海的陈独秀。维经斯基在上海向陈独秀提出建党建议,得到陈的同意。8月,陈独秀、李汉俊、陈望道、沈玄庐、俞秀松、李达、施存统和邵力子等人在上海李汉俊寓所组织成立了"中国共产党"（即"上海共产主义小组"），陈独秀被推选为书记。1921年7月23日，在共产国际的帮助和指导下，来自中国几大城市和日本留学生代表的13名中国共产党党员和共产国际代表马林、尼克尔斯基在上海举行了中国共产党第一次全国代表大会。1922年7月，中共二大正式决定参加共产国际，成为它的一个支部。

中国共产党作为共产国际的一个支部，直接受共产国际的指导，中国共产党的发展与中国革命的开展，均受共产国际的影响。在国共第一次合作中，共产国际代表马林提出的党内合作的方式为两党所接受，为北伐胜利奠定了坚实的基础。南昌起义之后，中国共产党的活动陷入低谷，国内环境凶险。1928年6月18日至7月11日，在共产国际的帮助下，中共六大在莫斯科秘密召开，这是中国共产党唯一一次在国外召开的党代会。可以说共产国际对幼年时期的中国共产党的帮助是巨大的。但是，由于共产国际不了解中国国情，对中国革命的指导工作也出现了许多严重的失误。大革命的失败，与共产国际的指导出现的严重错误密切相关。红军第五次反"围剿"的失败与共产国际也有直接的关系，由于共产国际派来的代表李德和共产国际中中共的负责人王明的错误路线，红军第五次反"围剿"失败了，被迫进行长征。

抗日战争时期，第三国际对中国共产党建立抗日民族统一战线有政策、理论上的指导，也曾直接援助与指导东北抗日联军的抗日斗争。相对土地革命时期，共产国际对中国共产党事务的干涉减少了很多，更加尊重中国共产党的自主性。在确立毛泽东为中国共产党领袖的问题上，第三国际也起了一定的积极作用。1943年5月，第三国际宣布解散，中国共产党与第三国际关系就结束了。

第三国际创立的意义与功绩

共产国际的任务是宣传马克思主义，团结世界各国工人阶级和广大劳动人民，为推翻资产阶级的统治，建立无产阶级专政，消灭剥削制度而斗争。它以民主集中制为组织原则，最高权力机关是代表大会，各国共产党是它的支部。在第三国际存在的24年间，它作为国际共产主义运动的组织者和领导者，在捍卫马克思

【知识链接】
《国际共产主义运动史》编写组：《国际共产主义运动史》，人民出版社1978年版。

主义，推动国际工人运动和亚非拉民族解放运动，反对法西斯主义和帝国主义战争，促进国际共运发展等方面做出了重要贡献。它在欧洲、美洲、亚洲帮助各国先进工人建立了马克思列宁主义政党，协助他们培养了一批革命骨干，加速了各国共产党的成长。

  但是，它在工作中也有许多失误，特别是长期受"左"倾思想的干扰，给国际共产主义运动带来过消极影响，其高度集中的组织形式也曾影响了各党的独立自主和各党之间的平等关系。第二次世界大战爆发后，共产国际于1943年6月正式解散。尽管如此，第三国际还是对国际共产主义运动的发展壮大起了巨大的推动作用。

19 李大钊早期宣传马克思主义三篇重要论文

> 中国共产主义先驱、中国共产党主要创始人之一李大钊,以《新青年》和《每周评论》等为阵地,在1918年先后发表《法俄革命之比较观》《庶民的胜利》《布尔什维主义的胜利》三篇论文,推动了马克思主义在中国的广泛传播。

1917年11月,俄国爆发了列宁领导的一场无产阶级革命——十月革命,随后建立了世界上第一个社会主义国家,成功地把马克思主义学说付诸实践。十月革命改变了世界历史的进程,对世界无产阶级革命和民族解放运动产生了深刻影响。对于毗邻的中国而言,它使中国人民第一次认识到无产阶级和劳动人民的伟大力量,并为中国革命带来了新的理论武器——马克思列宁主义,为正在艰辛探索、寻求光明的中国人带来了民族解放的新希望,指明了新道路。在十月革命的影响下,中国出现了一批具有初步共产主义思想的知识分子,他们开始认真学习和传播马克思主义,李大钊就是其中的杰出代表之一。

《法俄革命之比较观》

1918年7月,李大钊发表了《法俄革命之比较观》一文,阐述了十月革命和法国资产阶级革命的本质区别。他高度评价了俄国革命所代表的无产阶级社会主义革命。在文章中,他认为"俄国今日之革命,诚与昔者法兰西革命同为影响于未来世纪文明之绝大变动",因此两国革命都具有重要的历史地位。此外,他还进一步指出:法国革命和俄国革命的时代精神不同,所以革命性质自然不一样。法国革命是根于国家主义的革命,而俄国革命是立于社会主义的革命。法国革命处于国家主义发达的时代,其爱国精神"恒为战争之泉源",而俄国革命处于人道主义、世界主义萌发的时代,其"爱人的精神""足为和平之曙光"。对于未来世界的革命形势,他大胆预言:"二十世纪初叶以后之文明,必将起绝大之变动,其萌芽即苗发于今日俄国革命血潮之中。"总之,他对于俄国的十月革命,抱有十分乐观的态度,并号召中国人民顺应历史潮流,学习俄国的革命经验,迈向社会主义道路。

《庶民的胜利》

1918年11月,长达四年、规模空前的第一次世界大战,以德国战败和协约国胜利而宣告结束。当德国投降的消息传到北京后,社会各界一片沸腾,纷纷庆祝协约国的胜利。12月6日,李大钊以"庶民的胜利"为题,在中央公园发表了一场著名演说。在这篇文章中,他针对国内欢呼协约国战胜同盟国是"公理战胜强权"的社会舆论,提出了更为深入的看法,试图唤醒人们对战争本质的真切认知。在十月革命胜利和世界革命高潮的鼓舞下,李大钊依据初步的马克思主义观点,深刻剖析了第一次世界大战的帝国主义性质和战争结束的原因。他认为由资本家主宰的西方国家企图依靠大战,为国内资产阶级谋取福利,而俄、德等国的劳工社会,利用大战的机会起来进行社会革命,遏制了这次帝国主义战争的继续进行。战争取得胜利的原因"不是联合国的武力,是世界人类的新精神。不是那一国的军阀或资本家的政府,是全世界的庶民",而战争的结果是"民主主义"的胜利,是"劳工主义的胜利",是"庶民的胜利"。

《布尔什维主义的胜利》

李大钊在发表《庶民的胜利》的著名演说后,紧接着又写下《布尔什维主义的胜利》这篇宣传马克思主的重要论文。他在文章中对《庶民的胜利》的观点作了进一步的阐述和发展,明确指出战争终结的原因是德国的皇帝、军阀、军国主义降服在世界新潮流的面前,是民主主义把帝制打倒,是社会主义把军国主义打倒,是"社会主义的胜利,是布尔什维主义的胜利"。并且,他还预言:"试看将来的环球,必是赤旗的世界"。在这篇文章中,他仿佛已经看到俄国十月革命必将引起的世界无产阶级革命的高潮,并认清了群众运动在这一高潮中的伟大意义。他试图告诫中国人民:十月革命的胜利,将使世界的历史进入社会主义革命的新时代,中国人民应该沿着十月革命的道路前进,只有如此才能战胜封建军阀和帝国主义列强的黑暗统治,走上国家富强之路。

李大钊发表的三篇论文,尽管只对马克思主义作了初步的介绍和宣传,但这是中国人真正接受和传播马克思主义学说的开端，标志着中国的先进知识分子自觉运用十月革命的经验和马克思主义的学说，对中国自身面临的重大问题进行深入思考。正是在李大钊等一批具有初步共产主义思想的知识分子积极努力之下，新文化运动开始由一场宣传资产阶级思想文化的运动，转变为学习和传播马克思主义的运动。1919年五四运动爆发，中国无产阶级登上历史舞台，由此揭开了中国革命从旧民主主义革命转变为新民主主义革命的历史新篇章。

【知识链接】

李大钊：《李大钊文集》，人民出版社1984年版。

中共中央党史研究室科研局：《李大钊研究文集》，中共党史出版社1991年版。

20 马克思主义在中国传播初期的三次论战

> 五四运动以后,马克思主义在中国广泛传播,并同中国工人运动逐步结合起来。共产主义思想的迅猛发展,引起了地主买办阶级、资产阶级右翼势力的恐慌和仇视,也遭到了小资产阶级主义者的不满和抵制。他们中的一些资产阶级知识分子开始鼓吹各种思潮,或是恶意攻击十月革命和马克思主义,公开反对马克思主义,或是打着拥护马克思主义和社会主义的旗号,企图以资产阶级的所谓"社会主义"来代替马克思主义的科学社会主义。中国共产党早期马克思主义者,为了捍卫马克思主义,与这些思潮进行了三次论战,分别是"问题与主义"之争、关于社会主义的论战和反对无政府主义的论战。

问题与主义之争

"问题与主义"之争主要是围绕"中国要不要以马克思主义理论作指导""中国社会问题要不要以革命手段根本解决"等重大问题而展开。1919年7月,胡适在《每周评论》上发表《多研究些问题,少谈些主义》一文,挑起了这次论战。他在文章中要求人们"多多研究这个问题如何解决,那个问题如何解决,不要谈这种主义如何新奇,那种主义如何奥妙",以此嘲讽传播马克思主义是"阿猫阿狗都能做的事,是鹦鹉和留声机都能做的事"。他极力主张点滴改良,否认马克思主义在中国的适用性,认为主张"根本解决"是中国思想界破产的铁证。1919年8月,李大钊在《再论问题与主义》一文中对胡适的言论予以批驳。他公开声明:"我是喜欢谈谈布尔什维主义的",宣传理想的主义与研究实际的问题是交相为用的,是并行不悖的。李大钊在文中初步表述了马克思主义的一般原理必须与本国的实际相结合的观点,并认为在此过程中,思想将得到进一步发展。他说,社会问题的解决,必须依靠社会上多数人的共同运动,而要有多数人的共同运动,就必须有一个共同的理想、主义作为准则，因此，谈主义是必要的。李大钊以马克思主义的唯物史观为理论武器，驳斥了胡适的改良主义，阐明了中国问题必须从根本上寻求解决的社会变革主张。

社会主义论战

社会主义论战的中心问题：一是中国社会发展的方向是资本主义还是社会主义，二是解决中国社会问题的方法是采取革命手段还是改良主义。1920年11月，梁启超、张东荪等人趁英国哲学家基尔特社会主义者罗素来华讲学之机，大力宣传基尔特社会主义的观点，主张发展实业教育，反对社会主义革命。他们发表的主要文章，包括张东荪的《由内地旅行而得之又一教训》《现在与将来》以及梁启超的《复张东荪书——论社会主义运动》等。他们认为，中国没有阶级压迫，工人之所以受苦是由于失业，因而主张采取改良手段调和工人和资本家、农民和地主的矛盾。他们甚至断言，社会主义运动不可能在中国兴起，因为中国没有劳动阶级，所以也不会有代表劳动阶级的政党，这就决定了中国必须依靠绅商阶级来发展资本主义，才能改变国家现状。与此同时，中国共产主义的早期先驱陈独秀、李大钊、蔡和森等，先后发表《中国的社会主义与世界的资本主义》《讨论社会主义并质梁任公》《马克思学说与中国无产阶级》等文章，批驳梁启超、张东荪等人的观点。他们列举种种事实说明中国存在阶级对立和压迫，认为中国不能走资本主义的老路，中国劳动者必须联合起来，组织革命团体，走俄国社会主义革命的道路。

反对无政府主义

反对无政府主义的论战是五四运动期间马克思主义者和无政府主义者之间的一场论战。五四运动前后，与马克思主义在中国传播的同时，无政府主义也被当作一种社会主义思想传入中国。它反对封建专制和威权政治，但又同科学社会主义相对立。以黄凌霜、区声白为代表的无政府主义者，宣扬克鲁泡特金的无政府主义思想，反对马克思主义的无产阶级专政学说。他们宣称既不承认资本家的强权，也不承认劳动者的强权。1920年9月，共产主义者开始反击。陈独秀、蔡和森等先后在《新青年》《共产党》等杂志上发表《谈政治》《马克思主义学说与中国无产阶级》等文章，对无政府主义思想进行批判，阐明无产阶级领导人民群

【知识链接】

吕希晨、王育民:《中国现代哲学史(1919—1949)》,吉林人民出版社1984年版。

安启念:《马克思主义哲学发展史》,中国人民大学出版社2004年版。

众进行革命斗争,用暴力夺取政权,建立无产阶级专政的必要性和重要性,驳斥了无政府主义"绝对自由"的思想。

这三次论战扩大了中国早期的共产主义者的舆论影响,宣传了马克思主义基本原理,促进了马克思主义更为广泛和深入的传播,进而为中国共产党的创立和马克思主义的中国化,奠定了思想与理论的基础。

21 黄埔三杰

> 黄埔三杰是指蒋先云、陈赓和贺衷寒三人。他们均在1924年考入黄埔军校成为第一期学员,是一期学员中最突出的三个人物,被誉为"黄埔三杰"。当时,军校中流传:"蒋先云的笔,贺衷寒的嘴,灵不过陈赓的腿。"在这三人中,蒋先云、陈赓是共产党人,而贺衷寒则先是共产党员,后来成为顽固的国民党"反共"派。

考入黄埔

1921年12月,共产国际代表马林在广西桂林向孙中山提出"创办军官学校,建立革命军"的建议。在苏联政府和中国共产党的帮助下,孙中山于1924年5月创办陆军军官学校,因校址设在广州黄埔长洲岛,故名。1924年6月16日,军训第一期举行开学典礼。军校以贯彻三民主义为宗旨,培养军事与政治人才。孙中山兼任军校总理,蒋介石任校长,廖仲恺任党代表,周恩来任政治部主任。1927年前,这是一所国共合作的学校,得到了苏联的大力帮助,为中国革命培养了一批军事政治干部,为革命军的建立和北伐战争奠定了基础。

蒋先云,1902年生于湖南省新田县大坪塘村,又名湘耘,号巫山。1918年就学于湖南省立第三师范学校,曾组织学友互助会,创办《嶽麓警钟》月刊。后积极参加五四运动,任湖南学生联合会总干事。1921年10月经毛泽东介绍加入中国共产党,在湖南三师创立了"心社",次年参加了安源路矿工人大罢工。蒋先云于1924年报名黄埔军校,入学考试与毕业考试均名列第一。

贺衷寒,1900年生于湖南岳阳鹿角镇牛皋村,字君山。1919年五四运动时被选为武昌学生代表,1920年冬加入武汉共产主义小组。适逢苏联召开东方民族会议,贺被选为东方劳工代表参加。1921年春赴上海学习俄文,9月赴莫斯科。其间,性格刚烈的贺衷寒对中国代表团长张国焘强烈不满,由此脱离共产党。1924年5月考入黄埔军校第一期。

陈赓，原名陈庶康。1903年生于湖南湘乡市龙洞乡泉湖村。1916年入湘军当兵。1921年脱离湘军，参加爱国运动，1922年加入中国共产党。1924年5月考入黄埔军校第一期。

东征显威

蒋先云在黄埔军校期间，潜心攻读古今兵法，"兵学、战术两科，冠于全校"；蒋介石"爱之如手足"，廖仲恺赞其为"军校中最可造就的人才"，周恩来称其为"军校中的高才生"。毕业后，蒋留校任政治部秘书。1925年2月，在周恩来的领导下，青年军人成立联合组织，号召会员们"救国救民救自己"。联合组织原定名"青年军人代表会"，后改名为"中国青年军人联合会"，随即召开代表大会，选出了领导机构中央执行委员会，公推蒋先云为常务委员。由蒋先云担任编辑和主要撰稿人，出版了会刊《中国军人》和《青年军人》。1925年蒋先云参加东征讨伐陈炯明，平定地方军阀叛乱，8月任国民革命军第一军第三师第七团党代表，不久率部参加第二次东征。

陈赓自黄埔军校毕业后留校任连长、副队长，参加了平定商团和讨伐陈炯明的东征等战斗。1925年10月，国民革命军第二次东征时，在华阳附近战斗失利，叛军追杀过来。到前线督战的蒋介石心慌腿软，怕被叛军俘虏，拔枪企图自杀。陈赓不顾个人安危，连背带拖，把蒋介石救了出来。由此，"蒋先云的笔，贺衷寒的嘴，灵不过陈赓的腿"传为战事佳话。

贺衷寒从黄埔军校毕业后，初任广州分校政治部上尉秘书。1925年4月，任黄埔军校炮兵第一营党代表兼第一连党代表。同年10月，国民革命军第二次东征，任第1军第1师第1团党代表，随蒋介石参加东征，后调任入伍生总队政治部主任。

分道扬镳

1926年3月中山舰事件后，蒋先云退出国民党及第一军。北伐时，"蒋介石亲临南昌前线督战，但遇到孙传芳的一队人马突然包围了国民革命军战地指挥部，蒋介石陷入重围而危在旦夕。只因侍从秘书蒋先云从容应敌，情急智生，首先自己孤军拒敌。然后指示警卫团掩护总司令安全脱险"，他在这次"救蒋"战斗中，树立功勋，英名远扬。1926年7月任北伐军总部秘书，旋任补充第五团团

黄埔三杰：蒋先云、陈赓、贺忠寒（从左至右）

长，北进湖南，转战江西。1927年去武汉，任湖北全省总工会工人纠察总队队长。1927年5月，武汉国民政府决定继续北伐，蒋先云被任命为国民革命军第十一军二十六师七十七团团长兼党代表，率部北上河南，5月28日在河南攻克临颍城的战斗中英勇牺牲，年仅二十五岁。

贺衷寒在1925年就与缪斌等在广州成立"孙文主义学会"，贺任会长。1926年被国民党派往苏联陆军伏龙芝军事学院学习。1928年回国，任杭州军事训练班学生总队队长，10月调国民党南京市党部工作。1929年春蒋介石又派他赴日本考察军事、政治。1931年起，历任陆海空军总司令部"剿匪"宣传处长、鄂豫皖三省"剿匪"总司令部政治训练处长、军委会教育处长等职，并参与组织力行社与复兴社，创办《扫荡报》。1939年当选为国民党中央执行委员，次年兼任中央通讯社新闻检查局长。抗日战争时期，贺衷寒先后出任国民政府军事委

黄埔军校第一期学生卒业证书

员会政治部第一厅厅长、政治部秘书长、三青团临时干事会干事、社会部劳动局长等。战后膺选制宪国民大会代表，1947年任社会部政务次长，同年9月当选为国民党中央常务委员。1949年蒋介石引退，贺衷寒亦随之辞职。贺衷寒随蒋介石集团败退台湾后，出版了《中国的病根》一书，试图为危亡的蒋氏政权开出药方。1950年，贺衷寒出任台湾"交通部长"，他的才干再次得到展现，任内卓有成效的努力，为台湾交通的发展和日后经济起飞打下基础。1971年，贺辞去"国策顾问"以外一切职务。1972年5月，忧郁中的贺衷寒因骨癌病逝。著有《一得集》《学与干》等。

陈赓在1927年8月参加南昌起义，到贺龙部队任营长。1928年起，主持中共中央特科的情报工作。1931年9月赴鄂豫皖苏区，任工农红军第四方面军的师长。1933年3月被捕，由上海解往南昌，正在南昌指挥第四次"围剿"的蒋介石亲自对这位过去的学生与救命恩人，用高官厚禄进行劝降，陈赓严词拒绝。经中共和宋庆龄等营救，陈赓获释辗转来到中央苏区，任步兵学校校长。长征中陈赓任干部团团长，参加了直罗镇、东征、西征、山城堡等战斗。1937年2月入抗日军政大学学习。抗日战争爆发后，任八路军第一二九师第三八六旅旅长，参与创建晋冀豫根据地。1943年11月赴延安，入中共中央党校学习。1950年7月应邀至越南，帮助越南军民进行抗法战争。1951年参加抗美援朝，任中国人民志愿军副司令员兼第三兵团司令员。1952年6月回国，筹办人民解放军军事工程学院。1954年10月任人民解放军副总参谋长。1955年被授予大将军衔。1956年当选为中共第八届中央委员。1961年3月16日在上海因心肌梗死抢救无效而病逝，享年五十八岁。

【知识链接】

曾庆榴：《共产党人与黄埔军校》，广州出版社2004年版。

22 三民主义同志联合会

> 三民主义同志联合会简称"民联",爱国民主党派之一,是由一部分爱国民主人士于1945年在重庆成立的政治组织。

组织创立

从1943年开始,同盟国逐步在欧洲、亚洲战场施以反攻,中国战区的抗日局势也有所好转,尤其是中国共产党领导的敌后抗日根据地得到逐步恢复和发展。在此形势下,爱国民主人士谭平山,受到周恩来、董必武等中共党人的启发和鼓励,产生了组织一个经常性的时事座谈会,将国民党内的民主派分子逐步组织起来,座谈形势,沟通思想,抵制国民党内的顽固派势力,从而推动我国的抗战胜利和民主事业进步的想法。1943年春节后,他们举行了第一次民主同志座谈会,参加会议的有王昆仑等14人,讨论的中心议题是国际反法西斯战争问题。随后,座谈会通常每个月举行1—2次,存在时间长达3年多。民主座谈会经过一段时间的活动,到了1943年8月,大家认为建立一个国民党民主派的组织的时机已经成熟,于是建立了一个由谭平山、陈铭枢等10人组成的筹备小组。9月,举行了10人小组的第一次会议。他们起初将组织名称定为"中国国民党民主同志联合会",并用这个名称开展过活动。后来经过商讨,决定以孙中山"联俄、联共、扶助农工"三大政策和《国民党第一次全国代表大会宣言》为旗帜,团结坚持抗战、坚持团结、坚持进步的爱国民主分子,同破坏抗战、制造分裂、阴谋妥协、实行独裁的国民党反动派进行斗争,遂更名为"三民主义同志联合会"。自1944年上半年起,开始以"民联"名义开展活动。同年冬天起,民联开始筹划召开全国代表大会,正式建立中央领导机构,制定政治纲领和组织章程,同时还积极吸纳人员,开展了大量团结国民党民主分子的工作。1945年10月28日上午,三民主义同志联合会在重庆上清寺"特园"召开第一次全体大会,三民主义同志联合会宣告正式成立。会议选举了民联的中央机构——中央临时干事会,谭平山、陈铭枢等17人为干事。常务干事会下设秘书处、组织、宣传等8个委员会。还选出了常务监察，分别为马寅初、潘震亚、孙荪荃、于志侯、秦德君。

反对内战

民联在政治上主张国民党结束党治，建立民主联合政府，废除妨碍基本自由的一切法令、制度、机构，国内一切民主党派一律享有合法平等的地位；在经济上主张节制私人资本，发展国家资本，平均地权；在军事上主张实现军队国家化；在外交上主张实现国际合作与世界和平。

民联成立后，积极参加反对内战、争取和平的民主运动。抗战胜利后，民联同全国人民一道投入到争取"和平、民主、团结"的斗争中，积极支持国共和谈。他们站在人民一边，迫使蒋介石同中国共产党签订了《双十协定》，同意"避免内战""各党派在法律之前平等"，以及召开政治协商会议。1945年11月19日，民联成员参加了重庆的反内战大会，并和与会者一同发起各界以实际行动制止内战的倡议，号召国民党军队官兵拒绝内战，呼吁早日成立联合政府。民联还与中国共产党密切合作，联合开展反内战的斗争。1948年后，重庆的民联不顾国民党的威胁，配合"民革"在西南地区进行军事活动，组织反蒋地下武装，营救被捕的革命同志，在为中共地下党员提供掩护等方面做了大量工作。

1947年，民联领导人由南京、上海去香港，参加了国民党民主派第一次全国代表大会。1948年1月，民革、民联、民促及其他爱国民主分子在香港成立了中国国民党革命委员会，但民联继续保持其组织的活动。1949年9月，民联作为中国人民民主统一战线的成员参加中国人民政治协商会议第一届全体会议，参与了《共同纲领》的制定和中央人民政府的选举。同年11月，民革、民联、民促及其他爱国民主分子在北京参加第二次国民党民主派代表会议，统一成立"中国国民党革命委员会"。由此，民联成员全部转为民革成员，积极投身于新中国的建设事业，民联同时宣告结束。

历史贡献

民联从筹备之日起，就始终把反对独裁和内战、争取民主与和平作为其政治活动的主要目标。他们既在国民党内部进行争取和团结工作，又联合或配合兄弟党派和进步团体携手工作，共同开展爱国民主活动。

民联很重视争取国民党内的上层民主人士，积极促进国民党内民主派的联合。民联成立时成员不多，人数只有 50 多个，但他们绝大多数是国民党内的上层人士，有着党龄长、资历深、地位高、影响大等优势。他们利用自己的人脉关系，为民联争取了一些国民党内的重量级民主人士参加民主行动。在 1946 年春，在民联成员陈铭枢、朱蕴山等人的争取下，昔日广东实力派领袖陈济棠参加了民联，并资助民联开展宣传活动。民联利用获得的这笔资助，在香港创办了报刊。这对促进国民党内部分化和孤立顽固派，发挥了积极作用。在解放战争后期，他们还与其他民主党派一起，共同推动了国民党内部的投诚起义活动，加快了全国解放的历史进程。

【知识链接】

孙晓华：《中国民主党派史》，辽宁人民出版社 1999 年版。

23 中国工人运动三次高潮

> 中国共产党成立以后，中国工人阶级在党的领导下，掀起了中国工人运动的三次高潮：第一次高潮，从1922年香港海员罢工到1923年"二七"惨案而结束；第二次高潮，从1925年五卅运动到1926年省港大罢工而结束；第三次高潮，从1926年北伐战争到1927年"四一二""七一五"反革命政变而结束。

工人运动第一次高潮

中国共产党在第二次全国代表大会以后，开始加强对各地罢工斗争的领导，进而在全国掀起了工人运动的第一次高潮。这次工人运动高潮从香港海员大罢工到"二七"惨案结束，历时总共一年零一个月。1922年1月12日，香港海员第三次要求资方增加工资，但却再次遭到无情拒绝。在中华海员工业联合总会领导人林伟民、苏兆林等的组织带领下，全港海员举行大罢工。至1月底，罢工人数达3万以上。这场规模空前的大罢工，顿时使香港成为一座"臭港"。3月4日，大批工人徒步返回广州途中，在沙田突然遭到英国军警袭击，死伤多人，此即"沙田惨案"。惨案引起工人更为强烈的愤怒和抗议。3月8日，在工人罢工和社会舆论的巨大压力下，香港英国当局被迫答应海员提出的条件。香港海员大罢工取得了阶段性的胜利。香港海员罢工的胜利，进一步推动着罢工高潮的发展。

1922年9月，在毛泽东、刘少奇、李立三等中共党人领导下，安源路矿1.7万余工人举行大罢工，抗议路矿当局企图解散工会和俱乐部，要求发放长期拖欠的工资。由于工人们在中国共产党的领导下，表现出坚持不懈、英勇不屈的斗争精神，路矿当局被迫妥协并签署了增加工资、改善工人福利、承认工人俱乐部有代表工人的权利等十三项协议。

同年10月，在中国劳动组合书记部主任邓中夏的具体指导下，开滦五矿3万多工人举行总同盟罢工，要求增加工资，改善待遇，建立工人俱乐部。英国资本家为了压制工人罢工，与北洋政府勾结，调集军警进行镇压。这场罢工坚持了25天，但由于政府当局态度强硬，因而最终未能达到预期目的。工人们在当局承诺增加少许工资的条件下，忍痛复工，恢复生产。第一次工人运动高潮的顶点是1923年2月京汉铁路工人大罢工。1923年2月，京汉铁路沿线十六个工会分会在郑州举行总工会成立大会，但却遭到军阀吴佩孚的阻扰破坏。总工会不畏阻难，决议在2月4日举行全路工人大罢工，于是2万多工人在长达1000多公里的铁路线上进行同盟总罢工，京汉铁路顿时全线瘫痪。大罢工引起帝国主义和反动军阀巨大恐慌，2月7号，直系军阀吴佩孚在帝国主义的支持下，调动大批军警对工人进行血腥镇压，制造了震惊中外的"二七"惨案。由此，全国工人运动暂趋低潮。

工人运动第二次高潮

1925年5月1日，第二次全国劳动大会在广东召开，会上成立了全国总工会。全国总工会成立后，组织领导了五卅运动和省港大罢工等工人运动，掀起了中国工人运动第二次高潮。

1925年5月15日，上海内外棉七厂日籍职员枪杀共产党工人顾正红，并打伤十余人。以此事件为契机，5月30日，上海工人、学生和市民举行示威游行活动，但却遭到英国巡捕开枪镇压，当场死伤数十人，酿成五卅惨案。31日晚，上海总工会成立，针对五卅惨案随即领导了更大规模的罢工、罢课、罢市活动。6月7日，上海总工会、全国学生联合会、上海学生联合会和商界联合会推举代表召开联席会议，成立了上海工商学联合会，由此，上海各界民众反帝联合战线正式确立。面对席卷全国的反帝爱国运动，外国列强在华势力开始对民族资产阶级进行威逼利诱，迫使其退出"三罢"斗争，工人运动因此受到重大影响。为了保存力量，在资方承诺给予一定补偿的条件下，工人们从8月中旬起先后复工。正当上海社会各界如火如荼地开展反帝运动时，为了支持上海人民的斗争，广州、香港等地工人，在共产党人邓中夏、陈延年、苏兆征等的领导下，举行了声势浩大的省港大罢工。1925年6月19日，香港25万工人首先罢工。23日，工人、农民、学生、黄埔军校学员十几万人，联合举行游行示威，但当游行队伍路过沙基时，遭到英国驻军、巡捕开枪射击和帝国主义军舰炮火进攻，导致当场死伤200余人，造成了"沙基"惨案。中国共产党通过中华全国总工会成立了以苏兆征为委员长的省港罢工委员会，继续领导罢工活动，并且组建了二千多人的工人纠察队，严密封锁香港及沙面租界，打击驻港外国势力。这场罢工运动坚持了16个月之久，是世界工人运动史上持续时间最长的一次大罢工。只是由于后来广东革命形势发生重大变化，这场罢工才于1926年10月宣告结束。省港大罢工对帝国主义予以沉重打击，成为中国工人反抗帝国主义在华势力的典范事例。

工人运动第三次高潮

1926年5月1日，为了总结五卅以来工人运动的经验，迎接广东革命政府即将发动的北伐战争，把工人运动再次推向高潮，中华全国总工会在广州召开了第三全国劳动大会。在中华全国总工会的领导下，中国工人运动出现了第三次高潮。它以北伐战争为起点，以上海工人三次武装起义为顶峰。1926年7月，国民革命军出师北伐，一路上所向披靡，势如破竹。随着北伐军的胜利推进，两湖地区乃至整个南方的工人运动，也随之步入空前高涨的阶段。广大工人踊跃参加北伐部队的后勤运输工作，此外他们还积极加入卫生队、宣传队、工程队和铁路交通队，甚至直接参加北伐前线的战斗。在北伐军队迅速膨胀的同时，工会组织也在不断发展，工人数量大量增加，并且在不少地方，还成立了工人武装纠察队。1927年2月，在民众运动的推动下，汉口、九江人民成功收回了英租界，这是近百年来中国人民反抗帝国主义的空前壮举。

为了配合北伐军进攻上海，上海工人在中国共产党的组织和领导下，先后举行了三次武装起义。前面两次起义由于缺乏经验，准备不够充分，惨遭失败。1927年3月21日，在周恩来、罗亦农、赵世炎等共产党人领导下，上海工人发动了第三次武装起义。80万工人根据上海总工会的命令，举行大罢工，随即转入武装起义，并以武装纠察队为先锋，以广大群众为后援，向上海守军的军事据点发起猛烈进攻。工人武装经过30个小时的激烈战斗，终于在22日晚攻占敌人最后的堡垒——闸北区。上海工人第三次武装起义，最终取得了胜利，这也是中国工人武装夺取政权的首次尝试。然而，在1927年蒋介石与汪精卫相继发动"四一二"和"七一五"反革命政变后，中国的工人运动再度陷入低潮。

中国工人运动先后兴起的三次高潮，表明在中国共产党诞生后，中国工人阶级在思想觉悟、组织能力和奋斗目标上逐渐成长，并以崭新的姿态登上了历史舞台。由中国共产党领导的工人阶级的政治力量，在这三次高潮中得到了锻炼，变得越来越成熟和壮大。

【知识链接】

高爱娣：《中国工人运动史》，中国劳动社会保障出版社2008年版。

史兵著：《中国工人运动史话》，工人出版社1985年版。

24 早期农民运动三大领袖

> 早期农民运动是中国共产党领导下的中国新型农民运动的伟大开端。它最早出现于浙江萧山、广东海陆丰和湖南衡山地区,后在国共合作和北伐战争的影响下,迅速地发展为全国性的农民运动。毛泽东、彭湃和韦拔群,被公认为是在早期农民运动中涌现出的三大杰出领袖。

毛泽东与两湖农民运动

毛泽东的农民运动生涯始于1925年。是年2月,他回到家乡韶山冲,通过和贫苦农民的接触,发现农民中蕴藏着极大的革命力量,随后发动了"一个把农村组织起来的运动"。1925年春,韶山开始组织秘密的农民协会。五卅惨案发生后,毛泽东立即抓住这个有利时机,以"打倒列强,洗雪国耻"为号召,在韶山放手发动群众,建立了公开的反帝反封建的革命组织——雪耻会。秘密农会和雪耻会建立后,开展了一些以阻止地主运粮外出、平抑谷价、增加雇农工价以及减轻租额等为目标的经济斗争。1926年11月,毛泽东担任中共中央农民运动委员会书记后,以湖南、湖北等省为重点开展农民运动。1927年1月4日至2月5日,毛泽东实地考察了湘潭、湘乡、衡山、醴陵、长沙五县农民运动的情况,写下了著名的《湖南农民运动考察报告》。报告充分估计了农民在中国民主革命中的伟大作用,指出了在农村建立革命政权和农民武装的必要性,科学地分析了农民的各个阶层,着重宣传了放手发动群众、组织群众、依靠群众的革命思想。在毛泽东的领导和推动下,湖南的农民运动取得了显著的成效。到1927年1月,湖南已有六十多个县组织了农民协会,会员增至200多万。

此外,毛泽东从1926年5月开始,在广州实际主持了"第六届农民运动讲习所",次年3月至6月又在武昌主持了"中央农民讲习所",为全国的农民运动培养了大批的农民革命骨干。

彭湃与广东农民运动

彭湃是海陆丰农民运动和革命根据地的创始人，曾被毛泽东誉为"农民运动大王"。1922年5月，彭湃来到自己的家乡海丰县赤山约，向贫苦农民宣传革命的道理。起初，他的行为并不为农民所信任，但他采取各种深入人心的动员方法，克服重重困难，终于在7月底成立了有6人参加的农会。到10月下旬，农会活动已扩大到赤山约所属的20多个村庄，会员发展到500多人。11月中旬，又成立了守望约农会。至该年年底，海丰县已有12个约、98个乡建立了农会，会员发展到2万户，自然人口约10万人，占全县总人口的四分之一。此后，彭湃又先后到陆丰、惠阳两县从事农民运动。由于有海丰农民运动的声势和经验，陆丰、惠阳两县的农会也得到了迅速发展。到1923年5月，海丰、陆丰、惠阳三县共有70多个约、500多个乡建立了农会，会员人数达到20多万人。在彭湃的领导和推动下，广东省农会也于同年7月得到了成立。1924年4月，彭湃转赴广州领导农民运动，并创办农民运动讲习所。此后，他不仅担任了第一届、第五届"农民运动讲习所"主任和历届"农讲所"的骨干教员，并且兼任过广东农民自卫军总指挥，为广东全省农民运动的蓬勃发展做出了重大贡献。

韦拔群与广西农民运动

韦拔群于1921年开始领导农民闹革命，由于深受人民的敬爱，被当地群众亲切地称为"拔哥"。是年8月，他回到家乡秘密地从事农民运动，先后组织了改造东兰同志会及国民自卫军，号召农民起来"打破不平""救家乡、救广西、救中国"。他穿着草鞋、戴着斗笠来到受苦较深的瑶族人民聚居地，向他们宣传革命的道理，动员他们与汉族人民一道打倒豪绅地主，受到瑶族人民的热烈欢迎。1925年5月，他被委派为"农运特派员"，返回广西开展农民运动。经过广泛地宣传和发动，他领导成立了各区、乡农民协会和农民自卫军，开展反对帝国主义、反对封建军阀、打倒贪官污吏和土豪劣绅的斗争。同年8月，东兰县农民协会成立，韦拔群任军事部长。9月，他创办

【知识链接】

金冲及：《从迅猛兴起到跌入低谷——大革命时期湖南农民运动的前前后后》，《近代史研究》，2004年第6期。

殷丽萍：《早期海陆丰农民运动性质新论》，《毛泽东思想研究》，2005年第1期。

了广西最早的"农讲所"——东兰农民运动讲习所，先后开办3届讲习班，为右江地区各县培养了一批农民运动骨干。1926年夏，他又受命担任田南农运办事处主任兼一路农军总指挥。

由毛泽东、彭湃、韦拔群等中共党员领导的早期农民运动，显现了组织起来的农民的伟大力量，使中国共产党开始认识到农民在中国革命中的巨大作用。它们不仅有力地冲击了农村社会的封建势力，而且为后来土地革命和工农红军的发展，奠定了坚实的基础。

25 国民党右派三次反共事件

> 孙中山逝世后,国民党内发生了严重的分化。逐渐成形的国民党右派,试图在思想理论上对新三民主义进行重新解释,并对"三大政策"的合理性表示怀疑乃至反对。在此过程中,国民党右派发起三次"反共"事件,对国共第一次合作造成严重影响。这三次"反共"事件即是1925年底的西山会议派"反共"分裂活动,1926年3月的"中山舰事件",以及1926年5月的"整理党务案"。

西山会议派分裂活动

1925年11月23日,国民党中央执行委员林森、邹鲁、居正、覃振、石瑛、石青阳、叶楚伧、沈定一,中央监察委员谢持、张继等12人,在北京西山碧云寺召开所谓"第四次中央执行委员会全体会议"。因为此次会议的地址在西山,史称"西山会议"。

西山会议自11月23日开幕,至次年1月4日闭幕,前后共计42天之久。会议由林森主持,在此期间断续开会22次,会议通过宣言、决议、通电及文书共72份,中心问题是"解决共产派"。主要决议案有:(一)取消共产党员在国民党的党籍,开除中央执行委员谭平山、李大钊、于树德、林祖涵,候补委员毛泽东、瞿秋白等人的国民党党籍;(二)解雇俄国顾问鲍罗廷;(三)取消中央政治委员会;(四)中央执行委员会暂移上海,通电停止广州中央执行委员会职权;(五)开除汪精卫国民党党籍六个月,解除其中执委职务,并规定其不得在国民党执政区域之政府机关服务;(六)变更联俄政策。

西山会议派的分裂活动,遭到广州国民党中央及各地方组织的反对。11月27日,广州国民党中央正式通电全国各级党部,宣布在北京西山召开的"一届四中全会"为非法,其组成分子为"反动派"。西山会议派不甘示弱,于12月14日在国民党上海执行部正式宣布成立中央党部机关。西山会议派另立中央的活动，造成了国民党改组以来的第一次正式分裂。1926年2月，西山会议派在北京设立执行部。3月，又在上海召开所谓"国民党第二次全国代表大会"，另行成立第二届中央执、监委员会。

中山舰与中共党员、中山舰舰长李之龙

西山会议派背离孙中山在世时提出的三大政策，破坏了国共合作的良好氛围，加剧了国民党内部的斗争和分裂。1926年1月1日，国民党第二次全国代表大会在广州举行，大会做出"弹劾西山会议"和"处分违犯本党纪律党员"的决议，对西山会议首要分子邹鲁、谢持"永远开除党籍"；对居正、石青阳等12人"提出警告"，如不接受警告，则予以开除。然而，西山会议派的"反共"分裂活动并未停止。1927年"四一二"事变后，蒋介石通令取消"打倒西山会议派"的决议，恢复邹鲁等人党籍，同时停止与苏俄的合作。至此，西山会议派与蒋介石集团开始合流。

中山舰事件

1926年3月18日，黄埔军校管理科交通股股长兼驻省办事处主任欧阳钟向海军局代局长、中山舰舰长共产党员李之龙传达指令，派中山、宝璧两舰出海到黄埔救援被匪徒攻击的一艘外轮。军舰到了黄埔后，向黄埔军校教育长邓演达请示任务，邓演达回答不知。1926年3月19日下午，由于苏联使团欲参观中山舰，李之龙电话请示蒋介石调中山舰回广州。随后有谣言散布，说中山舰开往黄埔是"共产党要暴动"，是要"把蒋介石劫去""推翻国民政府，改建工农政府"等。3月20日，蒋介石派兵逮捕李之龙，扣押中山舰，调动军警包围省港罢工委员会和苏联顾问住宅，并软禁布勃诺夫使团一行；收缴省港罢工委员会工人纠察队的武装，还监视和软禁共产党人，并宣布广州全市戒严。

由于当时共产国际代表和中共党内主张对蒋介石妥协，致使蒋介石提出的在黄埔军校和国民革命军第一军中排除共产党人的提案得以通过。这是共产国际代表和中国共产党对蒋介石的又一次大让步。中山舰事件之后，蒋介石不仅打击了中国共产党，而且打击了国民党左派汪精卫，并愈趋明显地表现出其由"左"向"右"转的政治立场。从这一次的试探中，他进一步摸清了共产党人存在的弱点，从而加紧了他的"反共"活动。这一事件成为国共关系发展中的一个重要转折点。

整理党务案

"中山舰事件"后，蒋介石即策划从国民党的领导机构中排挤出共产党，以全面控制国民党的权力。1926年4月6日，蒋介石向国民党中央常务委员会提出召开国民党第二次中央执行委员会全体会议。国民党中央接受了蒋介石的提议，鲍罗廷与蒋介石会商国共合作问题时，未与中共中央商量即同蒋介石达成"整理党务"的8项协定。这时，张静江、吴稚晖、孙科等聚于广州，为蒋介石出谋划策，制订整理党务案的具体计划。邵元冲等西山会议派分子也纷纷云集广州，四处活动。5月15日至22日，国民党二届二中全会在广州召开。会议选举谭延

廖仲恺与孙中山

中山舰全景

阎、蒋介石和谭平山等为大会主席团成员。蒋介石借口要改善中国国民党与共产党的关系，扬言为避免共产党在国民党内的力量发展引起"党内纠纷"，应有一个"消除误会的具体办法"，提出所谓《整理党务决议案》。其主要内容是：共产党员在国民党各级党部担任执行委员的人数，不得超过全体执行委员的三分之一；共产党员不得担任国民党中央各部部长；加入国民党的共产党员名单，须全部交国民党中央。这是蒋介石图谋削弱中国共产党的重大阴谋。

但是，由于共产国际代表和中共领导人继续采取退让方针，致使议案得以顺利通过。之后，担任国民党中央各部部长的共产党员辞职，蒋介石当上了国民党中央组织部部长。随后，他又担任了国民党中央常务委员会主席和国民革命军总司令等要职，进一步攫取了广东革命政权的党政军大权。

【知识链接】

杨天石：《"中山舰事件"之谜》，《历史研究》，1988年第2期。

杨奎松：《蒋介石从"三二〇"到"四一二"的心路历程》，《史学月刊》，2002年第6期。

26 北伐战争三大主战场

> 北伐战争是指1926至1927年间，国共合作组织领导的反对帝国主义和北洋军阀的一场战争。根据敌我双方力量对比和敌人内部矛盾的状况，北伐军决定首先击溃直系吴佩孚的军队，然后歼灭直系孙传芳的军队，最后消灭奉系张作霖的军队。战争中形成了两湖地区、江西地区和闽浙沪地区三大主战场。

两湖战场

1926年7月9日，国民政府在广州召开北伐誓师大会，北伐战争正式开始。此前，国民革命军第七军的两个旅已入湘协同第八军唐生智部同吴佩孚作战。5月下旬，广州国民政府又陆续派第四军第十师（师长陈铭枢）、第十二师（师长张发奎）和叶挺独立团入湘增援，以打开北伐的前进道路。北伐军首先以主力向湖南、湖北进军，两湖地区遂成为重要的争夺战场。7月初，担任主攻任务的第四、七军先后抵达攸县地区，与第八军会合。在工农群众的大力支持下，北伐军分三路向长沙发起进攻，11日占领长沙，并直逼武汉。8月25日，北伐军开始攻打武长铁路线上的军事要隘汀泗桥和贺胜桥。由于汀泗桥是武汉南面的门户，地形险要、易守难攻，吴佩孚企图以此阻止北伐军的进攻步伐，下令将士死守，并将司令部移至贺胜桥，亲自督战。26日，第四军以六个团的兵力向汀泗桥发起进攻，双方争夺激烈，伤亡惨重。后在当地农民的引导下，独立团从东面大山的小路迂回包抄到敌人的后方，向其发起猛攻，一举夺占了汀泗桥。30日又占领了贺胜桥。9月7日，北伐军攻取了汉阳、汉口，吴佩孚仓皇逃往郑州。10月10日，武昌城的守敌被迫投降。至此，吴佩孚的主力已基本被消灭，北伐战争取得了两湖战场的决定性胜利。

江西战场

在武昌尚未最后克复之时，孙传芳已在江西调动大军，准备向北伐军进攻。在此情形下，北伐军决定采取提前消灭孙传芳势力，占领皖、赣等东南五省的战略计划。江西地区继湖北战场之后，成为北伐战争第二个主战场。1926年9月中旬以前，第二、三军分别夺取赣州、吉安、萍乡、安源等地，第六军占领奉新等地。19日，第三、六军各一部冒险攻入南昌城，21日被迫退出。10月上旬，蒋介石由武昌转赴江西，亲自指挥南昌会战。北伐军在付出重大伤亡后，被迫撤出南昌之围。两湖战事胜利结束后，北伐军主力迅速转入江西，准备第三次攻打南昌。11月初，北伐军在加伦将军的参与指挥下对江西孙传芳部各据点发动总攻，先后攻占德安、马回岭，控制了南浔铁路，使九江和南昌陷于孤立。孙传芳见势不妙，慌忙逃回南京。11月5日，北伐军攻克九江，同时包围南昌。8日占领南昌。至此，北洋军阀在江西的势力全线溃退。

闽浙沪战场

江西战事开始前后，福建周荫人部企图进犯广东，扰乱北伐军的后方，且一度配合孙传芳入赣援鄂。1926年10月，北伐军出兵福建，先后攻占了永定、松口。此后，由于敌军内部的倒戈和民军相助，北伐军未经激烈战斗，即于12月间占领福建全省并乘胜追击。1927年1月，北伐军决定分三路继续进军。其中，东路军以第一军为主，由何应钦任总指挥，拟从赣东、闽北入浙，直逼杭州、上海。1月中旬，东路军由闽入浙，2月底即占领杭州及浙江全省，然后从嘉兴向淞沪前进；3月21日，白崇禧又率东路军右翼攻占松江，一部并抵达龙华。22日，上海工人在周恩来、罗亦农、赵世炎等的领导下，举行第三次武装起义，成功地解放了上海。与此同时，中路军的江左军和江右军，也于2月下旬同时东进，期与东路军会攻南京。3月24日，第六军和第二军攻占南京。至此，长江下游地区全部为北伐军所占领。

北伐军在三大主战场，基本消灭了孙传芳、吴佩孚两大军阀的主力，使革命区域由珠江流域扩展到长江流域。同时，在战争胜利进军的形势下，西南川、滇、黔各省地方军阀也都转向拥护国民政府，从而加速了国家统一的进程。

【知识链接】

张宪文、张玉法：《中华民国专题史·第4卷·国民革命与北伐战争》，南京大学出版社2015年版。

曾宪林：《北伐战争史》，四川人民出版社1991年版。

27 上海工人三次武装起义

> 北伐战争期间，上海工人阶级为配合北伐进军，推翻北洋军阀的反动统治，在中国共产党领导下举行了三次武装起义。

北伐进军和工人运动

20世纪20年代，随着中国人民的觉醒和工人阶级登上政治舞台，上海已成为中国工人阶级同帝国主义、封建军阀开展斗争的重要场所。从政治上看，反动军阀依仗帝国主义势力，要把上海变为反革命的据点；从经济上看，上海是中国财富最集中的地方，它操纵着全国的经济命脉；从工人阶级斗争的实践上看，上海工人阶级的组织性、纪律性和政治觉悟都有了显著的提高，工会组织也有了很大的发展，许多工厂和工会相继建立了工人纠察队或自卫团，工人开始有了自己的武装。五卅运动之后，暂时处于低潮的上海工人运动，在北伐战争胜利的进军声中重新高涨起来。1926年7月，国民革命军出师北伐。

为了号召和动员各地民众积极配合、响应北伐，中共中央于1926年7月31日发出《中央通告第一号》，要求各地党组织"各自在当地立刻起来做地方政治的直接奋斗，由反对苛税杂捐力争民权自由，一直到推翻当地的军阀政权，建立地方的人民政府"。从1926年9月上旬到10月下旬，驻上海的共产国际执委会远东局、中共中央执委会，以及中共上海区委召开一系列会议，讨论革命形势和武装起义的方针、策略，明确提出要在上海发动了一次民众暴动，夺取上海的市政府。根据中央的指示，中共上海区委开始准备武装起义。

三次起义的曲折过程

第一次武装起义发动于1926年10月24日。在北伐军的强大攻势下，军阀孙传芳节节败退。中共上海区委决定和国民政府驻沪代表钮永建合作，组织联合暴动。10月24日凌晨，武装起义以黄浦江上军舰的炮声为信号，但由于钮永建的部队泄密，淞沪警察厅早有防范，起义的炮声迟迟未响，起义因准备不足，大部分工人没有发动起来遭受失败，起义工人领袖陶静轩、奚佐尧等英勇牺牲。

第二次武装起义发动于1927年2月22日。2月18日，北伐军占领杭州，先头部队到达嘉兴。19日，上海总工会发布总同盟罢工令，罢工人数从15万增加到36万。上海防守司令李宝章，勾结公共租界工部局帝国主义势力，对罢工工人进行残酷镇压，上海处在一片恐怖之中。21日上海罢工工人奋起反击。中共中央决定把总同盟罢工转变为武装起义，由于海军两舰配合起义的计划泄露，22日晚，在来不及通知各区起义工人的情况下，"建威""建康"两舰被迫提前炮击高昌庙兵工厂，打乱了整个武装起义的计划，起义开始后，各区工人纠察队失去统一指挥，加上北伐军在上海郊区停止前进，钮永建的便衣队按兵不动，致使工人陷于孤立，起义再次失败。

中共中央和上海区委在吸取前两次武装起义失败的经验教训后，继续发动上海工人第三次武装起义，并做了大量的准备工作。首先成立了起义的最高领导机关——特别委员会（特委），委员会由陈独秀、罗亦农、赵世炎、汪寿华、尹宽、彭述之、周恩来、萧子璋等组成。特委下设军事委员会和宣传委员会，周恩来、赵世炎等负责军事委员会的工作，尹宽、郑超麟等负责宣传委员会的工作。其次，拟定行动计划，起义的整个行动由中共中央和上海区委负责，中央军委书记周恩来担任起义总指挥。3月19日，中共上海区委发布了这次武装

参加起义的上海工人纠察队

参加上海市总工会升旗典礼的上海工人武装纠察队

起义的行动大纲，精心策划了《各部作战计划》。再次，做好起义前的组织动员工作。在周恩来的秘密组织和周密部署下，一方面在市民中开展广泛的宣传动员，另一方面，建立一支数千人的工人武装纠察队，在全市设立多处秘密训练点加强培训，并借培训维护治安保卫团的合法名义加强工人纠察队的军事训练，不仅为起

上海特别市临时政府的全体成员合影

义培养了一批军事骨干力量，增强了工人纠察队的战斗力，而且还给工人武装补充了一些枪支、弹药。3月22日上午9时，4000余代表在新舞台召开第二次市民代表会议，选举产生了上海市政府委员19人，其中共产党员和共青团员占了10人。这个政府在组织领导和组织成分上都体现了工人阶级的领导权，是第三次武装起义的直接成果。市政府委员会第七次会议上通过了市政府政纲。政纲充分体现政权的民主主义性质，反映了广大群众反帝反封建的民主革命要求。在政治上反帝反封建争民主，要求收回租界，撤退外国军队，扩大反帝运动，废除不平等条约，肃清军阀残余等一切反动势力，建立民众政权，人民有集会结社言论出版罢工等绝对自由。在财政上力求减轻人民负担，统一财源计划。在教育上力求普及教育。政纲还对保护工人、农民、商人、学生、教职员、妇女等各界群众的利益提出了详细的条例与具体措施，充分反映了人民的愿望，说明它是代表人民利益的革命政府，是中国共产党领导的新民主主义政权的雏形。

三次起义的历史意义

【知识链接】

上海市档案馆编：《上海工人三次武装起义》，上海人民出版社1983年版。

上海工人三次武装起义，打击了帝国主义和军阀的反动统治，显示了中国工人阶级的顽强战斗精神和强大的组织力量。尤其是第三次工人武装起义的胜利，推翻了封建军阀的统治，建立了民众直接选举的上海市民政府，虽然这个政府仅生存了24天，但震动全国乃至世界。这三次武装起义，书写了中国工人运动史上光辉的一页。

28 1927年共产党领导的三大武装起义

> 南昌起义、秋收起义和广州起义，是1927年大革命失败后中国共产党领导的三大武装起义。三次武装起义揭开了中国共产党独立领导武装斗争和创建革命军队的序幕，是中国共产党人用武装起义来回答国民党的屠杀政策，以革命武装反对反革命武装的伟大创举。

南昌起义"打响第一枪"

第一次国内革命战争失败以后，国民党进行清党行动，对中国共产党进行疯狂屠杀。1927年4月起南京等地的国民党开始大量逮捕和处决共产党人，蒋介石在上海发动了"四一二"政变。武汉的国民党在7月亦决定"清党"，即"七一五"事变，一方面解聘共产国际驻中国代表鲍罗廷的顾问职务，一方面通知各政府部门和军队驱逐共产党人。国民党右派公开背叛孙中山所决定的国共合作政策和反帝反封建政策，残酷杀害共产党人和革命群众。国民党右派的"白色恐怖"，使中国共产党人进一步认识到陈独秀对国民党右派实行右倾投降主义，不努力扩大共产党领导的军队，忽视争取军队的严重错误，更加懂得掌握军队、实行武装斗争对于中国革命的极端重要性。正如毛泽东所指出的那样："革命失败，得了惨痛的教训，于是有了南昌起义、秋收起义和广州起义，进入了创造红军的新时期。"

1927年7月下旬，中共中央临时政治局决定在南昌举行武装起义，并成立了以周恩来为书记的前敌委员会。在前敌委员会的领导下，经过紧张的准备工作，于8月1日在南昌举行了起义。参加起义的部队，有贺龙率领的国民革命军第二十军，叶挺率领的第十一军的第二十四师，朱德率领的第三军军官教育团，共三万多人。起义部队在周恩来、贺龙、叶挺、朱德、刘伯承的指挥下，经过五个小时的战斗，全歼守敌六个团，一万多人，占领了整个南昌城。起义胜利后，成立了革命委员会，发布了宣言，提出了革命的政纲。南昌起义使国民党反

八一南昌起义

动派大为惊恐,蒋介石、汪精卫急忙调集军队,包围南昌。8月5日,起义部队退出南昌,取道赣南,向广东进军。沿途打了不少胜仗,攻占过不少城市。但由于缺乏经验,没有与当时江西西北部的农民运动相结合,在南下广东途中,于10月初在潮汕地区遭到优势敌人的围攻,部队主方损失严重。剩下的部队,一部分转移到海陆丰地区,继续坚持战斗;另一部分由朱德、陈毅率领转战湘南,并于1928年4月,到达井冈山,和毛泽东领导的工农革命军会师。

秋收起义开展土地革命斗争

1927年8月7日,中共中央在汉口召开紧急会议,确定了土地革命和武装反抗国民党反动派的总方针,并把发动农民举行秋收起义作为当前党的最主要的任务。会后,毛泽东作为中央特派员到达湖南。湖南省委决定成立以毛泽东为书记的前敌委员会,负责领导秋收起义的工作,1927年9月9日,举行了湘赣边界武装起义。参加起义的部队,有卢德铭率领的原武昌国民政府警卫团(即国民革命军第二方面军警卫团),王新亚率领的安源工人武装,以及平江、浏阳的农军等,总兵力五千人。起义部队合编为工农革命军第一军第一师,卢德铭任总指挥,毛泽东任中共前敌委员会书记。当起义部队分别从修水、铜鼓、安源等地向长沙进攻受挫后,毛泽东命令部队到浏阳的文家市集中。9月19日,前敌委员会讨论通过了毛泽东提出的放弃攻打长沙,向井冈山进军的主张。9月29日,部队到达江西永新县三湾村,毛泽东领导部队进行了改编,在部队中建立了党的各级组织,把支部设在连上,确定了党对军队的绝对领导,为建立新型的人民军队奠定了基础。10月,部队胜利到达井冈山地区,创立了党领导的第一个农村革命根据地。

广州起义创建城市苏维埃政权

1927年12月11日,趁粤桂军阀混战,粤军主力离穗之机,中共广东省委书记张太雷和黄平、叶挺、恽代英、叶剑英等领导国民革命军第四军教导团和广州工人、郊区农民举行起义,占领广州市大部分地区,成立了工农民主政权广州公社。12日国民党军队五万余人在英、美、日、法等国炮舰火力的支援下,大举反攻,起义部队英勇抵抗,终因寡不敌众,13日被迫退出广州,张太雷牺牲,起义失败。起义军总指挥部为保存革命力量,于12日夜下达了撤出广州的命令,后加入了东江地区的革命斗争;另有部分人员转移到广西右江地区,后来参加了百色起义;还有少数人员撤往粤北韶关地区,加入了朱德、陈毅率领的南昌起义军余部,后来上了井冈山。国民党军重占广州后,对未及撤离的起义军、工人赤卫队和拥护革命的群众,进行了血腥的镇压,惨遭杀害者达5000余人。

1927年大革命失败后中国共产党领导的三大武装起义具有重要的历史意义。南昌起义是中国革命斗争史上的壮举,它打响了中国人民武装反抗国民党反动派的第一枪,揭开了中国共产党独立领导中国革命战争和创建人民军队的历史新时期。秋收起义开辟了中国革命在反动统治比较薄弱的农村聚集和发展革命力量,以农村包围城市并最后夺取城市的正确道路。广州起义,是中国共产党领导的革命武装向国民党反革命势力进行的又一次英勇反击,在中国革命史上留下了光辉的一页。

秋收起义

【知识链接】

南昌八一起义纪念馆编:《南昌起义》,中共党史资料出版社1987年版。

萧克、何长工主编:《秋收起义》,人民出版社1979年版。

中共中央党校党史资料征集委员会等编:《广州起义》,中共党史资料出版社1988年版。

29 三大纪律、八项注意

> "三大纪律、八项注意"是土地革命时期毛泽东提出、并在中国共产党领导的红军中得到执行和推广的军队纪律。三大纪律是：（一）一切听党指挥；（二）不拿群众一针一线；（三）一切缴获要归公。八项注意是：（一）说话和气；（二）买卖公平；（三）借东西要还；（四）损坏东西要赔；（五）不打人、骂人；（六）不损坏庄稼；（七）不调戏妇女；（八）不虐待俘虏。

首创"三大纪律"

"三大纪律、八项注意"的形成不是一蹴而就的，是毛泽东、党中央在长时间的革命战斗实践中提出并逐渐加以完善的。

1927年9月，毛泽东发动并领导了湘赣边界秋收起义，要求部队官兵对人民群众要说话和气，买卖公平，不拉夫，不打人，不骂人。参与秋收起义的许多红军战士都是刚放下锄头的农民，他们虽然有革命的激情，却缺乏纪律意识，不听指挥，经常开小差。秋收起义，红军攻打长沙计划失败后，毛泽东在文家市做出了转战井冈山地区的决定，在进军井冈山的路上，士兵不听指挥、逃亡的现象依然严重。1927年9月底到达永新三湾，为了加强领导，根治士兵不听指挥的现象，毛泽东进行了历史上著名的"三湾改编"，将党支部建在连上，确定了"党指挥枪"的治军原则。在向井冈山进发时，毛泽东看到了许多无纪律的现象。在行军途中，又饥又渴的战士们看见路边诱人成熟的红薯，便毫不犹豫地连苗拔出，用袖子胡乱揩去泥巴就往嘴巴塞。部队在茶陵打土豪时，出现了个别军官把打土豪获得的银元和黄金占为己有。毛泽东根据秋收起义中不听指挥以及进军井冈山路上发生的偷拿农民红薯等问题，专门提出工农革命军的三大纪律：一、行动听指挥；二、不拿群众一个红薯；三、打土豪要归公。

颁布"三大纪律、六项注意"

1928年1月工农革命军占领遂川县城后,在分兵下乡打土豪、开展群众工作的过程中,出现了损害群众利益的现象。1月25日,毛泽东部署部队再次从遂川县城分兵下乡。根据部队第一次下乡出现的问题,他提出并宣布了工农革命军最早的"六项注意":还门板,捆铺草,说话和气,买卖公平,不拉夫、请来夫子要给钱,不打人不骂人。并要求部队每到一个地方,都要认真检查"六项注意"的执行情况。同年3月30日,毛泽东率工农革命军来到湖南桂东县沙田镇。当红军到达沙田镇时候,原本很热闹的沙田镇一下子就变得非常安静。镇上的店铺紧闭,百姓都逃进田野中。毛泽东经过了解后得知,红军上次来到沙田镇时,为了解决床铺问题,一些红军战士未经老百姓同意就取走了老百姓的门板和稻草,走的时候不给百姓上好门板、不捆好稻草,还拉民夫扛行李,给当地群众留下了不好的印象。针对这个现象,毛泽东在沙田镇进行全军纪律教育,宣布和解释工农革命军应当遵守的"三大纪律、六项注意"。"三大纪律是":第一,行动听指挥;第二,不拿工人农民一点东西;第三,打土豪归公。"六项注意"是:一、上门板;二、捆铺草;三、说话和气;四、买卖公平;五、借东西要还;六、损坏东西要赔。将"三大纪律"和"六项注意"结合起来,除此外,还对其中的内容进行了部分修改。如:"三大纪律"将1927年提出的"不拿群众一个红薯"改为"不拿工人农民一点东西";"六项注意"中将"还门板"改为"上门板",不仅要还,还要给群众上好门板等。1929年12月28、29日召开的古田会议上,毛泽东再次提到红军官兵必须遵守"三大纪律、六项注意"的规定。"三大纪律、六项注意"的颁布是人民军队统一纪律的开始,也为后来"三大纪律、八项注意"的形成奠定了基础。

正式形成"三大纪律、八项注意"

1929年之后,毛泽东又对"三大纪律、六项进行"进行了完善,将"三大纪律"中的"不拿工人农民一点东西"改为"不拿群众一针一线";"打土豪归公"改为"筹款要归公",后又改为"一切缴获要归公"。将"六项注意"增加到"八项注意",增加了"洗澡避女人""不搜俘虏腰包"两项内容,最终形成了"三大纪律、八项注意"。但是"三大纪律、八项注意"在长期的实行过程中又出现过内容不同的现象。1947年10月全国形势由战略防御转入战略反攻,为了加强军队纪律,毛泽东起草了《中国人民解放军总部关于重行颁布三大纪律八项注意的

为方面战士记忆，"三大纪律、八项注意"被编成歌曲

【知识链接】

阎永雪:《代表人民根本利益的革命纪律——三大纪律八项注意的形成及作用》,《党的文献》,2001年第5期。

叶福林:《关于"三大纪律、八项注意"几个问题的研究》,《中共党史研究》,2011年第8期。

训令》,对其做了进一步统一的规定,重新颁布,全军严格实行。将"洗澡避女人""不搜俘虏腰包"两项内容改为"不调戏妇女""不虐待俘虏",形成了最终的"三大纪律、八项注意"。

"三大纪律、八大纪律"的颁布是人民军队建设的重要内容,加强了党的纪律性,有利于党对军队的领导,有利于提升人民军队的战斗力,有利于改善军民关系,是人民军队区别于反动军队的重要标志,也是中国革命走向胜利的重要保证。

30 龙潭三杰

> "龙潭三杰",是对三名中共中央特科情报人员李克农、钱壮飞、胡底的总称。"龙潭"取自龙潭虎穴的意思,表示三人所处环境的险恶。周恩来曾感慨地说:他们三个人深入龙潭虎穴,可以说是"龙潭三杰"。

三人情报小组的组建

20世纪20年代初,李克农、钱壮飞、胡底三人组织了一个情报小组,共同从事党的情报工作,李克农任组长。他们以自己在国民党政权中的特殊岗位为掩护,在白色恐怖中为保卫党中央、开展地下工作做出了特殊的贡献。

钱壮飞,原名钱壮秋,1895年生,浙江吴兴(今湖州)人。1925年加入中国共产党,曾在北京等地以挂牌行医、教师、报馆编辑等公开职业为掩护,从事中共秘密工作。

李克农,1899年生于安徽巢县(今巢湖),五四运动后积极参加芜湖学生运动,并给《皖江日报》撰稿。1926年底加入中国共产党。国共合作期间,曾于1927年3月在成立的国民党芜湖县党部任宣传委员,后奉中共芜湖特支指示打入芜湖青帮组织;4月18日,芜湖国民党右派策划反革命事变,李克农事先获悉,及时采取措施,使中共芜湖特支及共青团芜湖地方执行委员会主要骨干得以隐避,随后潜往巢县。1928年起在上海中共中央特科工作。

胡底,1905年出生于安徽舒城县。1925年参加中国共产党。"龙潭三杰"中,胡底年龄最小,李克农曾说:"胡底年纪最轻,而文笔才华最高。"

1928年,钱壮飞考入国民党中统特务徐恩曾所创办的上海无线电训练班。所谓无线电训练班和无线电管理局,实际上是国民党的特务机构。进入训练班后钱很快显示出才华过人,因此担任了徐恩曾的机要秘书。他曾截获国民党许多军、政重要情报,并报告中共中央。周恩来得知情况后认为机会难得,提出要将国民党的特务组织拿过来为我们服务，并决定让李克农、胡底与钱壮飞三人组成特别党小组，直接归中央特科单线领导。随后经钱壮飞介绍，李克农、胡底也进入了国民党特务机关，并受到徐恩曾赏识。1929年12月，经组织批准，李克农考入国民党上海无线电管理局，任广播新闻编辑，后任电务股长。当时，陈立夫筹划在国民党中央党部党务调查科的基础上，建立一个进行秘密侦察、审讯的特务机构，责成徐恩曾来办理这件事。徐恩曾到南京一上任，随即委托钱壮飞以其机要秘书名义，在南京组织一个秘密指挥机关。根据中央特委的指示，胡底趁此机会打进了国民党的这个最高特务机构。1930年下半年，胡底被派往天津筹建"长城通讯社"并担任社长，这是国民党特务机关在北方的分支机构，归南京长江通讯社管辖。南京、天津方面每有紧急情报，钱壮飞和胡底就立即报告在上海的李克农，由李克农通过陈赓及时转报中共中央。至此，他们三人作为国民党特务机关在上海、天津方面的重要负责人，在国民党情报系统中打进了一个"铁三角"。

危急关头拯救党

　　1931年4月，中共特科负责人之一顾顺章在汉口被捕叛变。顾顺章掌握了大量中共核心机密，对当时上海等地的共产党地下机构和人员非常熟悉。国民党武汉行营主任何成浚和特务机关连续向蒋介石、徐恩曾报告顾顺章叛变的电报，顾叛变后提出把他送到南京，并保证三天内将中共中央一网打尽，形势非常危急。

　　4月25日晚，钱壮飞在值班室破译了武汉发来的写有"徐恩曾亲译"字样的六封密电，得知顾顺章被捕叛变的情报。他立即回到家里，让自己的女婿前往上海，将情况转告给李克农，要求党中央立刻转移。同时，钱壮飞又给正在天津的胡底发了电报，要他做好撤退等准备。李克农找到陈云，让陈云将情报报告给周恩来，周恩来得到消息后，果断采取紧急措施，将在沪中共中央、江苏省委和共产国际远东局的机关和人员转移到安全的地方。胡底接到电报，乘坐外国轮船离开天津。当南京特务依据顾顺章叛变后告发的线索疯狂搜捕时，最终一无所获。如果没有得到顾顺章叛变的情报，那中共中央将面临一场特大灾难。在危急关头，钱壮飞和李克农等同志拯救了党。如果没有"龙潭三杰"，中国共产党的历史将被改写。

"龙潭三杰"的革命经历

钱壮飞离开上海后，奉命进入中央苏区，历任红一方面军保卫局长、中央革命军事委员会总参谋部第二局副局长等，仍负责情侦工作。1934年10月参加长征，1935年遵义会议后被任命为红军总政治部副秘书长。1935年3月29日在贵州息烽沙土镇附近的战斗中牺牲。周恩来多次满怀深情地提到钱壮飞的名字，他说，"要不是钱壮飞同志，我们这些人都会死在国民党反动派手里。钱壮飞同志在对敌斗争中立下的丰功伟绩，的确使我们的党少走了弯路，全党将永远纪念他！"

李克农于1931年赴中央革命根据地，历任中华苏维埃共和国国家政治保卫局执行部部长、红军工作部部长，红一方面军政治保卫局局长。1934年10月参加长征，到达陕北后，任中共中央联络局局长。西安事变后，李克农任中共代表团秘书长，协助周恩来、叶剑英等同志和平解决西安事变，为争取抗日民族统一战线的形成，实现第二次国共合作做出了重要贡献。抗日战争期间，任八路军驻上海、南京、桂林办事处主任，八路军总部秘书长，中共中央长江局秘书长，中共中央社会部副部长。1945年抗战胜利后，李克农领导中共情报部门，为及时揭穿蒋介石提出重庆谈判的和谈骗局提供了重要依据。解放战争中，李克农指导中共的隐蔽战线为配合军事作战，特别是对三大战役的胜利发挥了重大作用。1949年新中

中国人民解放军上将李克农

钱壮飞烈士雕塑

国成立后，李克农历任原中共中央调查部部长和原中央军委总情报部部长、外交部副部长、中国人民解放军副总参谋长等职。1951年参加朝鲜停战谈判。1954年出席日内瓦会议。1955年授衔时他被授予中国人民解放军上将军衔，是52名将军中唯一的一个"没有领过兵、打过仗"的将军。1962年2月9日，李克农病逝于北京。

胡底1931年到江西中央革命根据地，1934年10月参加红军长征，任中央军委侦察科科长。1935年8月间，红军总部将红军分为左、右两路军北上，胡底跟随朱德、刘伯承在左路军工作。是时，胡底对张国焘的分裂行为异常不满，常在一些场合流露出他的愤怒。张国焘得知后恼羞成怒，将他和李克农、钱壮飞诬陷为"国民党特务""反革命"，严格控制起来，取消了他的乘马和勤务员，逼他带病自己背着背包"戴罪"行军。1935年9月，部队行至斯达坝与松岗之间，张国焘下令将胡底杀害。1945年，中共七大追认他为革命烈士。1981年12月8日，国家民政部再次追认胡底为革命烈士。

【知识链接】
中共浙江省委党史研究室、中共湖州市委党史研究室：《龙潭三杰》，浙江教育出版社2014年版。

31 土地革命时期三次"左"倾错误

> 1927年至1937年土地革命时期，中国共产党在探索中国革命道路、进行革命斗争的过程中，先后出现三次"左"倾错误，分别是以瞿秋白为代表的"左"倾盲动主义错误，以李立三为代表的"左"倾冒险主义错误，以王明为代表的"左"倾教条主义错误。三次"左"倾错误给中国革命造成了巨大损失。

"左"倾盲动主义错误

1927年国民党发动清共行动，屠杀中共党员和革命群众，国民大革命惨遭失败，中国革命走向低潮。共产国际派罗米纳兹来华接替鲍罗廷的工作。罗米纳兹宣传的"无间断革命"理论得到了瞿秋白的认同。以瞿秋白为代表的领导人在中央机关刊物上宣传中国社会已经大破裂，工农贫民的斗争正在急剧爆发，革命形势正在高涨。1927年11月9日、10日，中共中央在上海召开的临时中央政治局扩大会议标志着以瞿秋白为代表的第一次"左"倾错误的正式形成。此次会议通过了共产国际代表罗米纳兹起草的《中国现状和党的任务决议案》，决议否认革命处于低潮，反而认为革命潮流在继续高涨，党的任务是努力鼓动各地城乡革命的高潮，创造总暴动的局面。这个决议明显偏离了中国的实际情况，具有明显的盲动性。

从1927年11月中旬到12月中旬，中央临时政治局扩大会议的精神开始在各地贯彻执行。上海、长沙、武汉、广州、天津、唐山等城市或地区的共产党组织，领导群众发动缺乏胜算的城市暴动，甚至完全不顾敌我悬殊的实际情况，强迫工人们组织罢工和暴动，使大革命保留下的革命有生力量再次遭受重大损失。如广州起义，当时的共产国际代表诺伊曼坚持认为起义要以城市为中心，必须"进攻进攻再进攻"，结果丧失了及早把起义军主力转向农村和避开优势敌人打击的时机，寡不敌众，起义维持了三天便失败了，起义军遭受了巨大损失。湖南省委书记王一飞和广东省委书记张太雷等许多党的高级干部先后在暴动中牺牲。1928年2月，共产国际通过关于中国问题的决议。决议批评了盲动主义的错误。1928年4月，决议传到中共中央，"左"倾盲动主义错误才基本结束。

"左"倾冒险主义错误

第二次"左"倾错误主要发生在1930年6月至9月。由于是以李立三为代表，史学家称之为"立山路线"。1930年中共六大后，李立三成为党的实际负责人。1930年6月11日，他主持召开中央政治局会议，通过了《新的革命与一省或几省的首先胜利》的决议，第二次"左"倾错误形成。李立三坚持苏联十月革命城市中心论的革命道路，否认毛泽东创立的农村包围城市的革命道路和工农武装割据革命思想，不顾当时敌强我弱的态势，不结合中国的实际情况。李立三希望趁着中原大战的有利形势，实行全国范围内的总暴动，于是制定了一个以武汉为中心的全国总暴动和集中红军进攻中心城市的计划，计划"先打下长沙、夺取南昌、会师武汉、饮马长江"，同时命令武汉、南京、上海等许多大城市发动罢工和总起义。7月16日，中共中央向共产国际主席团声言："决定组织南京兵士暴动，同时组织上海的总同盟罢工，并力争武汉暴动首先胜利，建立全国苏维埃政权。"

第二次"左"倾错误在党内统治的时期虽然只有三个多月，但党为此付出了惨重的代价。在国民党统治区内，许多地方的党组织因急于组织暴动而把原来就很有限的力量暴露了，先后有11个省委机关遭到破坏，武汉、南京等城市的党组织几乎全部瓦解。苏区红军冒险向大城市发动进攻，结果造成严重伤亡。其中红七军由6000多人减少到2000余人，损失超过一半；红二军战士由1.6万人减少到3000人；红十军也由2万多人减少到只剩3000人，几乎伤亡殆尽。

"左"倾教条主义错误

第三次"左"倾错误从1931年1月持续到1935年1月遵义会议，持续时间长达四年，对革命造成的危害也最大。1931年1月召开六届四中全会，王明在会上作了较长的发言，宣传他会前写出的《两条路线》的"左"倾理论思想。会后的第一号中央通知就提出："我们必须执行进攻路线"。六届四中全会标志着王明"左"倾教条主义在党中央占据了统治地位。1931年11月王明离开了中国，担任共产国际代表团团长。但是国内以博古为中心的临时中央仍然继承王明的

"左"倾错误。1933年，随着中央临时政府迁入中央根据地，博古在党内担任最高领导，"左"倾错误在中央根据地蔓延开来。针对蒋介石的第五次"围剿"，博古、李德拒绝毛泽东的正确建议，号召要拒敌于国门之外，提倡"决战论"，跟数量、武器装备都占优势的敌人打阵地战、消耗战，结果惨遭失败。广昌被称为中央苏区的"北大门"，仅广昌一战红军就损失5600多人，最后广昌沦陷。中央红军分散力量，处处设防，但却经常陷入防守失利的困难局面。此外，当时的中央领导人视中间派为"最危险的敌人"，拒绝跟十九路军合作，致使红军处境更加孤立。在王明"左"倾思想的影响下，红军战士奋战一年，但却未能挽救中央苏区的军事危机。中央苏区沦陷，中共中央和红军主力被迫长征，中国共产党领导的革命运动遭受了最严重的损失。直到1935年遵义会议召开，中国共产党才在毛泽东等党内同志的领导下，结束了王明"左"倾错误的统治，挽救了党、挽救了革命。

土地革命时期，中国共产党内连续出现的三次"左"倾错误，是照搬苏联革命经验的结果，没有将马列主义的普遍真理跟中国的具体国情相结合。中国革命应探索一条具有中国特色的革命道路。

【知识链接】

金冲及：《中国共产党在革命时期三次"左"倾错误的比较研究》，《党的文献》，2000年第2—3期。

万建强：《共产国际、联共（布）与土地革命时期中共的三次"左"倾错误》，《江西社会科学》，2010年第7期。

32 长征路上的"三人团"

> 长征路上的"三人团",是指在中央红军长征的过程中,先后在中共中央领导层出现的三个领导机构或政治联盟。具体包括:长征前夕由博古、李德、周恩来组成的"最高三人团",长征途中由毛泽东、张闻天、王稼祥组成的"中央队三人团"和遵义会议后由周恩来、毛泽东、王稼祥组成的"新三人团"。

长征路上"三人团"的形成

1934年4月,中央苏区北大门广昌失守,苏区政权和中央红军岌岌可危。在此情形下,经共产国际同意,中共中央决定将红军主力撤离中央苏区,实行战略转移。为了做好转移前的准备工作,1934年6月,中央书记处决定由中央政治局临时负责人博古、共产国际驻中国军事顾问李德和中央政治局常委、中革军委副主席兼红军总政委周恩来组成一个"三人团"。其分工是:政治上博古做主,军事上李德做主,周恩来负责督促军事计划的实施。该"三人团"虽属临时性组织,但在当时拥有中共中央和中革军委的领导权,是统一指挥党和军队的最高领导核心,故而通常被称为"最高三人团"。

长征途中,为解决党和红军前途命运的重大问题,毛泽东、王稼祥、张闻天自发形成了反对"最高三人团"在第五次反"围剿"和西征以来的错误军事路线的"三人团"。由于他们三人同被编在中革军委第一野战纵队,故该"三人团"又被称为"中央队三人团"。

遵义会议后,鉴于过于民主的会议制度容易造成错失战机,不利于战斗部队的高度机动、伺机歼敌,毛泽东乃提议另成立一个类似长征伊始的"三人团"组织,全权负责军事指挥,得到张闻天的赞同。3月12日,张闻天主持召开中央政治局会议,决定成立"三人团",即"三人军事领导小组"(又称"新三人团"),由周恩来、毛泽东、王稼祥组成,周为"团长"。

三个"三人团"的区别

"最高三人团"具体领导着长征初期中共中央和中央红军的工作。它是根据中央的决议组建的、较为正式的领导机构,在三个"三人团"中最具权威性。它由当时临时负责党中央工作的博古牵头,有中共中央的上级——共产国际派来的钦差和此前担任过中央实际领导的、在党内有崇高威望和影响力的政治局常委周恩来参加。因此,该"三人团"不仅负有军事领导权,而且还肩负党的政治领导权,是统揽一切的最高领导核心。

长征开始后,由张闻天、毛泽东、王稼祥组成的"中央队三人团",是在反对"左"倾中央错误领导的斗争中自行结成的政治联盟,是一个反对"左"倾中央错误领导的有政治影响力但没有实际权力的非正式组织。由于"中央队三人团"成员的政治地位相对较低,所以它的权威性既不如"最高三人团",也不如遵义会议后成立的"新三人团"。

中央红军长征中后期组建的"新三人团",是遵义会议后党中央设立的临时性军事指挥机构。它虽然比"中央队三人团"有权威,但不如"最高三人团"掌握的权力重大;它虽然负责军事指挥,但并不拥有最高军事领导权,更没有政治领导权,只是一个纯军事的指挥机构,受中共中央政治局和中央总负责人的领导。

"三人团"的终结

湘江战役后,"最高三人团"的权威地位受到动摇,内部格局也发生了变化。1935年1月初,在周恩来的主持下,中央政治局召开现场会议,决定"关于作战方针,以及作战时间与地点的选择,军委必须在政治局会议上做报告"。这就在组织上结束了由"最高三人团"处理一切的不正常状态。遵义会议上,中央领导机构做出调整,"最高三人团"被正式宣告解散。

"中央队三人团"由于是在同"左"倾冒险主义的斗争中逐步形成起来的一个非正式组织,故其在遵义会议召开后不久便自然消亡了。

1935年6月一、四方面军会师后,红军的指

【知识链接】

刘中刚、孔凡铜:《试论长征前期周恩来在"三人团"中的地位和作用》,《中共党史研究》,1996年第6期。

孙果达:《红军长征中新"三人团"究竟成立于何时?》,《近代史研究》,2005年第3期。

挥权开始转移到张国焘手中,"新三人团"在军事指挥方面的权力实际上被终止,此后便名存实亡。11月,中共中央决定成立西北革命军事委员会,由毛泽东任主席。该机构的成立使毛泽东正式取得红军的最高领导权,同时也在事实上宣告了"新三人团"的终结。

33 红军三大主力会师

> 1934年中央红军第五次反"围剿"失利，被迫实行战略转移。历经千辛万苦，行程万里，费时两年，红军三大主力第一、第二、第四方面军于1936年10月会师甘肃会宁，史称"红军三大主力会师"，又称"会宁会师"。

中央红军长征

1933年10月，国民党集中百万军队发动了对苏区的第五次"围剿"，其中集中50万部队围剿中央苏区。国民党接受前几次围剿失败的教训，实行"堡垒主义"政策，部队每推进一点就修筑碉堡。在王明"左"倾思想的影响下，博古、李德拒绝了毛泽东的正确建议，决定采取阵地战，号召要拒敌于国门之外，命令红军全线出击，在硝石、资溪桥等地强攻失利。进攻失利后，又实行全线抵御、主力分离、节节抵抗的军事防御，结果导致防守兵力不足；实行短促突进的防守战术，跟敌人拼消耗，结果损失惨重。广昌县被称为中央苏维埃的"北大门"，广昌一战，红军就损失5600人，占参战人数的四分之一，最后广昌沦陷。随后，敌人对中央苏区加强了围攻，反"围剿"持续一年仍未成功，红军被迫于1934年10月进行长征。

中央红军从中央苏区出发后，先后冲破敌人四道封锁线，尤其是强渡湘江一战，红军损失3万人。12月中旬，抵达湘黔边时，毛泽东力主放弃原定进入湘西与第二、六军团会合的计划，改道向敌人力量薄弱的贵州前进，使红军避免了覆亡的危险。1935年1月7日，红军占领遵义。1月15日至17日在遵义召开了著名的"遵义会议"。随后在毛泽东的领导下，中央红军巧渡金沙江、四渡赤水河、飞夺泸定桥、爬雪山过草地，于1935年10月到达陕北吴起镇。

红四方面军北上

红军另一大主力红四方面军，也于 1935 年 3 月退出川陕革命根据地，进行长征。1935 年 6 月红四方面军与中央红军在四川懋功会师。6 月 26 日两河口会议，党中央通过了《关于一、四方面军会合后战略方针的决议》，决定两军一起北上，创立川、陕、甘苏区根据地。但是张国焘仗着红四方面军人多、枪多，跟中央唱反调，认为红军应向西部少数民族地区退却，并要求改组党中央、中央军委。6 月底，党中央率红一方面军北上到达了毛儿盖，而张国焘仍以"补给困难"为由拒不北上。陈昌浩甚至要求中央委任张国焘担任中央军委主席。这显然是张国焘以自己力量强大而胁迫中央。党中央从大局考虑，7 月 18 日任命张国焘为红军总政委，张国焘要求得到部分满足之后率部到达毛儿盖，但仍以组织问题未完全解决为由，拖延占领松潘的计划，致使红军延误战机，为此红军不得不变更计划。8 月 20 日，中央在毛儿盖又召开会议，强调红军应向东发展，将红军两个方面军混编分为左、右两路军，分头前进，在班佑会师后继续北上。随后，中央率右路军到达班佑，等待左路军到来。张国焘带领的左路军到达阿坝地区之后，却停止前进，不久又命令左路军全部南下，跟中央的命令背道而驰。此外，张国焘还要求右路军中的红四方面军部队胁迫中央一起南下。中央得知消息之后，迅速率右路军中原红一方面军的第一、第三两个军团迅速北上，脱离险境。中央在多次电令要求张国焘执行中央计划无果后，于 9 月 12 日通过了《关于张国焘同志错误的决定》，要求红四方面军应跟张国焘的分裂行为做斗争。张国焘率部南下之后，重新另立中央，并自封为中央主席。原本红军两大主力已经会合，但是张国焘擅自南下、分裂中央的行为，导致两军再次分离，使红军主力会师蒙上阴影。

张国焘率部南下之后，首先是中央的坚决斗争，绝不妥协；其次，张国焘率左路军南下，遭到左路军中朱德、刘伯承等高级干部的坚决反对；第三，张国焘在南下途中经过五个月的艰苦转战，部队损失一半，由原来的八万人只剩下四万多人，南下碰壁。在这些情况下，1936 年 6 月张国焘被迫取消伪中央，率红四方面军汇同红二方面军一起北上。粉碎张国焘右倾分裂主义斗争的胜利，为红军三大主力的会师奠定了基础，红军三大主力会师指日可待。

红军三大主力会师

1936 年 6 月红二方面军的第六军团、第二军团相继跟红四方面军在甘孜会师。

这个时候红军三大主力分别行动。7月红四方面军、红二方面军共同北上。通过腊子口进入甘南后，根据中共中央指示，红四方面军于8月10日至9月9日一个月内取得了泯洮西战役的胜利，发展了甘南地区革命形势。红二方面军8月底进入甘南后即向陕甘交界出动，控制陕甘边界广大地区，建立了一个新的战略区。红一方面军主力于8月底向西挺进，策应二、四方面军行动。9月中旬，两个特别支队到达将打拉池、将台堡等地，与二、四方面军南北呼应，为三大主力会师创造了有利条件。这时，国军从兰西大道进逼而来，企图阻止红军三大主力会师。为此，毛泽东命令红一方面军第一军团前去兰西公里北活动，十五军团迅速占领会宁城。9月30日红四方面军分六路北进。10月7日先头部队跟红一方面军会师，9日张国焘率红四方面军总部进入会宁。10月22日，红二方面军在会宁附近的兴隆镇、将台堡与红一方面军会师。至此红军三大主力会师会宁，长征结束。

> 【知识链接】
>
> 林天乙：《三大主力红军会师与长征胜利的伟大启示》，《福建党史》，2006年第11期。
>
> 刘国语：《红军三大主力会师是党中央北上方针的胜利——兼论同张国焘右倾分裂主义的斗争》，《党史资料与研究》，1986年第5期。

34 南方三年游击战争

> 南方三年游击战争是指1934年秋至1937年冬,坚持在中国南方八省15个地区的红军和游击队,同清剿的国民党军进行的游击战争。

白色恐怖

国民党军占领苏区后,唯恐留下革命火种,叫嚣要"挖地三尺,茅草过火,石头过刀,人要换种",要将共产党员和革命群众斩尽杀绝,以"根除后患"。他们用刀砍、火烧、活埋等数十种酷刑,迫害他们所谓的"共匪"。许多共产党员和革命群众遭到反动派的杀害。原苏区地区到处出现了田园荒芜、人口稀少的惨象。同时,国民党又实行保甲联坐法,企图以此切断人民群众同红军游击队的联系;强行移民并村,致使游击区周围好几十里的农村成了无人区。敌人抓不到红军游击队,就发疯似的纵火烧山、烧屋,把大片大片森林烧得精光,许多地方整村整村的房屋化为灰烬。

临危受命

1934年10月初,国民党军紧缩包围,从东、北、南三个方向对中央红军发起最后攻击,瑞金危在旦夕。至此,第五次反"围剿"的失败已成定局。中共中央领导决定立即率中央红军撤离中央苏区,同时在中央苏区设立中共中央分局,由项英、瞿秋白、陈毅、陈潭秋、贺昌等人组成,项英为书记,陈毅任办事处主任,统一领导留守军民开展游击战争。当时,陈毅的右大腿被敌机炸伤,正在后方医院治疗。长征前中央考虑到陈毅有腿伤,不能远征,决定他和项英等人留下来,坚持中央革命根据地的斗争,请周恩来代表中央,向陈毅传达。周恩来来到医院,见到陈毅,不禁吃了一惊。一个多月不见,陈毅瘦了一圈,颧骨突起,面色蜡黄,伤腿红肿,敷药的纱布都被血水渗透染红。周恩来深知如果将这样重伤的高级干部留下来,是凶多吉少。他一直无法启口向陈毅传达中央的决定。陈毅是洞察力很强的人,他见周恩来有难言之隐,大概猜到了七八分,便直截了当地问:"中央是不是决定让我留下来?"周恩来十分沉重地点了点头。陈毅却开朗地笑道:"中央决定我留下来是对的。第一,我了解这块红土地。这里的山山水水、村村寨寨,我可以说是了如指掌的,这对坚持游击战争有利。第二,这块红土地也是了解我的。我跟着毛泽东、朱德同志在这里与人民群众一起奋斗了6个春秋,我这个陈毅,群众中不少人是知道的,我留下来,他们会感到共产党没有走,红军没有走,革命有希望!"陈毅这番充满感情的话语,使周恩来不禁泪光盈盈。

艰难岁月

1935年2月中央分局当机立断,决定将1万余人分成9路向闽赣、闽西、东江、赣南、湘南、湘赣等地突围。最后突围的是项英、陈毅、贺昌率领的第九路突围部队,于1935年3月底胜利到达赣粤边游击根据地的中心区——油山,标志南方三年游击战争开始。

南方三年游击战争,是在敌我力量对比悬殊的情况下进行的。敌人用来进攻红军游击队的兵力是红军游击队的几倍甚至几十倍,实行堡垒推进、"大拉网"战术,战斗十分残酷又频繁。红军游击队往往从这个山头打到那个山头,一天要转移好几个山头,稍有疏忽,就有被敌人包围、牺牲生命的危险。经济上敌人严密封锁游击区,红军游击队几乎丧失了一切正常的生活条件。在那极其艰难困苦的日子里,红军游击队被围困在深山老林里,昼伏夜行,风餐露宿,饥寒交迫,生活极其困难。正如陈毅《赣南游击词》所描述:"天将午,饥肠响如鼓,粮食封锁已三月,囊中存米清可数,野菜和水煮。"陈毅回忆说:"以我为例,三年中我只两次进了房子,四次看到老百姓。"陈毅的《赣南游击词》再现了红军游击队夏天宿营的情景:"天将晓,队员醒来早。露浸衣被夏犹寒,树间唧唧鸣知了。满身沾野草。"然而,"大雪压青松,青松挺且直。要知松高洁,待到雪化时"。三年游击战争,敌人越残暴,革命军队的反抗越坚决。红军游击队员们掩埋好战友的遗体,包扎好自己身上的伤口,整理好战斗组织,又继续与敌人展开坚决斗争。

坚定信念

1936年冬，国民党调集重兵对赣粤边游击区进行重点围剿。有一回调集了四个营的兵力，又是搜山，又是烧山，将梅山团团围了20多天。当时陈毅患了严重的胃病，经常疼得满头大汗，身体十分虚弱，走不了几步就气喘吁吁、汗流浃背。《梅岭三章》便是陈毅同志被困梅山，自料难免牺牲的情况下写成的一组带有绝笔性质的诗篇。其诗写道："断头今日意如何？创业艰难百战多。此去泉台招旧部，旌旗十万斩阎罗。南国烽烟正十年，此头须向国门悬。后死诸君多努力，捷报飞来当纸钱。投身革命即为家，血雨腥风应有涯。取义成仁今日事，人间遍种自由花。"正是这种坚定的共产主义信仰，赋予他铁的意志，使他始终充满着旺盛的革命进取精神。他们坚定地依靠人民群众。陈毅曾在《赣南游击词》中深情地感叹道："靠人民，支援永不忘。他是重生亲父母，我是斗争好儿郎。革命强中强。"他们以苦为乐，始终保持革命乐观主义精神。陈毅在《赣南游击词》里写道："叹缺粮，三月肉不尝。夏吃杨梅冬剥笋，猎取野猪遍山忙。捉蛇二更长。"在南方三年游击战争中，许多革命志士为了理想不惜牺牲自己的生命，如瞿秋白、贺昌、何叔衡、阮啸仙、刘伯坚、古柏、毛泽覃、胡海等。

1937年7月，全国形势发生变化，中国进入了抗战新阶段。9月24日，项英到南昌同国民党代表就有关联合抗日问题进行谈判，南方三年游击战争结束。1937年冬，南方八省红军游击队改编为新四军，旋即开赴大江南北抗日最前线，实现了由国内战争向抗日战争的战略转变。1937年12月13日《中央政治局对于南方各游击区工作的决议》指出："南方各游击区的同志在主力红军离开南方后，在极艰苦的条件下，长期坚持了英勇的游击战争，基本上正确的执行了党的路线，完成了党所给予他们的任务，以致能够保存各游击区在今天成为中国人民反日抗战的主要支点，使各游击队成为今天最好的抗日军队之一部。"

【知识链接】

阎景堂：《南方三年游击战争史》，解放军出版社1997年版。

刘勉钰：《江西三年游击战争史》，江西人民出版社2009年版。

余伯流：《论南方游击区的历史地位》，《中共党史研究》，2011年第2期。

35 联合国民党抗日三个步骤

> 联合国民党抗日的三个步骤，是指中国共产党在民族危机日益严峻的情况下，为了全民族共同抗日，逐步联合国民党，走向共同抗日，最终建立抗日民族统一战线的三个步骤，依次是：反蒋抗日、逼蒋抗日和联蒋抗日。

反蒋抗日

从"九一八"事变到八一宣言发表前，这一段时期主要是抗日民族统一战线的萌芽阶段，这一时期最主要的特点就是"反蒋抗日"。1931年"九一八"事变爆发后，面对如此严峻的形势，为抗议日本帝国主义的侵略，揭露其阴谋，中共中央在1931年9月20日发表了《中国共产党为日本帝国主义强暴占领东三省事件宣言》，痛斥日寇侵犯中华的野蛮行径，指出："日本帝国主义是压迫中国，屠杀中国民众的万恶强盗……现在它更公开更强暴的占领中国土地，其显明的目的显然是掠夺中国，压迫中国工农革命，使中国完全变成它的殖民地。"宣言还批评国民党的不抵抗政策，指出要动员全国人民打倒国民党。同年12月11日，中华苏维埃共和国临时中央政府发表《为国民党政府出卖中华民族利益告全国民众书》，号召全国工农兵等联合起来，不仅要将日本帝国主义驱逐出中国，还要打倒国民党。当时，中国共产党和工农红军处在国民党军队的四面围攻之下，必须集中精力反对国民党的军事"围剿"。所以，这一阶段中共最为直接而紧迫的任务是武装反蒋。但是，此时中共已经深感民族危机之严峻，将抗击日本帝国主义纳入以后斗争的大方向。由于蒋介石对日本帝国主义的侵略行径一味采取"不抵抗"政策，对内则实施"攘外必先安内"的政策，激起了全国人民的民族义愤，许多爱国志士做出"反蒋抗日"的义举。1933年，冯玉祥等爱国将领，在北方建立察哈尔民众抗日同盟军；李济深等国民党军政人物，在南方建立福建人民共和国，举起"反蒋抗日"大旗，声援中国共产党的爱国主张。

逼蒋抗日

从《八一宣言》的发表到西安事变这一段时期，抗日民族统一战线开始初步形成，这一阶段的特点主要是"逼蒋抗日"。华北事变后，日本发动全面侵华战争的危险已经一触即发。随着当时国内各方面形势的变化，国民党的内外政策发生了不小的转变。中国共产党由此逐渐认识到与国民党蒋介石集团合作抗日的必要性。在共产国际的指示下，中共中央适当地调整了政策。1935年12月17日，中共中央在瓦窑堡召开政治局扩大会议。同月25日，通过《中共中央关于目前政治形势与党的任务决议》。决议指出，日本帝国主义侵华已引发了中国各阶级关系间的变化，为了反对帝国主义，要建立"最广泛的反日民族统一战线（下层的与上层的）"。至此，中国共产党第一次正式提出了建立最广泛的抗日民族统一战线。随着国民党政策进一步转变和抗日积极性不断提高，也为了适应建立广泛的抗日民族统一战线的需求，中国共产党进一步采取了一系列措施。1936年5月5日，中共发出了《停战议和一致抗日》通电，在通电中明确不提"反蒋""讨蒋"的口号，标志中共政策方针发生由"反蒋"到"逼蒋"的重大转折。8月25日，中共中央又致信国民党，发表《中国共产党致中国国民党书》。其中提出愿意与对方结成一个坚强的革命统一战线来反抗外敌侵略。9月1日党中央下达《关于逼蒋抗日问题的指示》，指出："目前中国人民的主要敌人，是日本帝国主义"，全党的总方针应该是逼蒋抗日。1936年12月12日，"西安事变"爆发。中共中央以抗日救国的利益为重，从全民族的长远利益出发，提出和平解决"西安事变"的主张。中共通过联合国民党左派、争取中间派的多种方式，抵制和揭露国民党内亲日派发动内战的阴谋，促使南京政府走上抗日的道路。经过中国共产党和国内外各方面的努力，"西安事变"最终得到了和平解决，蒋介石也最终接受了停止内战，联共抗日等六项条件。"西安事变"的和平解决，使得中国共产党"逼蒋抗日"的目的得以达成，国共抗日民族统一战线初步形成。

联蒋抗日

中共为了促使国共合作共同抗日这一目标的最终达成，且有鉴于蒋介石态度的转变，转而实行"联蒋抗日"的政策。1937年7月7日，卢沟桥事变爆发。为早日促成国共两党联合抗日，推动全国抗战。周恩来、林伯渠等作为中共代表同国民党在庐山就国共合作宣言、红军的改编、苏区改制等问题进行谈判，并将《中共中央为公布国共合作宣言》送交蒋介石。宣言提出要迅速发动全民抗战、实行民权政治、改善人民生活等基本主张，希望国民党能予实行。同时，声明中国共产党愿为实现孙中山的三民主义而奋斗，停止推翻国民党政权和没收地主阶级土地的政策，取消苏维埃政府，取消红军名义及番号，改编为国民革命军。中共中央希望以宣言作为国共合作的政治基础。但是，此时的蒋介石对日本仍然寄存有和平的幻想，希冀于外交和平解决。直到日军进攻上海，蒋介石的态度才发生很大改变。加之中国共产党的积极争取，国共两党的和平谈判最终成功。9月22日，国民党中央通讯社发表了《中共中央为公布国共合作宣言》。23日，蒋介石发表了实际上承认中国共产党合法地位的谈话。中共的宣言和蒋介石谈话的发表，宣告了中国抗日民族统一战线和国共第二次合作的正式形成。中华民族的抗日战争，正是在国共两党第二次合作的历史进程中，迎来了最后的胜利。

【知识链接】

黄修荣：《国共关系史》，广东教育出版社2002年版。

36 抗日战争三个阶段

> 从1937年7月7日到1945年8月15日日本无条件投降，这是中国的全面抗战时期，其中又可分为三个阶段，即战略防御阶段、战略相持阶段、战略反攻阶段。

"三个阶段论"

1937年7月7日卢沟桥事变爆发，日本发动了全面的侵华战争。针对中日的国力、军事实力对比，毛泽东对抗战的进程进行了分析。1938年5月，毛泽东在延安作了《论持久战》的演讲，认为中国的抗战要经过三个阶段：第一是防御阶段，是敌之战略进攻、我之战略防御时期，主要采取运动战，阵地战和游击战相辅助；第二阶段是相持阶段，是敌之战略保守、我之准备反攻阶段，应采取游击战为主，运动战和阵地战相辅助；第三个阶段是我之战略进攻、敌之战略退却阶段，应采取运动战为主。毛泽东的"抗战三个阶段"是对中国抗战进程的正确预判。

战略防御阶段

这一阶段从1937年7月7日卢沟桥事变到1938年10月广州、武汉的沦陷。这一阶段的抗战主要以国民党领导的正面战场为主，共产党的敌后战争主要起战略配合作用。1937年7月卢沟桥事变爆发，日本发动了全面、疯狂的侵华，宣扬要速战速决，三个月内灭亡中国。中国国、共两党实行第二次合作，建立全国抗日民族统一战线。国民党在正面战场上组织了淞沪、太原、徐州、武汉四大会战，国民党最多时候投入100多万军队跟日军作战。由于军事实力的差距，华北、华东、华中大片领土沦陷，北平、上海、南京、武汉、广州等大城市相继陷落。但国军也取得了台儿庄、万家岭等大捷，给日军重大杀伤，迟滞了日军的推进，也粉碎了日军速战速决灭亡中国的企图。共产党方面，1937年8月共产党领导红军主力改编的国民革命军第八路军，开赴华北抗日前线，9月取得平型关大捷。10月，南方各省红军游击队改编的新四军，开赴华中抗日前线。随后，八路军和新四军深入敌后，开辟敌后根据地，先后建立了晋察冀等抗日根据地，主要是从战略上配合国民党军作战。

战略相持阶段

这一阶段是从1938年10月到1943年12月。由于第一阶段日军疯狂进攻，占领了中国大片领土和众多城市，导致战场太大、战线太长，分散了日军大量兵力，再加之第一阶段国、共两党的奋勇抗击，日军财力、物力、军力消耗巨大，无力再发动大规模的进攻。针对国民党的正面战场，日军主要采取以"政治诱降为主，军事打击为辅"的方针。在政治诱降方面，国民党第二号人物汪精卫投降做了汉奸，但国民党中央仍坚持抗战；在军事打击方面，日军虽减轻了对正面战场的进攻，但为了配合政治诱降的需要仍不时发动对国民党正面战场的进攻。国民党先后组织了南昌会战、枣宜会战、上高战役、三次长沙会战等一系列会战，张自忠将军等一批爱国将领英勇抵抗，舍身殉国，歼灭大量日军，保住了西南半壁江山。在敌后战场方面，日军集中大量兵力对抗日根据地实施"大扫荡"，残暴地执行"三光政策"。日军实行"囚笼政策"，以交通线为锁，以据点碉堡为扣，企图消灭中国共产党领导的抗日力量。为此，中国共产党领导抗日武装在1940年发动了轰轰烈烈的"百团大战"，取得重大战果，鼓舞了抗战士气。敌后革命根据地实行全面的游击战，通过麻雀战、地道战等消耗日军。物资方面，开展大生产运动，做到补给自足。敌后战场逐步成为中国抗击日本侵略越来越重要的战场。

战略反攻阶段

这一阶段是从1944年1月至1945年8月日本宣布无条件投降。这一阶段，整个世界反法西斯战争都取得转折性的胜利。日军海上交通被美军截断，为了联系南洋日军，打通大陆交通线，日军再次集结几十万兵力发动对国民党军队的正面进攻。在豫湘桂战役中，国民党正面战场出现大溃败，先后丧失了河南、湖南、广西、广东等省的大部分和贵州省的一部分，损失兵力50万，4个省会城市7个空军基地36个飞机场被占领。随后不久，国民党军队也发动了对日军的反击，先后取得入缅作战、湘西会战的胜利。与此同时，共产党领导的敌后军民在华北、华中、华南地区，对日伪军普遍发起局部反攻。1945年8月9日，毛泽东发表了《对日寇的最后一战》的声明，要求八路军、新四军及其他人民军队，在一切可能的条件下，对一切不愿投降的侵略者及其走狗实行广泛的进攻。1945年8月15日日本天皇裕仁通过广播宣布日本无条件投降。9月2日，日本投降的签字仪式在停泊于日本东京湾的美国战列舰"密苏里号"上举行。9月9日，南京陆军总部举行中国战区受降仪式。至此，中国抗日战争胜利结束。

【知识链接】

毛泽东:《论持久战》，《毛泽东选集》第二卷，人民出版社1991年版。

《中国抗日战争史简明读本》编写组:《中国抗日战争史简明读本》，人民出版社2015年版。

37 近卫三次对华声明

> 近卫三次对华声明，是指抗日战争爆发后日本首相近卫文麿于1938年三次发表日本对华方针的声明。三次声明发表的具体时间，分别是1938年1月16日、11月3日及12月22日。

第一次近卫声明

日本在加紧对中国军事侵略的同时，还对国民政府进行政治诱降。1937年11月5日，日本政府通过德国驻华大使陶德曼向国民政府最高领袖蒋介石提出"和平谈判"，但谈判迟迟无果。1938年1月16日，国民政府首都南京沦陷后，日本政府愈趋强硬，由此近卫内阁首次发表《不以国民政府为对手的政府声明》，即第一次近卫声明。该声明胁迫国民政府接受陶德曼调停提出的所有条件，否则"帝国政府今后不以国民政府为对手"而另择建"与帝国合作的中国新政权"。同日，近卫内阁又发表《补充说明》，解释"不以国民政府为对手"，较之否认该政府更为强硬，因此不需发布宣战布告。在这种情况下，国民政府于18日发表宣言，声明维护中国领土主权之完整，不承认一切伪政权。与此同时，日本撤回驻华大使，中国驻日大使许世英也于20日返回国内。

这次声明表明，日本在对中国加强军事进攻的同时，始终没有放弃分化中国抗战阵营的阴谋活动，企图扶植投降派，拼凑伪政权，以巩固其对中国占领地区的殖民统治。但是，近卫文麿的这一狂妄声明，不仅没有达到预期目的，反而进一步刺激了国民党政权的抗敌决心，使日本在国际政治上愈发陷入被动地位。

第二次近卫声明

1938年10月，中国南方的重要城市——武汉、广州相继失陷。但也正是由此为开端，日本侵华陷入长期消耗战之中，于是日本政府改变其侵华战略方针，对国民政府采取以政治诱降为主，军事打击为辅的政策。1938年11月3日，日本政府发表了第二次声明。该声明首次提出"建设东亚新秩序"的方针，倡导日、"满"、华"三国"在政治、经济、文化等各方面的合作。它改变了第一次近卫声明中"今后不以国民政府为对手"的立场，宣称"如果国民政府抛弃以前一贯政策"，"参加新秩序建设，日方并不予以拒绝"。随后不久，日本参谋本部中国课课长今井武夫、伊藤男等人，与汪精卫的代表梅思平、高崇武等人，在上海就汪精卫出逃及建立伪政权的条件及办法等问题举行会谈，11月20日，双方签订《日华协议记录》《日华协议记录谅解项》《日华秘密协议记录》等3个文件。12月18日，汪精卫夫妇从重庆秘密飞抵昆明，并于19日逃至河内。

日本诱降汪精卫集团的成功，在一定程度上表明了近卫第二次声明对中国的严重影响。而且，这次声明提出的"建设东亚新秩序"的方针，进一步显示了日本企图统治整个东亚的殖民野心。

第三次近卫声明

1938年12月22日，日本得到汪精卫等出逃成功的消息，近卫内阁立即发表第三次对华政策声明，向汪精卫招降，表示愿意在"睦邻友好""共同防共""经济提携"三原则的基础上，同汪精卫集团进行政治交易。29日，汪精卫发出致蒋介石等人"和平建议"的"艳电"，表示接受近卫的三原则为"和平条件"，公开投靠日本。在日本帝国主义的扶植下，汪精卫经过一年多时间的筹备，于1940年3月30日在南京成立南京伪国民政府。

1938年日本首相近卫文麿发出的三次对华声明，虽然内容有所更迭，但都体现了日本以政治诱降配合军事进攻进而灭亡中国的政治野心。然而，在中国抗日军民的英勇抵抗下，这三次声明最终都以失败而告终。

【知识链接】

秦德占：《近代中国历程（1840—1949）》第四卷，经济日报出版社1997年版。

石源华：《中外关系三百题》，上海古籍出版社1991年版。

38 "三光政策"

> "三光政策"是中国对抗战时期日本军队"烧光、杀光、抢光"的野蛮暴行政策的概括。在日本方面的作战命令和作战术语中，这种战争暴行被称为"烬灭作战"，"烬灭作战"即烧尽灭绝、烧光杀光的意思。

"三光政策"的始作俑者

1937年抗日战争全面爆发后，中国共产党在敌后领导抗战，建立了大大小小的抗日根据地。日本军队为摧毁中国的抗战力量，对包括抗日根据地在内的广大抗日地区进行大规模的屠杀与破坏，企图彻底摧毁中国军民的抗日意志与物质基础。这种战术的始作俑者，是曾经担任过多年侵华前锋，并先后出任过伪满洲国军事最高顾问、日本华北驻屯军司令、华北方面军司令官的多田骏。

多田骏担任华北方面军司令官后，对中国共产党在华北的各根据地实行"囚笼政策"，广建数百英里的公路和深沟，利用封锁沟、封锁墙等，达到封锁和分割抗日根据地的目的，并配合"屠刀战术"，集中优势兵力突袭抗日根据地。1940年春，在多田骏组织日军向晋东北、冀西的"扫荡"过程中，大量村庄被夷为平地，成千上万民众被杀害。例如，日军对晋东南辽县、和顺、榆社、武乡等十余县的连续"扫荡"，反复三次，辽县、武乡、黎城、涉县的房屋80%被烧，数十村庄化为焦土。在山西昔阳西峪村，日军一次屠杀村民386人，此即"西峪惨案"。日军在冀中赵县则制造赵家庄惨案，被屠村民达2200多人。其中，日军对冀中进行的分区"扫荡"，烧杀抢掠持续50天之久。

1940年8月20日，中国共产党为了争取华北抗战的有利局面，由八路军总部领导发动"百团大战"，历时三个半月，沉重打击了守备铁路沿线及矿场的日军。侵华日军为了报复，从华中正面战场抽调2个师团加强华北方面军，对晋中、晋东南、晋西北、晋东北、冀西、冀中和晋南进行了更大规模的"扫荡"，运用"铁壁合围""辗转抉剔""梳篦清剿"等战术杀戮居民，对粮秣、房舍及其他物资设备进行彻底的破坏——这就是日军最初形式的有组织、有系统的"杀光、烧光、抢光"的"三光政策"。

罪魁祸首——冈村宁次

1941年7月7日，冈村宁次接替多田骏担任日本华北方面军司令官。他进一步扩大"三光政策"暴行，扬言"要在4个月彻底消灭华北的共产党和八路军"。在其发动和指挥的"扫荡"行动中，日军多次使用毒气，制造"无人区"，使日军"三光政策"对中国人民的残害达到顶点。

1941年8月，冈村宁次亲自指挥华北日军，分13路对河北、山东、山西等地的抗日地区实施为期两个月的"大扫荡"。在这次"大扫荡"，冈村宁次将日军分成许多小股，以对抗日地区的中心地带进行"分区扫荡""剔抉清剿"，实行"杀光、烧光、抢光"的"三光政策"，制造"无人区"。除消灭中国共产党领导的抗日军队、机关与地方组织之外，日军还有组织、有计划地抢夺粮食、物资，破坏房屋，掠夺牲畜，屠杀和抓捕壮丁。一些被烧掠的村庄，常常连续几昼夜烟火不息。日军在正太铁路线的井陉县划定八个村庄为"无人区"，抓捕民众4000多人，屠杀350多人，放火烧村，使此八个村庄化为废墟。另在河北平山驴山山脚下的十多个村庄内，一天即屠杀700多人。

1941年12月8日太平洋战争爆发后，华北作为日军支援太平洋与华东作战"兵站基地"的战略地位更为重要，日军加紧"扫荡"中国共产党领导的抗日根据地，对其实行"蚕食政策"，以加强对华北的控制。从1942年开始，日军发动更有系统、更大规模和连续不断的"三光作战"。1942年5月，冈村宁次集中三个师团和两混成旅团共5万多人，对冀中区发动了规模空前的"大扫荡"，其地区之广、时间之长以及残酷程度，均属前所未有。仅饶阳一县在一个月之内，即被杀害3万多人；武强县被杀360多人，被打伤4300多人，被抓往东北当奴工者400多人，烧毁房屋1000多间。在进攻冀中的同时，日军还以10000到25000人的不同规模，分别进攻冀东、晋绥大青山区和晋东南太行山区的岳南分区。华北日军对抗日根据地的野蛮"扫荡"，一直持续到抗战后期。

"三光政策"的粉碎

抗战中后期日军对以华北地区为主要活动范围的抗日根据地所实施的"烧光、杀光、抢光"的"三光作战"暴行，旨在通过大规模的集体屠杀和物质破坏，彻底毁灭抗日军民的斗争意志和作战力量。这明确违犯了国际公约中的交战规则，遭到了中国抗日军民的奋起抵抗。1941年9月10日，延安出版的《解放日报》刊登题为《粉碎敌寇秋季"扫荡"》的社论，揭露日军施行"三光政策"是"敌人对我根据地采取封锁和毁灭的政策"，号召抗日军民粉碎敌军的进攻。日军在各抗日根据地内实行烧、杀、抢的"三光政策"，虽然致使抗日根据地处于极端困难的地位，但却始终未能达到其本来目的。中国共产党在华北地区，一直领导抗日军民进行英勇战斗。1944年2月初至4月底，八路军还在冀中发动"摧碉战役"，逼退敌人碉堡519处，使冀中日伪军的碉堡自1942年的1082处减至563处，恢复了1942年日军"五一大扫荡"前的局面。至1945年初，中国共产党领导的抗日根据地，不但面积有所扩大，而且人口增至约1亿人，并迫使日军在华北的占领区逐渐缩小后退，这种趋势一直延续到1945年8月日本投降。

【知识链接】

李恩涵：《日军对晋东北、冀西、冀中的"三光作战"考实》，《抗日战争研究》，1993年第4期。

李涛：《侵华日军"三光政策"的形成始末》，《军事历史》，2015年第2期。

39 "三三制"

> "三三制"是中国共产党在敌后抗日根据地制定和实行的一种民主政治制度。依据"三三制"的原则,抗日根据地政权工作人员分配上实行三三制,即共产党员、非党的"左"派进步分子和中间分子各占三分之一。这种规定既保证了中国共产党在政权的领导地位,同时也广泛地团结了各抗日阶级、阶层,进一步发展了抗日民族统一战线,调动了各方面的积极因素,为争取抗日战争的胜利起到了积的作用。

实施"三三制"

抗日战争时期,随着抗日根据地的开辟和发展,各解放区相继建立了各种形式的过渡性组织或半政权性组织,以取代旧的政权,组织和发动群众的抗日斗争。

1937年9月,陕甘宁边区政府成立后,在所辖的23个县开展普选运动,完成了县、区、乡三级政府的选举工作。1939年1月,由各县复选产生的各阶级、阶层和民族的参议院,组成边区参议会,召开了第一届参议会会议,选举产生新的边区政府组成人员。陕甘宁边区建立的各阶级、各民族参加的民意机关和各级政府,实现了由工农民主制到抗日民主制的转变,但政权组织中的人员成分,几乎还是"清一色"的共产党员。1940年初,延安县中区五乡在突击完成征粮工作中,改进与创造了征粮工作的方式方法,由乡政府提出用民选方式组织征粮委员会,结果全乡共选举27个委员组成征粮委员会,其中共产党员9人,其余18人均系非党人士。延安县中区五乡征粮委员会出色地完成了征粮工作,中共边区中央局即时给予肯定并号召在边区各地推广。毛泽东对这个经验很重视,批示指出:"共产党员只有与多数非党人员在一道,真正实行民主的'三三制',才能使革命工作做好,也才能使党的生活活跃起来,如果由党员包办一切,则工作一定做不好,党员也会硬化不进步。"1940年3月,中共中央发出《抗日根据地的政权问题》的指示,明确提出了在抗日根据地的政权建设中实施"三三制"的政策。

"三三制"和民主选举

普遍、直接、平等、无记名投票的"三三制"选举,是实现抗日民主政治的重要内容和保障人民民主权利的重要方式。

1941年2月,陕甘宁边区各级政府首先按照"三三制"的原则进行了改选,建立了"三三制"革命政权。当时,农民对"三三制"政策表示疑惑和忧虑,他们说:"咱们流血搞起来的政权,又让地主豪绅们跑进来,敢保不会上当?"针对这种情况,中共边区组织专门编写了《实行"三三制"选举运动宣传大纲》,同时还通过报刊、诗歌等方式广泛宣传实行"三三制"政策的必要性及其重要意义。此外,由于边区多数选民不识字,因此,选举采用投豆选举法,选举人往碗里投放黄豆,得豆多者当选。

从1941年5月起,陕甘宁边区各级按照"三三制"原则陆续开展了普选。据统计,参加选举的选民达到边区选民总数的80%以上,在边区选出的4万多名乡级参议员中,共产党员占1/3左右。

"三三制"的推广

"三三制"政权在陕甘宁边区建设的经验,随后在晋察冀抗日根据地、晋西北抗日根据地、晋冀豫抗日根据地和山东抗日根据地等得到推广。这些根据地相继进行了改选,建立了"三三制"政权,颁布了施政纲领,推动了根据地的民主运动和政权建设。

晋察冀抗日根据地实行"三三制"以后,中国共产党与非党人士的关系得到了进一

"三三制"投豆选举法

步改善，地方士绅参与边区政权和抗日运动的积极性得到提高。晋察冀边区的领导人刘澜涛曾提到，"地主士绅在社会的地位提高了。因之，他们也较活动了"。

在华中地区，实行"三三制"以后，地方士绅与新四军和抗日政权出现了融洽气氛，特别是一些被选进参议院和区代表的乡绅，表现出了空前的抗日热情，滨海县的参议长乡绅徐岫青，将自己的三个儿女都送到了新四军，阜宁县公兴庄的乡绅左思民，也把自己的三个儿子送到了新四军。有的乡绅甚至捐出自己的田产，动员农民参军，射阳县绅士陈汉愚，献出旱田20亩，在报上征求两名青年入伍。

"三三制"是抗日根据地实行民主政治的体现，对于巩固中国共产党在抗日民族统一战线中的无产阶级领导权，发展进步势力，争取中间势力，孤立顽固势力，夺取抗战的胜利，起到了重要作用。

【知识链接】

梁星亮、杨洪、姚文琦：《陕甘宁边区史纲》，陕西人民出版社2012年版。

张鸣：《"三三制"政权的政治象征》，《乡村社会权力和文化结构的变迁（1903—1953）》，陕西人民出版社2013年版。

《"三三制"政权》

"三三制"，政权好，统一战线是法宝。
团结抗日各阶层，核心不离党领导。

40 延安整风整顿三风

> 延安整顿三风运动是抗日战争时期中国共产党在延安和各抗日根据地开展的整顿党的作风，进行马克思列宁主义教育的一场运动。这场运动因以延安为中心展开，故称"延安整风运动"。整风运动的内容包括三个方面：反对主观主义以整顿学风，反对宗派主义以整顿党风，反对党八股以整顿文风。

酝酿和发动

中国共产党在全面抗日战争爆发后迅速发展，党员数量的迅猛增长和党组织的急剧扩大，使得党的内部存在各种意见分歧。同时，随着中共党员人数的迅猛发展，一些异己分子、投机分子也乘机混入中国共产党内，造成整个中国共产党出现鱼龙混杂的现象。这势必出现少数人把"党的利益、革命的利益"拿来换取个人利益，把个人的利益与党的利益，把局部的利益与整体的利益对立起来，形成宗派主义的倾向。

1937年11月，王明从苏联回到延安，受到毛泽东等中央领导人的热烈欢迎。但王明到延安后，依旧机械地搬用共产国际的指示和经验，要求"一切服从统一战线""一切经讨统一战线"，否定毛泽东等在统一战线所坚持的独立自主原则。这种浓厚的教条主义现象不仅表现在王明个人身上，而且在党内也普遍存在。

1937年12月，王明开始领导中共中央长江局的工作。王明到达武汉后，便在组织上一再地向中共中央闹独立。如1937年12月25日，王明未经中共中央同意，将其根据1937年十二月会议精神所写的《中国共产党对时局宣言》擅自发表。次年3月24日，他又擅自以中共中央的名义递交了《对国民党临时全国代表大会的提议》。王明在中共中央政治局会议召开后，还不顾毛泽东、张闻天等人的不同意见，写了题为《三月政治局会议的总结——目前抗战形势与如何继续抗战和争取抗战胜利》一文，在《群众》周刊上公开发表。这一时期，王明公然否认延安中央书记处的权威性，要求把书记处搬到武汉。

1941年皖南事变发生后，中共中央多次召开会议，总结其经验教训。毛泽东在总结时认为，一个重要的原因就是"项英、袁国平对中央的指示，一贯的阳奉阴违"。新四军的党政军内部情况"很少向中央做报告，完全自成风气"。

显然，党的队伍不纯问题和宗派主义现象，都亟须中共中央从组织上加以整顿。因此，在1942年2月1日毛泽东在中共中央党校开学典礼上，作了《整顿学风党风文风》的报告，提出"反对主观主义以整顿学风，反对宗派主义以整顿党风，反对党八股以整顿文风"的任务。这篇报告成为整风运动在全党展开的标志。

运动三阶段

延安整风运动从预备到结束一共经历三个阶段。皖南事变的发生，促使毛泽东下定决心，开展全党整风。1941年初，中共中央集中在延安的120多名高级干部学习马列著作和党的历史文献。1941年5月19日，毛泽东向延安高级干部作了《改造我们的学习》的报告，强调要理论联系实际，提出了党内反对主观主义的斗争任务，这个报告可以说是延安整风运动的最初动员。8月1日，中共中央向全党下发《关于调查研究的决定》和《关于实施调查研究的决定》两个文件，号召全党加强调查研究，克服非无产阶级思想，加强党性锻炼。文件下发不久，中共中央召开政治局扩大会议，检讨党在历史上所犯的路线错误，讨论了如何使党组织进一步团结和统一。这是全党整风的预备阶段。

1942年2月，毛泽东在延安作了《整顿党的作风》和《反对党八股》的报告，延安整风运动进入第二阶段。在这个阶段中，中共中央首先组织了延安的近万名干部普遍进行学习活动。其次，中共中央通过宣传部向全党发出进行整风的指示：《关于在党内进行整顿三风学习运动的决定》。从此，全党全军范围内的整风逐步展开。

1943年10月至1945年4月是延安整风运动的第三个阶段，也是总结历史经验的阶段。在此阶段，高级干部重新学习党的历史，研究、讨论、总结历史经验，开展批评与自我批评,弄清路线是非。1945年4月,中共六届七中全会通过了《关于若干历史问题的决议》，对于党的历史上各次"左"右倾错误，特别是第三次"左"倾错误，做出了公正的批评和结论。延安整风运动至此结束。

整风成效

延安整顿三风运动是一次"破除党内马克思主义教条化、把共产国际决定和苏联经验神圣化的错误倾向的伟大思想解放运动",它通过反对主观主义以整顿学风、反对宗派主义以整顿党风、反对党八股以整顿文风,党的学风、党风、文风建设均取得了显著效果。

经过整顿三风运动,中国共产党在学风问题上,一扫过去只"唯上""唯书",把苏联经验教条化、共产国际指示神圣化的主观主义,树立了理论联系实际的马克思主义学风;在党风方面,清除了宗派主义和地方主义在党内的消极影响,使广大党员更加紧密地团结在毛泽东思想的旗帜之下,呈现出党内团结和谐一致的良好局面;在文风问题上,逐渐树立了生动、活泼、更加贴近生活的文风。

《整风运动歌》

野草除净,苗儿易长,
病菌消灭,身体健康。
同志们,下定决心,
忠诚坦白,严正直爽。
克服不良作风,
改正错误思想。
一定要把自己锻炼得更坚强!
造就优秀干部,
建设新社会的栋梁。

【知识链接】

中共中央文献研究室、中央档案馆:《建党以来重要文献选编(1921—1949)》第19册,中央文献出版社2011年版。

郭必选等:《延安精神探源》,红旗出版社2005年版。

41 国民党顽固派三次反共高潮

> 在抗日战争时期，国民党顽固派为了打击乃至消灭中国共产党及其领导的军事力量，先后三次发起军事进攻，史称国民党顽固派三次反共高潮。

国民党顽固派的反共路线

1938年10月武汉失守以后，抗日战争由战略防御进入到了相持阶段。日军集中主要兵力打击共产党领导的敌后抗日根据地，而对国民党则采取政治诱降为主、军事打击为辅的方针。英美等国为了应付在欧洲的德意法西斯，采取在东方与日本妥协，对国民党劝降的政策。在这种情势下，国民党领导集团虽然继续领导正面战场对日作战，但已表现出较大的动摇性。1939年1月召开的国民党五届五中全会，在对外声称"坚持抗战到底"的同时，制定了"溶共、防共、限共、反共"的反动方针。这一方针的确定，标志着国民党政权由对外转向对内，开始执行一套消极抗日，积极反共的政治路线。其突出表现，就是国民党顽固派在此后掀起了三次反共高潮。

第一次反共高潮

第一次反共高潮，发生在1939年冬季到1940年春季。国民党嫡系部队出动了陆、空军，主要进攻陕甘宁边区、晋西北和晋东南三个地区。在陕甘宁边区，侵占了淳化、栒邑、正宁、宁县、镇原5个县和边境的16个区。在晋西北，阎锡山制造晋西事变，污蔑山西新军叛变，调兵围攻抗日决死队和八路军晋西独立支队。在1940年2、3月间，蒋介石又指令国民党军朱怀冰、庞炳勋等部配合日伪进攻驻晋东南太行山区的八路军总司令部。中国共产党为了保持抗日阵地，领导八路军英勇反击，歼灭其三个师，打退了国民党军的这次进攻。在此期间，中国共产党提出了"坚持抗战，反对投降；坚持团结，反对分裂；坚持进步，反对倒退"三大政治口号，以及"人不犯我，我不犯人，人若犯我，我必犯人"的自卫原则，在政治上赢得了主动。

第二次反共高潮

1940年10月至1941年3月，以蒋介石为代表的国民党顽固派又掀起了第二次反共高潮。这一次国民党顽固派将反共中心区域转向华中，力图武力消灭新四军。1941年1月，国民党军队袭击皖南的新四军部队，造成震惊中外的"皖南事变"，第二次反共高潮达到最高峰。蒋介石在事变发生后，宣布新四军为叛军，取消新四军番号，并下令进攻新四军江北部队。对此，中共对其反共罪行进行了有力的揭露和回击。周恩来为《新华日报》题词："千古奇冤，江南一叶；同室操戈，相煎何急?!"以此，对国民党倒行逆施的反共行为，表达了异常沉重的愤慨之情。中共中央革命军事委员会痛斥其取消新四军番号的反动命令，并且发布了重建新四军的命令，任命陈毅为新四军代理军长，继续领导新四军，坚持敌后抗战。并且提出了惩办祸首、废止国民党一党专政和实现民主政治等12条解决事端的办法。中国共产党维护抗日统一战线的政治立场和积极措施，获得了全国人民和国际舆论的同情与支持，使国民党当局在政治上陷于空前的孤立状态，最终迫使蒋介石表示以后再也不采取"剿共"的军事行动。3月14日，蒋介石与周恩来进行商谈。至此，第二次反共高潮被击退。

第三次反共高潮

在1943年3月至10月，国民党顽固派又发动了第三次反共高潮。1943年3月，蒋介石发表《中国之命运》一书，公开叫嚣要在两年内消灭中国共产党。6月，共产国际解散。趁此时机，国民党大力散布反共思想，妄言"马列主义已经破产"，"共产国际不适用于中国"，要求"解散共产党"，"取消陕甘宁边区"，企图为发动新的反共高潮制造思想舆论。7月，国民党政府增调军队封锁陕甘宁边区，并令部队炮击边区关中分区进行挑衅，妄图发动第三次反共高潮。

对此，中国共产党采取坚决斗争的方针，进行了有力的反击。一方面，在政治上和舆论上予以还击，向全国人民充分揭露国民党顽固派制造分裂、破坏抗战的阴谋，掀起广泛的群众性的抗议运动。7月9日，在延安举行了3万多人参加的各界群众声讨大会，并通电呼吁：坚持团结、反对内战。另一方面，在军事上进行筹划和准备，动员边区军民提高警惕，积极备战，随时应对可能发生的大规模进攻。由于全国人民的反对和国际舆论的谴责，加上中国共产党已经做好军事上的准备，迫使国民党停止采取进一步的军事进攻行动，这次反共高潮戛然而止。

中国共产党在抗战相持阶段采取"抗战、团结、进步"三大方针，有理、有利、有节地抵抗了国民党顽固派掀起的三次反共高潮，既打击了国民党内以反共为目标的顽固派势力，又始终坚持维护了以国共合作为基础的抗日民族统一战线。

【知识链接】

耿飚、贺晋年：《打退国民党三次反共高潮》，《红色记忆》编委会主编：《红色记忆》第一卷，中共党史出版社2006年版。

42 三项自卫原则

> 三项自卫原则，即"有理""有利""有节"三项原则，是抗日战争时期中国共产党为维护抗日民族统一战线，反击国民党顽固派挑起反共摩擦的军事斗争策略。

国民党"防共反共"

1938年10月，武汉、广州相继失守，抗日战争进入相持阶段。由于中国军民的坚决抗战和日寇自身军事力量的不足，日本帝国主义转变对华侵略方略，对国民党实行政治诱降为主、军事进攻为辅的方针，而把作战重点转向敌后抗日根据地。

日本侵华方略的转变，影响了蒋介石对待中国共产党的政策。蒋介石认为抗战爆发之后，"共党乘机扩张势力，实为内在之殷忧"，因此，"目前急患不在敌寇，而在共产党之到处企图发展"，于是决定，"应定切实对策方足以消弭殷忧也"。在这种思想指导下，蒋介石秘密下达了《限制异党活动办法》《共产党问题处置办法》《处理异党问题实施方案》等一系列防共反共指令，扩大了在抗日根据地周边的驻军。仅在陕甘宁边区，蒋介石就部署了40多万大军，计有19个步兵军和2个骑兵军，还有地方武装3个保安旅和17个保安队。

国民党顽固派的反共行为，表明抗日民族统一战线存在分裂的危险。为了发展抗日民族统一战线，从政治上粉碎国民党顽固派的反共阴谋，克服党内存在的"左"倾思想，毛泽东于1940年3月11日在延安党的高级干部会议上作了《目前抗日统一战线中的策略问题》的报告，提出并阐述了"发展进步势力、争取中间势力、孤立顽固势力"的策略总方针，以及同国民党顽固派斗争时必须坚持"有理、有利、有节"的策略原则。

共产党奋起自卫

陕甘宁边区是中共中央和中央军委所在地，是敌后抗日战争的政治指挥中心和敌后抗日根据地的总后方，也是摩擦事件最多，斗争最尖锐、激烈、复杂的地区。

1939年初，旬邑县国民党县长张中堂和郴州国民党专员张明调集保安队两三千人围攻旬邑县城南土桥镇的八路军军人疗养院。八路军依据"有理、有利、有节"的原则，决定采取防御性措施，退出土桥镇，移至旬邑县城。事件发生后，萧劲光当即电告蒋介石。蒋介石回电"已电陕省府制止矣"。时隔不久，疗养院一工作人员出城采购，被县保安队无辜枪杀。八路军军人疗养院派出代表前往国民党县府请愿交涉，张中堂又指挥保安队开枪射击，枪杀疗养院9名代表。随即，张中堂向驻扎在县城的八路军独立营发起进攻。八路军独立营决定依据不打无把握的反击战的原则，撤出县城，然而途中又有17名重残伤病员被杀害。

对于国民党顽固派残杀伤病员的行为，萧劲光一面派人做八路军官兵的说服教育工作，一面给蒋鼎文发电报，谴责张明经、张中堂等人杀人略地的罪行，要求当局迅疾前往查处。萧劲光严正指出："查敝军残废员兵，以抗敌余生息养后方，前以移驻土桥，备受迫害，今又大遭屠杀。消息传来，痛心曷极！惟念国家处此危急之际，袍泽之间，纵有差错，总宜容忍。"毛泽东审改了电文，一并发给蒋介石和程潜。接着，萧劲光又向全国通电，要求各界"一致呼吁，以彰公理，而警凶顽"。在全国一致声讨中，蒋介石、蒋鼎文等人，不得不对此事件进行调查处理。

遏制国民党进攻

【知识链接】

萧劲光：《萧劲光回忆录》，当代中国出版社2013年版。

王连捷、谭译：《隐藏在深层次的历史真相》，辽宁人民出版社2012年版。

整个抗日战争期间，国民党顽固派对中共中央所在地延安、陕甘宁边区，实施了三次反共高潮，几乎每天都有大大小小的摩擦事件爆发。据统计，从1938年底到1944年春，国民党顽固派在陕甘宁边区，武装进攻275次，抢劫骚扰457次，暗杀、诱逃、拘捕边区党政人员295人次。但在中国共产党坚持"有理、有利、有节"的原则之下，对国民党的军事进攻进行了有力遏制，使得国民党顽固派不敢轻易向敌后抗日根据地发动进攻，不敢轻易分裂，不敢轻易向日寇妥协、投降。由此，有效地巩固了抗日民族统一战线，避免了国共两党大规模内战的爆发，推动了抗战的胜利发展。

43 三青团

> 三青团，全称为"三民主义青年团"，是由中国国民党于1938年7月9日成立的、以青年为主要发展对象的政治组织。

抗战而兴

进入抗战持久阶段后，蒋介石希望加强国民党内部凝聚力，并进而整合各党派力量。他认为："与其用政权力量抑制其他党派或思想之存在，不如融合其他党派于一个信仰——三民主义与一个组织之下。"为了避免产生吞并其他党派的嫌疑，蒋介石认为国民党也可以改名或改变组织。为此，蒋介石开始召集国民党内的重要人物着手组建一个能够容纳全国各党派的政治性组织，从而"和平统一"包括中国共产党在内的其他党派。蒋介石示意陈立夫与各党派领导人进行了会谈，但因受到中国共产党的有力抵制，大多数民主党派又都赞成中共的主张，不同意解散其组织，因此蒋介石借抗战之机将各党派合并成一个党派的计划宣告破产。

此后，蒋介石转而希望整合国民党内各派系的力量，结束国民党内部的派系斗争，达到国民党内的团结和统一。国民党内部的派系之争由来已久，而且不断激化，这种内耗减弱了国民党的实力，并严重影响了国民党对全国的统治。蒋介石看到了问题所在，多次强调派系斗争对国民党产生的恶劣影响，希望各个派系团结起来。而团结各个派系的重要策略就是创设三民主义青年团。蒋介石寄希望于设立三青团，吸纳新鲜血液，借助青年人的加入来改变国民党的衰弱状况。此外，蒋介石眼见于当时中国共产党领导的青年运动对于青年人具有的强大号召力和吸引力，甚至形成了一种青年奔赴延安的社会风气，因此产生了忧虑和恐慌。蒋介石和国民党人士认为必须有一个新组织来吸纳广大青年，保证国民党后继有人。故而，1938年4月，国民党临时全国代表大会通过决议，设立"三民主义青年团"，并于1938年7月9日在武昌正式创立了该组织。

迅猛发展

蒋介石派遣"复兴社"和"CC系"的骨干分子在武汉等地组建三青团，大量吸收公职人员、军警等入团，并且将"复兴社"完全并入三青团充作骨干力量，作为组织的核心。1938年6月16日，蒋介石发表《为组织三民主义青年团告全国青年书》，同日发布了三青团团章。同年7月9日，三青团正式成立后，设立中央团部。中央团部由蒋介石任团长、陈诚任书记长，并由陈诚、陈立夫、康泽等31人组成中央团部干事会。中央团部干事会下设组织、训练、宣传、社会服务、总务、经济六处和书记长办公室，负责日常事务。该组织标榜其创建目的有三个：一为国民革命新的力量的集中，二为抗战建国成功，三为实现三民主义。三青团的组织系统由中央团部、支团部、区团部、分团部、区队、分队等层级构成。

三青团成立后，大规模吸收团员。除了注重在全国吸收广大青年学生外，还向机关和社会大量发展团员，组织发展迅速，陆续遍布全国各地，甚至在海外也建立了分支组织。到1945年5月，三青团拥有区队9915个，分队44122个，团员人数达到825479人。三青团极为迅猛的扩张速度，甚至超过了它的母体——中国国民党。

抗日、反共

三青团作为中国国民党设立的青年组织，在抗战时期担负着两种任务：一种是抗日，一种是反共。三青团在抗战时期建立了许多服务机构，开展抗战服务工作。比如：在各地成立青年招待所，收容救助敌后和战区的失学流亡青年，给予他们物资救济；成立青年服务队救护伤病兵民，慰问出征军人家属，参加兵役宣传；开展书报阅览、歌咏戏剧等活动；开办宿舍、食堂、合作社、民众学校等公共服务机构。

为了遏制中国共产党在抗战时期的发展，三青团同时也执行着国民党的反共政策。比如：配合国民党进行反共宣传，分发反共材料，向青年灌输反共思想。学校是三青团渗透势力的重要场所。三青团在学校建立团组织，发展团员。在某些学校，三青团骨干甚至直接参与侦查和破获中共地下党组织的秘密活动。在抗日战争的敌后战场，三青团也参与了国民党制造摩擦，破坏中国共产党领导创建的抗日政权的活动。

党团合并

由于抗战时期的迅猛发展，三青团很快成为中国政治舞台上一支重要的政治力量。在三青团内部，甚至发出了独立组党的呼声，这显然影响了国民党党务、组织工作的发展，以及国民党政权内部的权力平衡。三青团的存在和发展，实际上对国民党组织构成了直接威胁，由此导致党团矛盾日益加深，引来国民党内对三青团愈演愈烈的谴责之声。为了解决党团矛盾，1947年9月，蒋介石在国民党六届四中暨三青团二届二中全会上，宣布实行"党团统一组织"（简称"党团合并"），取消三青团，将三青团并入国民党，并规定在党团合并完成3个月后，三青团员一律登记为国民党员。三青团组织的历史，尽管就此宣告结束，但蒋介石的儿子蒋经国借助三青团而培植的少壮派势力，却对以后国民党政权的演变，产生了深远的影响。

【知识链接】

马烈：《蒋家父子与三青团》，中国文史出版社2007年版。

周淑真：《三青团始末》，江西人民出版社1996年版。

贾维著：《三民主义青年团史稿》（上、下卷），社会科学文献出版社2012年版。

44 "和平、民主、团结"三大口号

> 抗战胜利后,为了反对内战独裁,争取和平民主,中共中央在《对目前时局的宣言》中明确提出了"和平、民主、团结"三大口号,指出在新的历史时期全民族面临的重大任务是:"巩固国内团结,保证国内和平,实现民主,改善民生,以便在和平民主团结的基础上,实现全国的统一,建立独立自主与富强的新中国"。

内战乌云

1945年8月11日,日寇走投无路即将无条件投降之际,蒋介石一连发出四个命令,一个是要求他的嫡系部队"加紧作战,积极推进,勿稍松懈";另一个给中国共产党领导的第十八集团军,要求"应在原地驻防待命,其在各战区作战地境内之部队并应接受各该战区司令长官管辖";第三个是要求侵华日军"应对本委员长所指定之部队投降";第四个是命令伪军继续维持地方治安,不得向中共投降,并对八路军、新四军的进攻作"有效之防卫"。面对"蒋介石想要独自摘桃子"独占抗战胜利果实的政治阴谋,中国共产党一方面号召各解放区军民对日伪军展开全面反攻,扩大解放区,夺取武器和资源,另一方面,要求解放区军民充分做好自卫准备。

国民党的一意孤行与中国共产党的坚决自卫,使得双方剑拔弩张。国共内战的乌云,仿佛又笼罩在中国上空。内战或和平的道路抉择,重新摆在中国人民面前。

重庆谈判

1945年8月14日、20日、23日,蒋介石接连发出三封电报,力邀毛泽东赴重庆谈判。8月26日,中共中央随即决定"派毛泽东、周恩来、王若飞三同志赴渝和蒋介石商量团结建国大计",并指出国民党在国内外一致要求和平的压

力下，有可能在重庆谈判后，"有条件地承认我党地位，我党亦有条件地承认国民党的地位，造成两党合作（加上民主同盟等）和平发展的新阶段"。

毛泽东到达重庆的第二天，即8月29日，国共两党之间的谈判就拉开了帷幕。这次谈判从8月29日开始至10月10日协议达成为止，历时43天。谈判分为两个层次，一是两党最高领导人毛泽东和蒋介石直接交换意见，二是共产党代表周恩来和王若飞同国民党代表王世杰、张群、张治中、邵力子就具体问题进行谈判。经过双方广泛交换意见，国共双方最根本的分歧点，仍然在于解放区政权和人民军队问题。

蒋介石在重庆谈判之前就决定利用"和平谈判"来麻痹中国共产党，诱使中国共产党交出解放区政权和人民解放军，同时借助谈判来拖延时间部署内战。因此当谈判陷入僵局时，蒋介石暗中挑动内战，向解放区发动军事进攻，意图在军事上对中国共产党施加压力。

中国共产党为了争取和平，避免内战，确定了"向北发展，向南防御，力争东北"的战略方针。与此同时，中共中央还决定做一定的让步，分三个批次让出江南、江北以及广东至河南的解放区。此外，面对蒋介石的军事进攻，解放区军民在上党战役、邯郸战役、平绥战役、津浦战役等反击战中，取得了胜利，极大地支持了重庆的和平谈判以及《双十协定》的签订。

舆论支持

抗战以来，国统区人民从外国记者笔下，对中国共产党人有了一些了解。但是，国民党政府长期的新闻封锁，以及毛泽东等人从未离开过解放区，致使中国共产党人，尤其是毛泽东，对于国统区人民来说，其印象仍然不是十分清晰。为了促成谈判达成和扩大中国共产党的影响，毛泽东、周恩来、王若飞等同各界代表人士，进行了广泛的接触和交谈。期间，毛泽东赠给柳亚子的那首词《沁园春·雪》，极大地触动了国统区人民的心灵。

9月27日，毛泽东接受了路透社记者甘贝尔的采访。在回答"是否可能不用武力而用协定的方法避免内战"这个问题时，毛泽东说："可能。因为这符合于中国人民的利益，也符合于中国当权政党的利益。目前中国只需要和平建国一项方针，不需要其他方针，因此中国内战必须坚决避免。"当被问及"中共对'自由民主的中国'的概念及界说为何"时，毛泽东说："'自由民主的中国'将是这样一个国家，它的各级政府直至中央政府都由普遍平等无记名的选举所产生，并向选举他们的人民负责。它将实现孙中山先生的三民主义，林肯的民有民治民享的原则与罗斯福的四大自由。它将保证国家的独立、团结、统一及与各民主强国的合作。"采访结束后，甘贝尔称毛泽东是一位给自己留下了美好印象的"温和的共产主义者"。

中国共产党的和平、民主、团结的方针为广大人民所认同。重庆谈判后，中共在很大程度上赢得了政治上的主动权，进一步扩大了在全国的政治影响力，为解放战争的胜利奠定了重要的舆论基础。

毛泽东到重庆后，同蒋介石进行了多次会谈。图为谈判期间的合影。

【知识链接】

田玄：《战后中共"和平、民主、团结"总方针的确定及其转变》，《近代史研究》，2000年第4期。

《沁园春·雪》

北国风光，千里冰封，万里雪飘。望长城内外，惟余莽莽；大河上下，顿失滔滔。山舞银蛇，原驰蜡象，欲与天公试比高。须晴日，看红装素裹，分外妖娆。

江山如此多娇，引无数英雄竞折腰。惜秦皇汉武，略输文采；唐宗宋祖，稍逊风骚。一代天骄，成吉思汗，只识弯弓射大雕。俱往矣，数风流人物，还看今朝。

45 抗战胜利后三种不同的建国方针

> 抗战胜利后，围绕国家政权的未来走向，中国出现了三种不同的建国方针：中国共产党号召"和平、民主、团结"的建国方针；中国国民党坚持"内战独裁"的建国方针；此外，还有中国民主同盟等民主党派，提出"民主统一、和平建国"的第三条建国道路。

中国共产党的建国方针

1945年8月13日，毛泽东在延安干部会议上作《抗日战争胜利后的时局和我们的方针》的讲演，他分析抗战胜利后中国政治的基本形势，指出："从整个形势看来，抗日战争的阶段过去了，新的情况和任务是国内斗争。蒋介石说要'建国'，今后就是建什么国的斗争。是建立一个无产阶级领导的人民大众的新民主主义的国家呢，还是建立一个大地主大资产阶级专政的半殖民地半封建的国家？这将是一场很复杂的斗争。"

同年8月25日，在赢取抗战胜利的关键时期，中共中央发表《对目前时局的宣言》。宣言指出，在新时期中全民族的重大任务是"巩固国内团结，保证国内和平，实现民主，改善民生，以便在和平民主团结的基础上，实现全国的统一，建设独立自由与富强的新中国"，并要求国民政府立即实施承认解放区民选政府和抗日军队、划定八路军等中国共产党领导的抗日军队接受日军投降的地区、承认各党派合法地位、立即召开各党派和无党派代表人物的会议等六项紧急措施。宣言正式提出的"和平、民主、团结"三大口号，代替了抗战时期提出的"抗战、团结、进步"三大口号，符合当时中国形势发展的需要，充分表达了全国人民的迫切愿望，得到了全国各阶层人民的拥护。"和平、民主、团结"这三大口号，成为抗战结束后中国共产党长期坚持的建国方针。在此方针的引领下，中国共产党还提出了建立联合政府的建国方案。

中国国民党的建国方针

坚持"内战独裁"是中国国民党蒋介石集团的基本方针。1945年9月3日，日本投降书签订的第二天，蒋介石即发表《庆祝抗战胜利对全国同胞广播词》，一方面提出"召开国大，还政于民"的口号，另一方面又针对中共和其他民主党派的民主要求，设置各种"前提条件"。他说："只要是在革命建国的最高原则三民主义不致动摇，中华民国国民政府的法统不致紊乱的前提之下，一切问题无不可以推诚相见，共同商讨，求得合理合法的解决。"1946年元旦，他在《告全国军民同胞书》中进一步阐述："军令政令的必须统一，军队必须一律归还国家统辖，任何割据地盘破坏交通阻碍复员的军事行动，必须绝对避免，则是解决目前纷争不安的唯一先决条件"，并重申："除了革命的责任不能放弃，国家的统一不容损害，根本大法不容变更，政府基础不容动摇以外，其他无不可以容忍，无不可以协商"。显然，蒋介石是企图在保存国民党法统的前提条件下，让中国共产党交出军队和解放区，以实现"军令统一"和"政令统一"。如果不能以政治手段实现"国家统一"的目的，国民党政权不惜发动内战。因此，在抗战结束后中国人民"求和平，反内战"的呼声中，国民党政权"假和平，真内战"，一面佯装进行和平谈判，一面着手军事准备，试图凭借远远强于中国共产党的军事实力和美国的支持，通过内战来消灭中国共产党及其所领导的人民军队，继续实行抗战前国民党一党专政和蒋介石的独裁统治。

第三条道路的建国方针

在抗战胜利后中国国内两种命运、两种前途的政治斗争中，中国民主同盟等民主党派渴望在调和国共两党政治斗争的基础上，建立一个中国式的民主共和国。

中国民主同盟是一个阶级联盟性质的中间党派。抗战胜利后国共两党诉诸政治协商会议组建联合政府的政治过程，客观上造就了中国民主同盟在全国的"第三党"地位。它的动向和主张，在各中间党派中具有相当的代表性。1945年8月15日，中国民主同盟发表《在抗战胜利声中的紧急呼吁》，提出"民主统一、和平建国"的口号。同年10月，中国民主同盟历史上被称为第一次全国代表大会的临时全国代表大会在重庆召开，会议通过了民盟的纲领、政治报告、宣言和章程。民盟在《政治报告》中，认为战后时期是中国建立民主国家千载难逢的历史时机，民盟的任务就是怎样把握这种机会"实现中国的民主"，"把中国造成一个十足道地的民主国家"。

　　1945年底至1946年春，中国国内还先后出现了一些新的民主党派。例如，谭平山等人组织的三民主义同志联合会，于1945年10月28日召开第一次全体大会，宣布正式成立和进行公开活动；黄炎培与胡厥文、章乃器、施复亮、李烛尘等共同筹备的中国民主建国会，于同年12月16日在重庆召开正式成立大会，并创立《平民》周刊。救国会、中国民主促进会、九三学社、国民党民主促进会等民主党派，也都在这一时期成立。这些民主党派在抗战胜利初期的基本主张是调和国共斗争，要求政治民主，实行经济和思想自由等。但在国民党政权公开发动第二次国内战争，第三条建国道路彻底走不通之后，他们与中国共产党结为同盟，共同为促进政协召开、维护政治路线和反内战、争和平的民主运动，发挥了重大作用。

【知识链接】

王功安、毛磊：《国共两党关系通史》（五卷合订本），武汉大学出版社1991年版。

王桧林：《中国现代史》，北京师范大学出版社2004年版。

46 第二条战线上的"三反运动"

> 解放战争时期,国民党统治区的广大青年学生和各阶层人民,掀起反对国民党统治的"反饥饿、反内战、反迫害"运动,又称第二条战线上的"三反运动"。

学生的抗争

抗战胜利后,国民党政府为了发动内战,滥发纸币以弥补巨额财政赤字。自1947年初开始,国统区物价飞涨,普通民众生活困苦。上海学生首先揭开全国"反饥饿、反内战、反迫害"运动的序幕。1947年4、5月间,上海、南京两地学生发出"抢救教育危机""向炮口要饭吃"的呼声。5月4日,上海学生走向街头进行反内战宣传,遭到国民党特务、警察的殴打和逮捕,上海法学院有2名学生被打成重伤。5月5日,上海法学院学生罢课抗议,并推派代表到国民党上海市政府请愿,要求严惩凶手。5月15日,位于南京的中央大学、国立剧专等学校的3000余名学生,高唱"我们要饿死了"的歌曲,举着"朱门酒肉臭,路有冻死骨"的横幅,到国民政府行政院和教育部请愿,要求增加教育经费,但未得到满意答复。

针对国统区以学生为主要群体的社会抗争,中国共产党决定加强第二条战线的领导。1947年2月,中共中央就发出了《在白区对国民党对策》的指示,要求各级地下党组织利用合法形式,在为生存而斗争的基础上,建立反卖国、反内战、反独裁与反特务恐怖的最广泛的统一战线,从而为国统区的人民抗争指明了方向。在各地中共党组织的领导下,国统区人民将政治斗争和经济斗争相结合,推动了反对国民党统治的第二条战线的逐渐形成。

"五二〇"血案

1947年5月17日,南京学生在代表集会上,决定在国民党举办的国民参政会四届三次大会开幕的5月20日那天,再次举行大规模游行,为此不仅派人到上海、杭州等地联络,而且致电北京大学、清华大学、武汉大学等学校,请求一致行动,得到上海、杭州、北京等地学校的响应。5月18日,国民党政府为防范和镇压各地人民的抗争运动,紧急颁布《维持社会秩序临时办法》,严禁10人以上的请愿和罢工、罢课、示威游行,并宣称对妨害公共秩序、阻碍交通、妨碍公务、损毁公私财物或伤害他人身体者,将采取"紧急处置"。但是,面对国民党政府的这一严厉举措,学生并没有被吓倒。

5月20日,南京、上海、苏州、杭州等地十几所专科以上学校的6000多名学生在南京组成请愿团,举行"抢救教育危机反饥饿大游行"。当游行队伍向正在召开国民参政会的"国民大会堂"行进时,在珠江路口遭到军警特务的殴击,重伤21人,轻伤97人,被捕20余人,此即震惊国内的"五二〇"惨案。同一天,北平20多所大中学校的15000多名学生从北京大学出发,也举行了"反饥饿反内战大游行"。

"五二〇"惨案发生后,南京、上海、北京等地学生的"反饥饿反内战"斗争,进一步发展为"反饥饿、反内战、反迫害"运动,并席卷长沙、昆明、重庆、广州、福州、南昌、桂林、开封、沈阳等60多个大中城市。北京、上海、苏州、杭州等地18所学校还成立了"中国学生联合会",发表《告全国同胞书》,提出"我们要用汗和血去换取一个真正独立、民主、和平、康乐的自由新中国"的响亮口号。

"三反运动"的进步作用

南京、上海、北京等地学生从1947年开始的"反饥饿、反内战、反迫害"运动,是解放战争时期国民党统治区规模最大、影响深远的一次学生运动,它得到了社会各界以及上层爱国民主人士的支持和援助,标志着反对国民党统治的第二条战线的形成。这场运动继承了五四运动以来中国青年勇于抗争的光荣传统,促进了全国范围内的人民运动的高涨,对于解放战争的胜利起到了一定的推动作用。

【知识链接】
金冲及、夏燕月:《中国共产党历程》第一卷,海燕出版社2001年版。

47 第三党

> 第三党是中国的爱国民主党派之一，中国农工民主党的前身。它是在大革命失败后，由谭平山、章伯钧等联合一些国民党左派和从共产党脱离出来的人，于1928年春在上海创立的旨在走与国民党、共产党不同的第三条道路的政党组织，因而被称为"第三党"。成立时叫中华革命党，之后又沿用过国民党临时行动委员会、中华民族解放行动委员会等名称。1947年2月，正式更名为中国农工民主党。

第三党的来源

1927年蒋介石叛变革命，实行独裁统治，大肆屠杀共产党人和爱国进步人士，对国民党左派、民族资产阶级和小资产阶级进行打压。这种反动行为使得一些国民党左派纷纷退出国民党，共产党则走向领导工农群众武装反对国民党统治的革命道路。而此时，由于中国共产党内受"左"倾机会主义思想影响，认为"中国民族资产阶级背叛革命，走到帝国主义豪绅地主的反革命营垒"，对待民族资产阶级和小资产阶级采取了错误的态度，这使得这些受排挤的国民党左派不可能走向共产党的那一边。在这种情况下，一部分坚定的国民党左派和因"左"倾错误受影响打击的部分共产党员、找不到组织关系以及自动从共产党内游离出来的人联合起来，他们一方面不满国民党反动派的统治，不愿与其妥协，另一方面又不赞同中国共产党当时的政策和做法，不愿和共产党合作进行革命，企图在反革命的国民党和革命的共产党之间另立一个新党，走第三条道路。

第三党的诞生及其发展

1927年，"四一二"政变后，著名的国民党左派领袖之一的邓演达遭蒋介石通缉，逃往苏联。他承袭孙中山遗志，打算建立新党。当年11月，他联合在莫斯科的宋庆龄、陈友仁等发表《对中国及世界革命民众宣言》，怒斥蒋介石、汪精卫背叛革命，宣布要成立"中国国民党临时行动委员会"，完全实现孙中山的三民主义革命纲领，得到了国内谭平山等人的赞同。谭平山、章伯钧等为代表的一些既反对蒋介石独裁专制统治，又不同意共产党主张的国民党左派和从共产党内脱离的人士，响应该宣言，在上海发起组建了中华革命党。1930年5月，邓演达从欧洲归国，领导中华革命党的工作。8月，将名称正式改为"中国国民党临时行动委员会"，并成立了中央及地方干部会。邓演达被推选为总干事，郑太朴、章伯钧、黄琪翔、季方、李世璋等为中央干部会成员。同年9月1日，通过了邓演达起草的政治纲领——《中国国民党临时行动委员会政治主张》。它提出反对帝国主义、封建主义和蒋介石的反动统治，建立以农工为中心的平民政权国家，实行耕者有其田和土地国有。但是也不赞成在中国实行共产主义，反对中共的纲领和政策。他们力求在共产党和国民党之外走第三条道路，建立第三种政治势力，成为独占中国革命领导权的资产阶级和小资产阶级政党，因而被称为"第三党"。第三党陆续在全国14个省建立了地方组织，创办了《革命行动》半月刊、《革命行动日报》等刊物。第三党积极进行反蒋活动，一方面号召平民大众召开"国民会议"，"接收全国政权"；一方面策动国民革命军中的"工农平民大众分子"，力图把军阀军队变为"平民革命军"。1933年，第三党参加福建事变后，加入生产人民党，第三党宣告解散。福建事变失败后，生产人民党又自行解体。1935年，第三党主要负责人在香港召开会议，决定恢复原"中国国民党临时行动委员会"。1935年11月，在香港召开第二次全国干部会议，改党名为中华民族解放行动委员会，推选黄琪翔为总书记，通过《临时行动纲领》，把主要任务从"反蒋反共"改为"抗日、联共、反蒋"，积极地为全民族抗战做出了贡献。1947年2月，在第四次全国干部会议中，决定正式更名为中国农工民主党，加入中国共产党领导的人民民主统一战线。

第三党的历史贡献

第三党自成立之日起，就把斗争矛头指向蒋介石的独裁统治，对蒋介石统治集团产生了严重威胁。中国国民党临时行动委员会成立后，邓演达利用自己以前在黄埔军校和国民革命军中的影响力，于1930年11月组织了"黄埔革命同学会"，并秘密派遣会员到国民党各派军队中，对黄埔出身的军人进行反蒋宣传，向他们传达临时行动委员会的政治主张，吸纳他们当中具有反蒋倾向的加入黄埔革命同学会。这严重威胁了蒋介石在军队的基础和在黄埔军校的声望。蒋介石获悉邓演达被逮捕的消息后，下令将其杀害。第三党在邓演达遇难后，并没有在蒋介石的高压打击下屈服，仍然继续坚持反蒋斗争，之后策动并参与了反蒋抗日的福建事变。在抗日战争中，第三党积极投身于全民族抗战的运动当中。1937年6月，中华民族解放行动委员会发表《致全国各界领袖书》，为抗日民族统一战线的最终建立和全民族抗战局面的形成，做出了积极的贡献。"七七事变"爆发后，中华民族解放行动委员会向国民政府提出了关于抗日御侮和国是的八大政治主张，在停止反蒋活动之后，积极参加抗日武装斗争并进行了大量宣传活动，创办了《抗战行动》旬刊。1938年3月1日，第三次干部会议在汉口召开，会议通过了《中华民族解放行动委员会抗日战争时期的政治主张》，提出了全面抗战、民主政治、改善民生等主张。解放战争中，农工民主党加入了人民民主统一战线。为加速新民主主义革命的成功，他们积极配合人民解放军的军事行动，为解放全国做出了重要的贡献。例如：策动国民党军队起义，搜集军事情报，破坏蒋介石作战等。中华人民共和国成立后，他们拥护中国共产党的领导，积极投身到我国的社会主义革命和建设中，并做出了积极的贡献。

在成立之初的一个较短时期内，第三党走过一段弯路，采取了错误的政策对待共产党，但从1931年"九一八"事变后，第三党便逐步地走向从与共产党合作、联合到最终接受、拥护共产党领导的道路。第三党自其诞生之日起，就始终坚持反帝反封建反蒋的斗争，对中国人民的民族解放事业做出了积极贡献，在中国近代史上书写了辉煌的篇章。

【知识链接】

王夫玉编：《第三党历史》，东南大学出版社2013年版。

48 第三条道路

> 第三条道路又称中间路线,是以中国民主同盟(简称"民盟")为核心的第三种政治力量的国家建构方案,实质上是一条民主宪政的建国路线。这种路线是对民主的追求,既区别于国民党和共产党的政治方针,又区别于欧美的资本主义民主和苏联的社会主义民主,不依附于任何国内国际政治势力。

发展历程

尽管民盟正式提出"第三条路线"是在20世纪40年代中期,但相关特点在之前就已有所显现。从1927年国共合作破裂开始到1937年全面抗日战争爆发,在内忧外患的局面下,青年党人、国社党人、乡建派人士等都提出了许多改良主张,其中也包含着对民主宪政的追求。他们对中国国民党的独裁统治予以批判,对中国共产党的革命也表示过怀疑。可以说,这一时期一条有别于国共主张的政治路线已显现端倪。

随着抗日战争的全面爆发,中间路线开始走向成熟。由于民族危机的加深,所有中国人共同面临着如何抗战建国的问题。在此情况下,此前于国共之间崇尚改良的中间派人士纷纷就抗战建国问题达成一致的共识,他们主张积极抗日,将民主宪政作为共同的奋斗目标,同时积极增强组织力量。1939年11月,青年党的曾琦、李璜,国社党的罗隆基、罗文干,救国会的沈钧儒、邹韬奋,乡建派的梁漱溟,职教社的黄炎培等,纷纷代表各自派别与团体组建了中间派人士的最大组织——统一建国同志会。之后又在此基础上于1941年10月发展成"中国民主政团同盟",为完成抗日建国大业与实现民主宪政积极奔走。由于盟内党派众多,成员复杂,经常会出现矛盾。为整顿这一现象,1944年9月中国民主政团同盟全国代表大会在重庆召开,并将"中国民主政团同盟"改组为"中国民主同盟"。

抗战胜利前后,中间路线开始进入最为辉煌的阶段,民盟为建国大业勾画出了资产阶级民主共和国的方案。中间派人士对美苏两国制度取其精华,去其糟粕,以求得一个政治自由与经济平等的真正民主。

解放战争爆发后,中间路线进入衰落阶段。民盟不仅受到来自国民党的打击,而且也受到来自中共的批评,中间派人士内部也出现了分化。1947 年 11 月,民盟宣告解散。由于部分中间派人士反对,积极要求恢复组织,1948 年 1 月,民盟一届三中全会召开,但此次会议后,民盟就已经彻底放弃了"第三条路线"的政治追求,走向了同中共合作的道路,逐渐接受中共主张的新民主主义路线。

政策主张

中间派人士的政治主张主要包括:第一,中间派人士认为国家利益高于党派利益,故积极调停国共冲突,反对内战。第二,战后的中国应该走自己的民主之路,即"第三条路线",故致力于实现民主宪政的建国大业。代表人物张东荪 1946 年在天津青年会一次题为"一个中间性的政治路线"的演讲中,对这条"中间路线"做了清晰扼要的表述:"在政治方面比较多采取英美式的自由主义与民主主义;同时在经济方面比较多采取苏联式的计划经济与社会主义。从消极方面来说,即采取民主主义而不要资本主义,

张东荪

同时采取社会主义而不要无产阶级专政的革命。我们要自由而不要放任,要合作而不要斗争,不要放任故不要资本家垄断,不要斗争故不要阶级斗争。"

中间路线反对国民党一党专政,要求建立党派联合政府,主张政治民主化。通过参照学习英美政治民主的成功经验,民盟进行了系统的政体设计:国会为最高权力机关,国会有立法、预算、弹劾等权力;实行两院制,参议院由省议会和少数民族自治单位选举的代表组成,众议院由全国人民直接选举代表组成;内阁为最高行政机构,对众议院负责。同时,民盟看重宪法的作用,认为各党派的地位平等,要求任何党派和个人都必须在法律的框架内活动。国宪颁布后,各省召开省宪会议,制定的省宪不得与国宪相违背。

中间派人士认为英美民主政治制度下存在着贫富差距过大的缺陷,所以,中间路线追求经济民主化,试图在保护私有财产制度的同时,实行苏联式计划经济,国家进行计划生产与分配,平均社会财富,从而消除贫富差距。但这一经济主张

1948年沈钧儒、李济深、郭沫若等民主党派和民主人士到达东北解放区参加新政协筹备工作

具有极大的空想性。

知识分子相信理性的力量，认为教育自由有助于思想的解放。由于中间派人士多是知识精英，所以极为看重教育的自由化，反对国民党党化教育。

政治实践

民盟为践行民主宪政的建国路线，积极推进宪政运动，并围绕着扩充国民参政会职权，修改宪草，争取人身、言论、出版的自由等具体问题展开活动，取得了一些成绩：国民参政会获得国家预算初审权，促使国民政府颁布《保障人民身体自由法》等。民盟还在《宪政月刊》积极宣传宪政思想，使民主宪政的观念进一步得到了传播。

民盟积极参与重庆政协会议，并为会议的举行做出了贡献。1946年1月10日，国民党发布停战令，重庆政治协商会议召开。会议中，民主同盟代表与中共代表在许多重大问题上共同商量，取得一致意见，相互支持，同国民党展开了有理、有利、有节的斗争。由于中国共产党的努力和各民主党派的合作，此次政协会议通过了"政协五项决议"。会后为了促使国民党政府履行协议，民盟发起人民权利保障委员会，利用《宪政月刊》《民主周刊》等报刊，多次举行集会积极宣传"五项决议"。

第三条道路所设想的资产阶级共和国的路线，被中国近现代历史证明是行不通的。1947年中国民主同盟解散，标志着第三条道路的破产。多数民主党派及其成员，走上了同中国共产党合作的道路。1948年，各民主党派代表联名通电全国，积极响应中共召开新政治协商会议的号召，并为新中国的成立贡献了力量。

【知识链接】

耿云志：《西方民主在近代中国》，中国青年出版社2003年版。

许纪霖：《无穷的困惑——黄炎培、张君劢与现代中国》，上海三联书店1998年版。

张忆军：《风雨同舟七十年——中国共产党与民主党派关系史》，学林出版社2001年版。

49 延安保卫战三战三捷

> 延安保卫战三战三捷,是解放战争时期人民解放军西北野战部队在陕北延安以南地区对进攻延安的国民党军队的防御作战中,连续在青化砭、羊马河和蟠龙地区所取得的三次成功的歼灭战。它沉重打击了胡宗南集团,成功掩护了中共中央党政军机关及学校的安全转移,并为以后彻底粉碎国民党军对陕北的进攻奠定了基础。

假象诱敌,初捷青化砭

1947年3月,蒋介石集团对解放区的全面进攻遭到惨败后,决定集中主力向中国共产党在陕甘宁和山东的两块解放区实施重点进攻。为此,国民党军队在西北地区集结了34个旅25万余人的兵力,企图一举攻占中共中央和中国人民解放军总部所在地——延安,以达到摧毁中国共产党指挥中枢的目的。彭德怀、习仲勋指挥的西北野战部队,当时仅有6个旅,2万余人,而且装备很差,弹药奇缺。中共中央军委根据敌我态势,决定先诱敌深入,适时放弃延安,在延安以北山区创造战机,逐步歼灭国民党军队的有生力量。3月13日,胡宗南部进攻延安,西北野战军一线防御部队依托阵地顽强阻击,掩护党政军领导机关和人民群众安全转移,并在杀伤敌人5千余人后,于3月19日主动放弃延安,诱敌深入,伺机歼敌。

青化砭位于延安东北30余公里处,南北是15公里长的蟠龙川,咸榆公路蜿蜒其间,东西两侧是起伏的山地,形若口袋,便于设伏。3月19日,彭德怀命令西北野战军第1纵队,白天公开向安塞方向行动,夜间主力迅速转移至青化砭以西地区,仅以一个营在延安西北地区与敌保持接触,借此诱敌向西北进军,为我军在延安东北地区待机歼敌创造条件。胡宗南占领延安后,被1个营伴动兵力所迷惑,误以为西北野战军主力已向安塞方向撤退,遂以整编第1军第1师、第90师共5个旅的兵力,于3月24日沿延河向安塞急进,企图围歼我军于安塞东北地区，并令第31旅（欠缺第91团）于同日由拐峁向青化砭进发，以保障其主力侧翼之安全。

西北野战军得到以上情报后，决定以少数兵力继续诱敌北上安塞，而主力则沿公路两侧布成袋形阵地，打算乘敌立足未稳，围歼敌第31旅于青化砭地区。24日，西北野战军各部队按既定方案进入伏击阵地。当天，敌因补给粮食在拐峁未动，我军25日继续在原地耐心设伏。25日拂晓，敌三十一旅由拐峁北进。10时，其先头部队进至青化砭附近，尾部通过房家桥，整个部队完全进入了伏击圈。我军拦头断尾，南北堵截，东西夹击，勇猛向敌冲杀。敌31旅前后不能相顾，陷入一片混乱。仅经一小时四十多分钟激战，西北野战军伏击部队即歼灭该旅2900余人，活捉其旅长李纪云。我军初战告捷，鼓舞了士气，稳定了西北战局。

将计就计，再捷羊马河

青化砭战役后，胡宗南才发现我军主力在延安东北地区，当即命令整编第1军5个旅由安塞调头向东，集中11个旅的兵力，分三路经青化砭、甘谷驿及延长，企图进击延川、清涧，与西北野战军主力决战。为避免重蹈第31旅的覆辙，胡宗南部队采用国防部策划的"方形战术"，将两个兵团排成数十里宽的方阵，借以避免分散孤立而遭伏击，又便于在发现西北野战军主力后组织围堵。西北野战军将计就计，仅以两个营兵力诱敌向延安东北前进，主力则隐蔽集结于蟠龙地区休整待机。3月29日、31日，国民党军队相继占领延川、清涧，但都扑了空，未能寻获西北野战军主力。后又西折瓦窑堡，还是扑了空。胡宗南部由于东奔西跑，兵疲粮缺，被迫以第135旅留守瓦窑堡，主力于4月6日南下蟠龙、青化砭地区休补。西北野战军趁敌南撤之机，于4月6日追歼途经永坪西北之敌第29军，歼敌600多人后撤出战斗。

4月11日，中央军委收到西安地下党组织的情报：驻清涧敌第24旅第72团于本日调赴瓦窑堡，而瓦窑堡守敌第135旅可能调动。彭德怀得悉情报后判断，敌135旅可能南下向其整编第29军靠拢，感到这是歼敌良机，于是作出集中主力歼击敌135旅的决策。毛泽东也指示西北野战军注意侦察敌135旅的动向，准备乘其南下时在运动中予以歼灭之。西北野战军为此作了周密的部署。12日，胡宗南部主力开始北犯。由于第一纵队的坚决阻击，敌误认西北野战军主力在瓦窑堡、蟠龙大道以西，遂急令135旅南下。14日10时，当该旅沿瓦窑堡、蟠龙大道东西两侧高地南下进至羊马河以北地区时，预伏在此的西北野战军第二纵队及教导旅、新四旅立即全部出击，迅速将敌包围，战斗至下午6时，全歼该旅4700余人，并俘其代旅长。该役首创我军全歼国民党军一个整旅的范例。这一胜利，再次给胡宗南的进犯部队造成重大打击。

瞄准战机，三捷蟠龙镇

羊马河战役后，胡宗南又发现西北野战军主力在瓦窑堡以南地区，即令整编第1军、第29军主力向此急进，企图围歼西北野战军主力，或逼其东渡黄河。但西北野战军此时已转移到瓦窑堡西北一带隐蔽待机。胡宗南部队9个旅的人马爬山越岭数日，饥疲交加，却仍不知我军去向。与此同时，中共中央军委令晋冀鲁豫野战军太岳兵团在晋南地区转入反攻，夺取秦晋咽喉禹门口，对胡宗南部侧背构成威胁。胡宗南被迫命令第1军和第29军于4月17日南下永坪、蟠龙地区休整，伺机与西北野战军主力决战或抽兵援晋。西北野战军乘机于19日在新岔河地区予以截击，杀伤其2000余人后，转移至永坪东北地区。此时，中共中央和陕甘宁边区部分工作人员开始向山西转移，被国民党空军侦悉动向。蒋介石断定西北解放军主力向绥德附近集结，准备东渡黄河，于是命令胡宗南部迅速沿咸榆公路北进，并令榆林的邓宝珊部第22军南下米脂、葭县策应，企图南北夹攻，围歼西北野战军主力。胡宗南除留第167旅和部分地方武装守备重要补给基地蟠龙，主力于26日从蟠龙、永坪北进。

西北野战军判明敌军企图后，决心乘敌主力北上回援不及之机，攻歼蟠龙守敌。蟠龙镇位于延安东北，自国民党军队进占延安以来，成为胡宗南部的战区枢纽和补给基地，储备着大量军用物资。守敌第167旅是蒋介石嫡系整编第1师主力旅，装备精良。彭德怀以第395旅一部，并从其他各旅各抽出一排，扮演主力向北撤退，以吸引胡宗南部追击。经致电中央军委请示，并获毛泽东复电同意后，彭德怀于4月29日发出围攻蟠龙的作战部署：第1纵队、独立第4旅、新编第4旅攻歼蟠龙守敌，第359旅一部和教导旅分别阻击南北可能增援之敌。30日，西北野战军以迅雷不及掩耳之势，迅速包围了蟠龙镇。

5月2日黄昏，国民党军主力到达绥德。当天夜晚，西北野战军对蟠龙发起攻坚战，对蟠龙四周高地进行了两天两夜的反复争夺，到5月4日，西北野战军英勇攻占东山的集玉峁主阵地，遂使守敌防御体系趋于瓦解。当日傍晚，各攻坚部队居高临下，齐向蟠龙街区猛攻，至24时战斗结束，全歼守敌第167旅6700

余人，俘虏了号称胡宗南"四大金刚"之一的旅长李昆岗，并缴获大量军需物资。当胡宗南部主力回援抵达蟠龙时，我军已全部撤出。

陕北三战三捷，粉碎了蒋介石妄想摧毁中共中央和人民解放军首脑机关的战略企图，稳定了陕北战局，并配合了人民解放军在其他战场的军事部署。在这场敌我力量对比悬殊的军事战斗中，西北野战军运用"蘑菇"战术与敌军周旋，巧妙地开展了伏击战，并在攻打蟠龙镇的战役中获得了攻坚战的胜利，创造了人民解放军以少胜多的经典战例，在人民解放军战史上谱写了光辉篇章。

【知识链接】

赵一平：《军事家彭德怀》，中国青年出版社2013年版。

50 三查三整

> "三查三整"是指解放战争时期中国共产党结合土地改革在各解放区开展的整党整军运动。"三查",地方上指查阶级、查思想、查作风,部队上指查阶级、查工作、查斗志。"三整",指整顿组织、整顿思想、整顿作风。"三查三整"纯洁和巩固了党的组织,促进了土改工作的进展,提高了部队的战斗力,加速了全国解放战争的进程。

"治病救人,整顿队伍"

解放战争时期,中国共产党的革命队伍在不断壮大的过程中,也暴露出不少问题。主要表现在:有些党员的阶级观点模糊,不能坚决执行党的土改政策,在斗争中发生动摇,甚至包庇和袒护地主富农分子;有的党员以权谋私,损害群众利益;有的干部有严重的官僚主义,强迫命令,脱离群众;有些地主富农分子、流氓分子混入党内,甚至把持了基层党和政府的领导权,歪曲党的政策,作威作福,损公肥私,欺压群众。1947年7月至9月,中共中央工作委员会在西柏坡召开会议,认为土改不彻底是导致上述问题的重要原因,因此决定结合土改进行整党。

1948年2月22日,中共中央发表了《老区半老区的土地改革与整党工作》的指示,要求根据当时土地改革和整党情况将土改地区划分为三类,因地制宜地进行整党工作。并且,规定了根据不同地区的情况,采取不同的方针政策:第一类地区是土地革命较为彻底的地区,第二类地区是土地改革尚不彻底的地区,第三类地区是土地改革很不彻底的地区。指示要求在这三类地区按照有重点的、波浪式的、逐步推广的办法,以2年到3年的时间,有计划地完成全区域的土改和整党工作,以避免操之过急的错误工作倾向。

这次整党整顿的重点对象是农村基层党组织和党员,主要任务是克服地主富农思想与小资产阶级的自由主义思想,以及党内阶级观点、阶级路线的模糊和官僚主义作风，牢固树立全心全意为人民服务的思想作风，在组织上把那些坚持剥削阶级立场的地主富农分子、流氓投机分子清除出党。整党的方法是邀请党外群众列席党的会议，发扬民主，在党内展开批评与自我批评，进行说服教育，治病救人。毛主席说："对于那些犯了错误但是还可以教育的党员和干部，要同那些不可救药的分子区别开来，不论其出身如何，都应加以教育，而不是抛弃他们。"

联系群众，新式整军

随着战争的不断胜利，人民军队新成分不断增加，加之战斗频繁，部队正式教育时间少，厌倦战争、怕苦怕累和耽于享受等不良作风有所滋长。在革命战争连获胜利的情况下，有的干部还产生了骄傲自满、官僚主义、军阀主义和个人主义等错误倾向。同时，战争规模不断发展，仗越打越大，部队的军事技术和战术都跟不上大规模作战的需要。为认真地解决这些问题，提高人民解放军的战斗力和加强军内外的团结，以适应发动新的攻势作战的需要，除中共中央部署了整党以外，中央军委还要求备战区部队利用作战间隙，开展以诉苦（诉旧社会和反动派所给予劳动人民之苦）和三查（查阶级、查工作、查斗志）为中心的新式整军运动。

各部队以诉苦、三查、三整为中心，以营以下部队及中下级干部为重点，进行了普遍的查整。大体经过了提高认识、揭发、批判、整顿等步骤。各部队通过学习文件，对贫雇农家庭生活的访问和调查，开展诉苦运动。广大指战员在诉苦运动中，不仅找出了劳动人民受苦的根源，进一步划清了敌我界线，而且认识到只有打倒蒋介石，打倒地主阶级统治，才能获得解放，从而坚定了斗争信念。在此基础上，又进一步开展了群众性的查阶级、查斗志、查工作的三查运动。战士们在运动中，纷纷自动检查，并积极帮助连排领导干部和党支部检查缺点、错误。接着团、营集中连排干部对团、营领导进行了批评帮助。三查运动使全体指战员极大地提高了阶级觉悟和革命积极性，促进了团结互助，增强了对敌斗争的决心和信心。

"三查三整"进一步推动了土地改革运动，为

【知识链接】

翟泰丰主编：《党的基本路线知识全书》，辽宁人民出版社1994年版。

彭朝阳：《党风建设的历史经验研究》，湖南人民出版社2006年版。

中国共产党夺取全国胜利做了组织、思想和作风等方面的准备。经过查整，在组织上清除了混进党内的阶级异己分子和各种坏分子，农村基层党组织存在的组织不纯、思想不纯和作风不纯等问题得到了积极解决。人民军队也在这场运动中，取得了政治上高度团结、生活上获得改善、军事上提高技术和战术的显著成效，并提高了解放军的阶级觉悟，增强了部队的战斗力。

51 新民主主义革命三大纲领

> 新民主主义革命三大纲领，是新民主主义革命的总纲领，它从政治、经济、文化三个方面，详尽地论述了建立新民主主义新中国的重大问题，从而为从新民主主义社会过渡到社会主义社会，提出了具体的行动纲领。毛泽东在《新民主主义论》中，最先概括了新民主主义三大纲领的思想，后来又在《论联合政府》和《目前形势和我们的任务》等著作中加以发挥和展开。

政治纲领

政治纲领是关于建立一种什么样的政治关系、政治制度的认识和主张。新民主主义革命的政治纲领是：建立一个在无产阶级领导下的反帝反封建的人民联合专政的民主共和国。毛泽东指出，中国新民主主义革命胜利后要建立的国家既不是欧美式的资产阶级专政的资本主义共和国，也不是俄国式的无产阶级专政的社会主义共和国，而是无产阶级领导的，人民大众的，反对帝国主义、封建主义、官僚资本主义的新民主主义共和国。

毛泽东当时把世界上的国家依照国体的不同划分为三种类型：一是资产阶级专政的共和国，二是无产阶级专政的共和国，三是几个革命阶级联合专政的共和国。中国新民主主义革命所要建立的国家属于第三种类型。之所以选择第三种类型，最重要的是由中国社会性质决定的，也是国内外环境共同作用的结果。

为什么中国不建立资产阶级共和国？毛泽东在《新民主主义论》中谈到四个"不容许"，一个"做不到"，就很好地解释了个中缘由。四个"不容许"：首先是外因，一是帝国主义国家不容许，它们不会容许中国这样的大国建立起资本主义国家与其平起平坐；二是社会主义国家不容许，中国的新民主主义革命是世界无产阶级革命的一部分，社会主义国家也不会容许中国建立与之对立的资本主义国家。其次是内因，一是领导阶级不容许，新民主主义革命是中国共产党领导中国工人阶级进行的革命，建立资产阶级专政的国家与之相矛盾；二是人民大众不容许，翻身的农民和小资产阶级不容许中国建立起资本主义社会，受新的剥削和压迫。一个"做不到"，中国民族资产阶级具有双重性（革命性和软弱性），不具备领导中国革命的条件，自然也无法建立资产阶级专政的资本主义国家。

经济纲领

经济纲领是关于建立什么样的经济制度、经济关系的认识和主张。毛泽东在《新民主主义论》中将新民主主义的经济纲领表述为三个方面：第一，实行"节制资本"，即没收大银行、大工业、大商业归人民共和国所有，使其成为社会主义性质的国有经济的领导力量；第二，实行"平均地权"，即没收地主阶级的土地，分配给无地和少地的农民，并在此基础上发展具有社会主义因素的合作社经济；第三，保护民族资本主义工商业，容许私人资本主义经济在不能操纵国计民生的范围内获得发展。

1947年毛泽东在《目前形势和我们的任务》中称上述内容为新民主主义的三大经济纲领，并作了相应调整：第一，没收封建地主阶级的土地归农民所有，没收地主的土地，分配给无地或少地的农民，实现"耕者有其田"，扫除农村中的封建关系，并允许富农经济的存在；第二，没收四大家族为首的垄断资本归新民主主义国家所有，官僚资本主要是指蒋、宋、孔、陈四大家族；第三，保护民族工商业，民族工商业者是受官僚买办阶级和地主阶级及其国家政权的压迫与损害的小资产阶级和中等资产阶级。广大的上层小资产阶级和中等资产阶级所代表的资本主义经济在整个国民经济中，是不可缺少的一部分。新民主主义国家经济的指导方针是必须紧紧追随着发展生产、繁荣经济、公私兼顾、劳资两利这个总目标。

文化纲领

文化纲领是关于建立一种什么样的文化制度、文化关系的认识和主张。政治、文化是由经济基础决定的，它是有阶级性的。在阶级社会中，作为意识形态的文化，总是属于一定阶级，为一定阶级的政治和经济服务，并反映一定阶级的利益和要求的。

新民主主义的文化纲领有三方面的内容：第一，新民主主义文化是无产阶级的文化，即共产主义思想领导的文化。这是无产阶级领导中国革命在文化上的表现，具体来说就是要加强对共产主义思想的宣传，学习马克思列宁主义，将中国革命引导到社会主义阶段上去。第二，新民主主义文化是彻底反帝反封建的文化。这是由新民主主义经济、政治决定的。第三，新民主主义文化是民族的、科学的、大众的文化。它是反帝国主义压迫、主张民族尊严和独立、具有民族特点的文化，这与民族习惯和语言有密切关系，为人民群众所喜闻乐见。这三个方面，是毛泽东在《新民主主义论》中系统论证的内容。总之，新民主主义的文化就是无产阶级领导的、人民大众的、反帝反封建的文化，就是民族的、民主的、科学的、大众的文化。

52 新民主主义革命胜利三大法宝

> 1939年10月4日,毛泽东在《〈共产党人〉发刊词》中对中国共产党十八年来的革命经验做出了总结。他说:"统一战线,武装斗争,党的建设,是中国共产党在中国革命中战胜敌人的三个法宝,三个主要的法宝。"

统一战线

统一战线就是要团结一切可以团结的力量,调动一切可以调动的积极因素,建立一个包括全民族绝大多数人口的,同时也包括中国资产阶级(特别是民族资产阶级)在内的,最广泛的统一阵线。在中国革命的道路上,敌人是很强大的,只有团结、集中最大的力量,孤立打击主要的敌人,才能更好取得中国革命的胜利。在新民主主义革命的不同阶段,主要矛盾发生变化,中国共产党根据主要矛盾的变化不断调整自己的统一战线方针。党的统一战线最初称为民主主义联合战线,由于受到"左"倾思想的影响,没有看到资产阶级斗争性的一面,长期将民族资产阶级和小资产阶级作为了打击的对象,从而导致自身的孤立,给革命造成了巨大损失。

九一八事变后,民族危机加深,民族矛盾成为主要矛盾,停止内战,集中一切力量抗日成为当务之急。党的统一战线也转变为抗日民族统一战线。1935年8月,中共中央发表"八一宣言"。1935年11月毛泽东在瓦窑堡会议上作了《论反对日本帝国主义的策略》的报告,论证了建立抗日民族统一战线的可能性和必要性。1936年12月西安事变爆发,中国共产党不计前嫌,仍主张和平解决西安事变,释放蒋介石,以团结国民党一致抗日。七七事变爆发后,中国共产党迅速与国民党实行第二次合作,1937年9月建立了抗日民族统一战线,联合抗日。抗战八年,中国共产党领导的敌后战场与国民党领导的正面战场相互配合、相互补充,取得了抗日战争的伟大胜利。

抗战胜利后，国民党为维护一党专制统治，挑起内战。革命的对象又发生变化，抗日统一战线转变为反对国民党反动统治的革命统一战线，统一的对象主要是各民主党派、海外华侨、爱国人士等。解放战争时期，国民党统治区内的广大爱国学生、工人、市民和其他阶层的人民，联合展开了"反内战、反饥饿、反迫害"的民主运动，形成了反抗国民党反动统治的"第二条战线"。"第二条战线"在反对国民党反动统治的过程中发挥了重要作用。

武装斗争

武装斗争是中国革命的主要形式，没有革命的武装就不能取得革命的胜利。在国民大革命时期，党主要是从事政治工作，而没有掌握革命军队的领导权。当蒋介石、汪精卫发动反革命政变之后，大革命惨遭失败，大量的优秀共产党员牺牲，这给党留下了深刻教训。1927年8月1日，中国共产党发动八一起义打响了武装反抗国民党统治的第一枪。随后八七会议召开，毛泽东提出了"枪杆子里面出政权"的著名论断。随后，毛泽东亲自到湘赣边界领导秋收起义。

土地革命初期，由于受到"左"倾思想的影响，中共中央领导人照搬苏联"城市中心论"的革命模式，要求红军攻打大城市，结果惨遭失败。而毛泽东在秋收起义失败后，带领红军向井冈山进发，在三湾进行了著名的"三湾改编"，将党支部建在连上，确立了党对军队的绝对领导。随后，开辟了井冈山革命根据地，走出了一条"农村包围城市，武装夺取政权"的革命道路，最后带领中国革命取得胜利。毛泽东同志说："在中国，离开了武装斗争，就没有无产阶级的地位，就没有人民的地位，就没有革命的地位，就没有革命的胜利。"这是从革命的经验和教训中得出来的。

党的建设

党的建设是中国革命的胜利保证。要使中国革命取得彻底胜利，就必须建设一个全国范围的，广大群众性的，思想上、政治上、组织上完全巩固的布尔什维克化的中国共产党。在思想建设方面，《古田会议决议》被认为是中国共产党第一个着重从思想上建党和建军的纲领性文件，决议要求用马克思主义武装党员，保证党思想上的先进性和纯洁性。在组织建设方面，要求个人服从组织，少数服从多数，下级服从上级，全党服从中央。在作风建设方面，共产党在革命斗争中都起着先锋作用，战斗中冲锋在前。党员要密切联系群众，和群众打成一片，为人民服务。党员要积极开展批评和自我批评。党的七大上，毛泽东幽默地比喻：批评和自我批评就好像打扫房子和洗脸一样，把自己的错误纠正，把自己的缺点克服。在新中国成立前的七届二中全会上，毛泽东告诫党员要继续保持谦虚谨慎、戒骄戒躁、艰苦奋斗的作风，警惕资产阶级思想的侵蚀，反对脱离群众的官僚主义。

"统一战线、武装斗争、党的建设"三个革命法宝是中国共产党在长期的革命斗争中积累起来的宝贵革命经验，对于新民主主义革命的胜利具有重大意义。关于这三个法宝的重要性与相互关系，毛泽东阐述说："统一战线和武装斗争，是战胜敌人的两大基本武器。统一战线是实行武装斗争的统一战线。而党的组织，则是掌握统一战线和武装斗争这两大武器以实行对敌冲锋陷阵的英勇战士。这就是三者的相互关系。"

【知识链接】
毛泽东：《〈共产党人〉发刊词》，《毛泽东选集》第二卷，人民出版社1991年版。

53 "党的三大建设"

> 党的建设被誉为中国革命战胜敌人的"三大法宝"之一。党的建设包括多方面的内容,其中党的思想建设、组织建设、作风建设被统称为"党的三大建设",是党的经常性工作。它为不同时代条件下加强党的建设指明了方向,明确了任务,对于党的建设具有引领作用。

"三大建设"的由来

早在1939年10月,毛泽东在《〈共产党人〉发刊词》中把建设一个全国范围的、广大群众性的、思想上政治上组织上完全巩固的马克思主义政党称之为"伟大的工程"。我党在新民主主义革命时期,就一贯注重党的思想建设、组织建设和作风建设,对于建立一个什么样的党、党的指导思想是什么、党的组织原则是什么、党的作风是什么,形成了一整套完整的建党学说。

在社会主义改革开放和现代化建设的新时期,1994年9月,中国共产党十四届四中全会通过了《中共中央关于加强党的建设几个重大问题的决定》,把在当代中国改革开放和现代化建设的伟大变革中继续推进党的建设称为"新的伟大工程",并强调要继续把思想建设放在首位,把组织建设作为突出环节,继续抓好作风建设。《决定》指出党的思想建设、组织建设和作风建设是相辅相成的整体,要全面协调统筹推进该"三大建设"。

1997年党的十五大报告重申了"三大建设"的要求,强调全党要按照新的伟大工程的总目标,从思想上、组织上、作风上全面加强党的建设,不断提高领导水平和执政水平,不断增强拒腐防变的能力,以新的面貌和更强大的战斗力,带领人民完成新的历史任务。

"三大建设"的内容及关系

党的思想建设，是指党为保持自己的创造力、凝聚力和战斗力而在思想理论方面所进行的一系列工作。其基本内容和主要任务是：用马克思主义科学理论体系武装全党，改造和克服党内一切非无产阶级思想；对党员进行党的基本理论、基本路线、基本纲领和基本经验的教育，保证党的基本路线的贯彻执行。加强党的思想建设，最根本的就是要用马克思主义理论武装全党，坚持马克思主义的思想领导，充分发挥党的思想政治优势。

党的组织建设，是指党根据形势的发展和党的政治任务的要求，遵循党的组织原则和组织路线，不断改进和加强党的组织制度、组织机构、组织纪律、领导制度，提高干部队伍素质和党员队伍素质的活动。主要包括民主集中制建设、党的基层组织建设、干部队伍建设和党员队伍建设等内容。加强党的组织建设，最根本的就是把党建设成坚强的领导核心，充分发挥党的组织优势。

党的作风建设，是指端正党组织和党员的思想作风、工作作风和生活作风，树立与党的性质和宗旨相适应的良好风尚的工作。党的作风关系到党的性质，关系到人心的向背，影响着社会风气，决定着党的命运，是党的建设的一个十分重要的问题。加强党的作风建设，最根本的就是要坚持全心全意为人民服务的宗旨，充分发挥党密切联系群众的优势。

三大建设是相互联系、密不可分、相互促进的。党的思想建设为组织建设和作风建设提供思想基础，党的组织建设为思想建设和作风建设提供组织保证，党的作风建设是思想建设和组织建设成果的具体体现。在党的建设中，必须把三者有机结合起来，全面协调推进三大建设，才能把党建设成为领导革命和建设的坚强领导核心。

确立"三大建设"的重要意义

"三大建设"的提出，为在不同时代条件下加强党的建设指明了方向，明确了任务，并推动了党的建设工作水平不断迈向新台阶。中国共产党自成立以来，正是按照"三大建设"的要求注重加强自身建设，才使我们党能始终坚持马克思主义的科学指导，坚持实事求是的思想路线和组织路线，坚持党的性质与宗旨，形成党的优良传统与作风，从而保证了我们党领导人民不断取得革命和建设事业的胜利。"三大建设"是任何时代条件下推进党的建设都必须把握的三个基本方面。

党的建设的内容，必然随着时代条件和历史任务的变化而丰富和发展，人们对党的建设的规律的认识也是不断深化的。在"三大建设"的基础上，党的十六大报告提出了"四大建设"，强调"要把思想建设、组织建设、作风建设有机结合起来，把制度建设贯穿其中"；党的十七大报告又提出了"五大建设"，即"思想建设、组织建设、作风建设、制度建设和反腐倡廉建设"。

【知识链接】

高新民、张希贤：《中国共产党建设史》，中共中央党校出版社2009年版。

中共党史研究室第三研究部：《新时期中国共产党的建设简史》，中共党史出版社2009年版。

江旋：《论新民主主义革命时期党的三大建设》，《党史文苑》，2005年第8期。

54 军队政治工作三大原则

> 军队政治工作三大原则，即中国人民解放军在政治工作中遵循的"官兵一致、军民一致、瓦解敌军"三项原则。它们是人民解放军处理官兵关系、军民关系以及对待敌军的基本准则。

官兵一致

官兵一致原则是人民军队形成坚强战斗力的必要条件。早在井冈山时期，新型人民军队的缔造者毛泽东就提出了废除军阀作风、实行军队内部民主的制度改革，规定官长不许打骂士兵，废除肉刑和烦琐的礼节，实行经济公开，官兵待遇平等，还在连以上建立了各级士兵委员会，赋予士兵充分发表意见的正当权利。1929年，在福建省上杭古田村，毛泽东起草的《中国共产党红军第九次代表大会决议案》获得通过，此即"古田会议决议"。决议确立了中国共产党领导下的人民军队建设的根本原则，它为新型人民军队的政治工作奠定了基础。决议明确要求，废止肉刑，优待伤兵，肃清一切旧式军队的影响，并在红军中健全党的各级组织，厉行集中指导下的民主生活。

毛泽东对于"官兵一致"这项政治工作的基本原则，提出过许多具体要求。一是主张官兵在政治上的平等，官兵之间、上下级之间，只有职务高低之分，没有贵贱之别；二是主张发扬民主、保护士兵的民主权利；三是干部必须尊重士兵的人格，不允许打骂士兵；四是积极开展"尊干爱兵"活动，提倡战士拥护干部，服从管理，听从指挥，另一方面，干部也需要爱护士兵，关心士兵，彼此信任，团结互助；五是干部以身作则，与战士同甘共苦，不搞特殊化。

军民一致

军民一致原则是军民之间形成鱼水关系的可靠保障。毛泽东在1927年秋收起义部队向井冈山进军时，就指示部队不住民房、不损坏群众东西。他将军队和人民群众的关系，比喻为鱼和水的关系。正是为了密切军民关系，毛泽东在土地革命时期就制定了"三大纪律六项注意"，后来发展为"三大纪律八项注意"。1929年由毛泽东起草的"古田会议决议"，明确指出："红军的打仗，不是单纯地为了打仗而打仗，而是为了宣传群众、组织群众、武装群众，并帮助群众建设革命政权才去打仗的，离了对群众的宣传、组织、武装和建设革命政权等项目标，就是失去了打仗的意义，也就是失去了红军存在的意义。"

毛泽东认为，军民一致原则作为军队政治工作的基本原则，体现了人民军队全心全意为人民服务这个宗旨的本质要求。坚持这项基本原则，正确处理军民关系，才能使人民将这支军队看成是自己的军队，从而使军队永远和群众打成一片。贯彻这一基本原则的具体要求：一是部队要遵守"三大纪律八项注意"，不损害人民群众的财产，维护人民群众的利益；二是部队要履行战斗队、生产队、工作队三大任务，增强后勤自我保障功能，努力减轻人民负担；三是部队要贯彻全心全意为人民服务的根本宗旨，努力为人民群众做好事、办实事，赢得人民群众的支持和尊重；三是部队要承担宣传和组织的任务，广泛开展拥政爱民、拥军优属活动，促进军民融合，密切军民关系。

瓦解敌军

瓦解敌军原则是人民军队以最小代价换取最大胜利的对敌斗争基本方法。毛泽东从军事战略的高度，明确指出："我们的胜利不但是依靠我军的作战，而且依靠敌军的瓦解"。在红军初创时期，我党就提出了宽待俘虏和"溶化俘虏"以瓦解敌军、扩大红军的军事斗争策略。毛泽东具体阐述："对敌军的宣传，最有效的方法是释放俘虏和医治伤兵。敌军的士兵和营、连、排长被我们俘虏过来，即对他们进行宣传工作，分为愿留愿去两种，愿去的即发路费释放，这样就使敌人所谓'共匪见人就杀'的欺骗，立即打破。"在毛泽东制定的"三大纪律六项注意"中，就有"不虐待俘虏"的规定。抗日战争时期，毛泽东又为八路军新四军制定了"团结友军，争取伪军，孤立和打击日军"的对敌斗争工作方针。到解放战争时期，在中国共产党和人民解放军关于瓦解敌军的政策与策略推动下，国民党大量军队投诚起义，从而加速了国民党的崩溃和革命战争的胜利。

瓦解敌军原则作为人民军队政治工作的基本原则，是以马克思主义的战争观，即战争的性质和人心向背是战争胜负的重要因素为基础的，同时也体现了中国共产党及其领导的人民军队，对中国古代"不战而屈人之兵"的战争思想的继承和发扬。贯彻瓦解敌军原则的具体要求是：一方面要在军事打击的基础上，发挥党和人民军队在组织宣传上的优势，开展强大的政治攻势，进行政治上的争取；另一方面，要教育部队认真执行俘虏政策，维护已经放下武器的敌军俘虏的人格尊严，一律以诚恳和气的态度予以对待，从而实现从心理上瓦解敌军的目的。

军队政治工作三大原则，真实体现了中国人民解放军的性质、宗旨和任务，是人民军队和旧式军队相区别的显著标志，也是中国人民解放军团结自己、战胜敌人的重要法宝。它的基本要求在于，严格要求全军从尊重士兵、尊重人民和尊重已经放下武器的敌军官兵的人格这一根本立场出发，制定正确的政治决策和斗争策略。在社会主义现代化建设新时期，坚持军队政治工作三大原则，对于保持人民军队的性质，建设现代化、正规化军队，完成国防建设各项任务，仍然具有十分重要的现实意义。

【知识链接】
张素华、张鸣：《领袖毛泽东》第六卷，中央文献出版社2003年版。

55 解放战争三个阶段

> 解放战争是从 1946 年 6 月 26 日国民党撕毁"双十协定"和"政协决议",大举进攻中原解放区为起点,至 1949 年人民解放军消灭国民党在大陆的武装力量,解放除台湾等岛屿以外的全国地区的战争。这场大规模的战争经历了战略防御、战略反攻、战略决战三个阶段。

战争三个阶段

第一个阶段是战略防御阶段(1946 年 6 月—1947 年 6 月)。1946 年 6 月 26 日,国民党公然撕毁"双十协定"和"政协决议",大举进攻中原解放区,发动了全面内战。对此,中共中央在 7 月 20 日发出了《以自卫战争粉碎蒋介石的进攻》的指示,明确指出:我党我军不但必须打败蒋介石,而且能够打败蒋介石。毛泽东在 8 月同美国记者安娜·路易斯·斯特朗的谈话中,提出了"一切反动派都是纸老虎"的著名论断。

第二个阶段是战略进攻阶段(1947 年 6 月—1948 年 8 月)。经过一年的内线作战,国民党军队虽然从数量和装备上仍然占据优势,但兵源枯竭、后方空虚、士气低落、军心动摇。而人民解放军愈战愈强,武器装备不断得到改善,士气高昂,后方巩固,得到人民的衷心拥护。在此情况下,中共中央和毛泽东提出:"目前各方面情况显示,中国时局将要发展到一个新的阶段。这个新的阶段,即是全国范围的反帝反封建斗争发展到新的人民大革命的阶段。现在是它的前夜。我党的任务是为争取这一高潮的到来及其胜利而斗争。"1947 年 6 月底至 9 月,刘邓集团、陈谢集团、陈粟集团渡过黄河,以"品"字形阵势,摆开于中原地区,使中原地区由国民党的重要后方变成了人民解放军的前进基地。

第三个阶段是战略决战阶段(1948 年 9 月—1949 年 1 月)。此时,解放战争进入第三个年头,国共双方力量对比发生重大变化。国民党已是"强弩之末",

蒋介石由于军事上失败,人心浮动,正在焦虑地寻求"局势好转"的政策。国民党军队放弃了"全面防御"方针而进行所谓"重点防御"。而它的东北、西北、中原、华东、华北 5 个战略集团被人民解放军分别牵制在 5 个战场上。国民党完全处于被动地位。中共中央和毛泽东认为人民解放军同国民党军队进行战略决战的时机已经到来。1948 年 9 月 16 日,华东野战军发动济南战役,歼敌 10 余万人,拉开战略决战的序幕,到 1949 年 1 月 31 日北平和平解放为止,人民解放军取得了辽沈、淮海、平津三大战役的重大胜利,歼灭国民党军 154 万人。

群众支援

人民解放军要取得解放战争的胜利,需要动员更广大的农民参军参战,然而仅靠减租减息政策是不足以调动广大农民支援革命战争的积极性。1946 年 5 月 4 日,中共中央发布"五四指示",明确提出实现"耕者有其田"的口号,并由此启动了解放区大规模的土地改革运动。同时,中国共产党各级组织进行了有效的战争动员,将保卫土改胜利果实与打倒蒋介石有机地结合起来,从而使参军、支前成为解放区人民的自觉行动。

广大解放区人民以"支援大反攻,参加胜利军,打倒蒋介石,拔掉老祸根"为口号,普遍掀起了参军参战和支援前线的热潮。仅 1946 年的 8 月、9 月、10 月三个月,全解放区就有 30 万名翻身农民参加了人民解放军。为了支援前线,翻身农民踊跃交纳公粮,参加战勤,以各种方式投身于人民解放战争。他们用非常原始的运输工具——牛车、毛驴、扁担和背架,甚至使用两手和双肩,保证了源源不断的战争供给。单是战争最初的 8 个月中,冀鲁豫解放区就出动 120 万民工支援前线。整个解放战争期间,山东解放区共动员 58 万人入伍。淮海战役期间,解放区人民共动员民工 500 多万人。

解放全国

辽沈、淮海、平津三大战役的胜利,使国民党的主要军事力量被消灭殆尽,全国已处于革命胜利的前夜。蒋介石第三次下野后,国民党政府仍然拒绝在国内和平协定上签字,毛泽东和朱德随后发布进军令。在"打过长江去,解放全中国"的口号下,人民解放军渡江作战。1949 年 4 月 23 日晚,人民解放军攻占了国民政府首都南京,并占领"总统府"。蒋介石带领残兵败将,退守台湾。至此,中国共产党领导的新民主主义革命，前后历经28年艰苦卓绝的英勇斗争，终于取得伟大胜利。

从1946年6月至1949年9月，人民解放军在3年多的解放战争中，共歼灭国民党军625万余人，摧毁了国民党各级政权，从根本上推翻了帝国主义、封建主义和官僚资本主义在中国的统治。1949年10月1日，中华人民共和国宣告成立。

【知识链接】

谢远学、张喻：《中国共产党九十年历程九十件大事（上）》，光明日报出版社2011年版。

56 解放战争三大战役

> 解放战争三大战役是指1948年9月至1949年1月期间，中国人民解放军同国民党军队进行的三次战略性大决战，包括辽沈战役、淮海战役和平津战役。

1948年秋，中国共产党与国民党之间的力量对比发生了变化：首先，双方军事力量对比发生变化，人民解放军增加到280万人，第一线总兵力超过了国民党军队；其次，国民党在政治上空前孤立，陷于分崩离析的困境之中；再次，国统区通货膨胀，物价飞涨，经济陷入崩溃边缘。而此时解放区的政治经济形势却蒸蒸日上，各主要解放区连成一片，解放区农民的革命和生产积极性空前高涨。人民解放军同国民党军队进行的战略决战便是在这样的背景下展开的。

辽沈战役

辽沈战役由林彪、罗荣桓率领东北野战军发动，从1948年9月12日至11月2日，历时52天，歼敌47万余人。开战伊始，东北野战军主力挥师南下，于10月15日拿下锦州，歼敌10余万，俘敌东北"剿匪"总司令部副总司令范汉杰。随后截断北宁线，封闭了东北与华北的陆上通道。长春守敌动摇，一部起义，一部投诚，长春顺利解放。10月20日至28日，东北野战军进行了辽西会战，全歼廖耀湘兵团10万余人。10月29日至11月2日，东北野战军解放了沈阳和营口，东北全境得以解放。辽沈战役胜利后，连同其他战场的胜利，人民解放军上升为300万人，国民党军队则下降为290万人，全国军事形势出现了一个新的转折点。从此，人民解放军不仅在质上占了优势，而且在数量上也占了优势。辽沈战役的胜利，也使得人民解放军拥有了一个巩固的具有一定工业基础的战略后方，并拥有了东北野战军这支近百万的战略预备队，为以后解放平津与华北创造了有利的条件。正如毛泽东同志所指出的"这是中国革命的成功和中国和平的实现已经迫近的标志"。

淮海战役

淮海战役由邓小平、陈毅、粟裕、谭震林组成的总前委，率领华东、中原野战军发动。战场以徐州为中心，辐射东起海州，西至商丘，北起临城，南达淮河的广大区域。从1948年11月6日至1949年1月10日，历时66天，歼敌55万余人。华东野战军主力首先在徐州以东碾庄地区，围歼敌人黄百韬兵团，击毙敌兵团司令黄百韬。接着中原野战军在华东野战军一部的配合下，全歼敌第十二兵团于双堆集地区，生俘兵团司令黄维。在此期间，国民党徐州"剿总"副总司令杜聿明率领邱清泉、李弥、孙元良三个兵团撤离徐州，被华东野战军主力合围在陈官庄一带，孙元良兵团被歼灭。时机成熟后，人民解放军发起总攻，全歼邱清泉、李弥两个兵团，击毙兵团司令邱清泉，生俘副总司令杜聿明。至此，淮海战役胜利结束。淮海战役胜利解放了长江中下游以北的广大地区，使国民党统治的心脏地带京、沪一带完全暴露于人民解放军的攻击之下。

平津战役

平津战役由林彪、罗荣桓、聂荣臻率领东北、华北野战军联合发动，从1948年11月29日至1949年1月31日，历时64天，共歼灭和改编敌军达52万余人。根据中共中央军委确定的对北平、天津、张家口实行"围而不打"或"割而不围"的作战方针，人民解放军首先完成了对平、津、张的战略包围和战役分割任务，使敌人失去南逃或西窜的可能，造成了解放军从容歼敌的态势。随后，按照先打两头、后取中间的作战方针，人民解放军先攻克新保安、张家口，接着总攻天津，全歼守敌13万人，生俘敌警备司令陈长捷。在中共北平地下党组织和民主党派无党派爱国人士的有力促进下，经过谈判，北平守敌25万余人在傅作义领导下接受和平改编，北平解放。平津战役的胜利使华北基本上获得解放，华北、东北这两大解放区完全连成一片。

【知识链接】

郑怀盛：《淮海决战建奇功：纪念华野二纵参加淮海战役六十周年》，国防大学出版社2008年版。

东山：《烟枪上的历史》，文物出版社2011年版。

唐涛：《渡江战役》，解放军出版社2005年版。

三大战役的胜利,使人民解放军胜利地完成了与国民党军队主力的战略决战。三大战役共进行了142天,歼灭敌人173个师,共计154万多人。连同在此期间其他地区的作战,人民解放军共计歼敌182万人。这意味着国民党赖以维持其反动统治的主要军事力量基本上已被消灭殆尽。三大战役的胜利,奠定了人民解放战争在全国胜利的坚实基础。

57 解决国民党武装三种基本方式

> 解放战争时期，中国共产党解决国民党军队主要采取了三种方式，即"天津方式"、"北平方式"和"绥远方式"。毛泽东在中共七届二中全会上指出："天津方式"是"用战斗去解决敌人"；"北平方式"是迫使敌军接受和平方法，迅速地彻底地按照人民解放军的制度，被改编为人民解放军；"绥远方式"是"有意地保存一部分国民党军队"，"在一个相当的时间之后"再"改编为人民解放军"。

天津方式

"天津方式"是对采取军事手段坚决、彻底、干净地歼灭一切敢于顽抗的敌军的方式的高度概括。

解放战争前夕，天津是华北最大的工商业城市，拥有人口 200 余万，国民党守军 13 万。国民党政府在抗战胜利后接收天津，在此修建环绕全城的防御工事，构筑了一条长 82 华里，南北直径 25 华里，东西直径 10 华里的城防外围防线，并沿外围防线建成了两道纵深防御线，挖掘了一条宽 12 米、深 2.5 米的护城河，此外还修筑了大小碉堡 276 座。天津警备司令陈长捷认为天津军事防御系统固若金汤。

中共中央军委在平津战役完成对新保安、张家口等天津外围国民党军的歼灭后，要求部队集中兵力攻下天津。东北野战军调集兵力对天津实施包围后，实行"围而不打"的军事策略。林彪、罗荣桓等组成的中共平津前线总委员会，为保护天津城市建设和设施，确保居民的生命和财产安全，主张与国民党守军和谈。然而，陈长捷听从傅作义严防死守的命令，错失了和平解放的有利时机。

自 1949 年 1 月 14 日上午 10 时开始，东北野战军实施总攻，至 15 日凌晨，其主力在东西、南北的进攻均获重大战果，7 时攻占天津警备司令部，活捉陈长捷，15 时，攻克市内最后一个据点——耀华学校。东北野战军的这次攻城战役，全程仅用29小时,就全歼国民党守军13万人,创造了在短时间内攻克重兵设防大城市的先例。此次战役,东北野战军制定并灵活运用了符合城市巷战特点的作战方针,即"东西对进,拦腰斩断,先南后北,先分割后围歼,先吃肉后啃骨头"。

天津解放后,傅作义集团迫于强大的军事、政治压力,终于与人民解放军达成了《关于和平解决北平问题的协议》。因此在一定程度上,"天津方式"促成了"北平方式"和"绥远方式"的实施。

北平方式

解放天津战役中陈长捷被俘后,林彪下令将其送到通县。陈长捷与邓宝珊见面时说:"请邓先生转告傅先生,北平无论如何不能守。"1949年1月16日,傅作义谈判代表与平津前线司令部达成和平解放北平的初步协议。1949年1月31日,北平和平解放。

傅作义集团控制着晋、绥、察、冀等省,而"三种方式"都出现于傅作义集团控制的地区,"三种方式"的提出除了中共中央的正确领导,傅作义集团的特点也为解放国民党武装的"三种方式"的实施提供了客观条件。傅作义集团具有明显的地方性,团结意识较强,将个人前途与整个集团的发展密切

傅作义

相连。尤其重要的是,傅作义集团对于国民党中央政权,始终保持着一定的独立性,这就为其接受和平改编,留有自由行动的余地。

"天津方式"后,傅作义对自己固守天津的错误决定十分懊悔。在天津失守、北平孤立的困境下,傅作义为整个集团的前途着想,决定接受改编,从而使"北平方式"实现。傅方代表在双方谈判中提出:对北平守军用有步骤地开出城外进行整编的方式解决;要求解放军释放被俘军官,不以战俘看待并给予新的工作机会和出路等。平津前线领导人同意傅方要求,并指出:"凡愿意接受解放军分配工作或愿意学习者,均可享受解放军各级干部的同等待遇"。北平和平解放的协议签订后,中国共产党落实了协议中的许诺。不久,长沙、昆明、新疆等地区的国民党军纷纷响应,通过"北平方式"走上和平道路。

《北平解放》（作者：高潮、秦岭，1961年）

绥远方式

1949年3月5日，毛泽东在中国共产党七届二中全会报告中，明确提出采取"绥远方式"解决国民党武装的可能性，即"有意识地保存一部分国民党军队，让它原封不动，或者大体上不动，就是说向这一部分军队作暂时的让步，以利于争取这部分军队在政治上站在我们方面，或者保持中立，以便我们集中力量首先解决国民党残余力量中的主要部分，在一个相当的时间之后（例如在几个月，半年，或者一年之后），再去按照人民解放军制度将这部分军队改编为人民解放军"。

对于"绥远方式"的顺利实现，董其武将军功不可没。1949年毛泽东接见傅作义时提出：运用"绥远方式"将两军划一分界线，维持现状，让董其武将军做好内部工作，待条件成熟后起义。中国共产党积极帮助驻守绥远的国民党将领为起义进行各项准备活动。傅作义亲赴绥远，解除部下对和平起义的顾虑，使部下认识到只有和平起义才是渡过危机的最好方式，从而推动了绥远方式的实施。经过各方努力，克服重重困难，绥远守军终于在董其武将军的率领下，举行了"九一九"起义。至此，绥远和平解放，董其武所部被改编为中国人民解放军。

天津的战火，北平的改编，绥远的和平起义，代表着中国共产党解决国民党军队的三种基本方式，这三种方式对于减少战争破坏和加速全国解放进程，具有十分重要的历史作用。

【知识链接】

王凯捷：《天津方式》，中共党史出版社2007年版。

裴周玉：《绥远方式的胜利》，山西人民出版社1985年版。

政协全国委员会文史资料研究委员会：《平津战役亲历记》，文史资料出版社1989版。

58 蒋介石三次下野

> 翻开中国近代历史，蒋介石的名字赫然在目，他从1927年建立南京国民政府到1949年撤离大陆，左右近代中国政局达22年之久。然而，在此风云际会之间，蒋介石也曾先后有过三次下野的经历，真可谓是几度浮沉几度愁。

北伐战争后第一次下野（1927.8.13—1928.1）

1927年第一次北伐成功后，蒋介石联合一批国民党元老，在南京另立国民政府，与武汉的国民党中央和国民政府分庭抗礼，形成了"宁汉分裂"局面。国民党内多股势力对于蒋介石的分裂行径感到强烈不满，1927年7月，武汉国民政府主席汪精卫下令组成东征军，由唐生智指挥，兵分三路，向南京挺进。为了阻止武汉东征军，蒋介石不得不将北伐主力撤回长江沿线防守。这时，孙传芳、张宗昌率直鲁联军趁机反扑，重新攻占徐州，蒋介石颜面尽失。为了挽回影响，蒋介石亲自指挥军队从东、南、西三个方向，向徐州发起反攻，结果落入对方圈套，全军溃败。蒋介石顿时威信扫地，难辞其咎。与此同时，在南京政府内部，桂系李宗仁和白崇禧联络各方势力，并秘密与武汉国民政府沟通，企图趁蒋介石兵败徐州，威望下降之际，发动"逼宫"。面对内外交困的政治危局，蒋介石决定采用以退为进的办法暂避风头，伺机再起。8月12日，蒋介石辞去北伐军总司令一职，当晚离宁赴沪，并于13日发表下野宣言，同日启程返回浙江奉化老家。他下野后，并未停止政治活动。1927年10月，他东渡日本，获得了日本政府的政治支持和经济援助。此外，他还专程拜谒宋美龄之母，宋母答允了他与宋美龄的婚约。蒋宋联姻，使蒋介石得以和国内亲美派建立联系，再加上有日本的支持，这些有利因素，无疑为其日后复职增加了机会。

1927年12月，国民党二届四中全会预备会议通过了蒋介石复职的决议。1928年1月9日，蒋介石通电宣告恢复国民革命军总司令职务。2月2日至2月7日，国民党在南京举行二届四中全会，蒋介石被选举为中央军事委员会主席兼中央政治会议主席。10月8日，蒋介石又担任南京国民政府主席。

"汤山事件"后第二次下野（1931.12.15—1932.3）

1931年，蒋介石与国民党元老胡汉民之间，产生了难以化解的矛盾，蒋介石遂于2月26日在陆海空总司令部设下鸿门宴，邀请胡汉民前来赴宴，并借此机会将其软禁，随后押往离南京城数十公里处的小汤山，此即震惊一时的胡汉民被囚汤山事件。这一突发性的严重事件，直接导致南京国民政府内部各派矛盾激化，粤派要人纷纷离开南京，在野的汪精卫等前国民党"左"派人士也趁机指责蒋介石。1931年4月，邓泽如、林森、萧佛成、古应芬4监委联名通电弹劾蒋介石，两广方面的实力派陈济棠、陈策、张发奎等人，相继通电限令蒋介石下野。5月，汪精卫、孙科等人在广州成立"中国国民党中央执监委员非常会议"，另立国民政府。12月10日，孙科提出蒋介石20日前必须下野，否则四届一中全会就在上海举行。12月15日，蒋介石在各方压力之下，无奈宣布下野，并发表了下野通电，辞去国民政府主席、行政院院长和陆海空军总司令等要职。当天，国民政府召开中央常务会议作出决议，批准蒋介石提交的辞职申请。29日，南京国民政府改组为合议制，由林森担任国民政府主席、孙科为行政院院长、张继为立法院院长等，蒋介石虽然下野，但仍为国民党中央政治会议常委。为了日后能够东山再起，重新上台，蒋介石在宣布下野前，召开国务会议，安插亲信对军队和国民政府要害部门加强控制。除此之外，他还对一些省政府进行改组，并授意黄埔系心腹筹划成立复兴社秘密组织等等。通过以上措施，他成功把国民党的军政大权牢牢掌握在自己的亲信手中，从而为其再次复出做好了重要准备。

1932年3月1日，国民党举行四届二中全会，决定蒋介石复职，出任军事委员会委员长，并任命其为军事参谋部参谋总长。3月18日，蒋介石在南京正式就职，再次复出。从此，蒋又被称为"蒋委员长"。

国共内战失利后第三次下野（1949.1.21—1949.7.16）

1946年6月，蒋介石依仗国民党军队在装备和人数上的优势，踌躇满志地发动内战，但在短短三年不到的时间里，国民党主力部队丢盔弃甲，损失惨重。在国民党政权已摇摇欲坠的情势之下，国民党政府于1948年举行总统选举，企图以此强化其统治合法性。蒋介石虽然有意支持孙科担任副总统,然而没有料到桂系领袖李宗仁坚持参选,并意外地成功当选。蒋介石在李宗仁就职后,处处设计压制。于是,李宗仁和白崇禧时刻都在寻找机会摆脱这种困境。随着解放军的不断进攻,国民党军队节节败退。1948年底,蒋介石派宋美龄去美国请求援助,但却一无所获。杜鲁门领导的美国政府,对背负腐败名声的国民党政府和被普遍认为具有独裁专断作风的蒋介石失去了信心,试图扶植桂系领袖李宗仁取代蒋介石。在美国或明或暗的支持下,李宗仁、白崇禧等人认为倒蒋的时机已到,开始逼蒋下台。淮海战役后期,蒋介石下令白崇禧调兵北上参战,白崇禧故意拖延,间接导致了战争失败。12月17日,白崇禧又要求宋希濂出面劝蒋下野,并紧接着在24日发出"亥敬"电,意在逼蒋言和。在白崇禧挑头带领下,原属华中"剿总"辖区的各省主席及省议会议长等,相继发出了要求"蒋总统毅然下野"的电报。与此同时,国民政府首都南京城内的副总统李宗仁呼吁武汉方面,主张蒋介石下野。在李、白等人的影响下,国民党内瞬间刮起了一股"倒蒋"风。此时,美国驻华大使司徒雷登也公开劝说蒋介石下野。由于形势不利于己,1949年1月21日,蒋介石再次采取以退为进的政治策略,通电宣布下野。但在下野前,蒋介石同样做了许多精心安排,将一些亲信安插在国民党政府关键岗位,并任命嫡系人员为尚未失守的东南各省长官等,然后退居幕后,遥控政局。

导致蒋介石先后三次黯然下野的内部原因,在于国民党内派系林立,矛盾重重,尤其是蒋介石在党内实行的军人专断统治引起了各派的不满。尽管蒋介石利用各派系之间错综复杂的矛盾,以及自己在政治、军事、经济等方面掌握的实力,在国民党内屡仆屡起,但是,他却始终无力化解国共两党的矛盾,并最终被中国共产党打败,彻底失去了在中国大陆的统治权,被迫逃往台湾。

蒋介石引退幕后指挥半年之后,于7月16日,宣布任国民党非常委员会主席,从溪口到上海指挥国民党军抵抗,但却接连败退到重庆、成都。12月10日,蒋介石离开成都赴台北。国民政府代总统李宗仁于11月由南宁去香港,后到美国疗养,无意赴台。1950年3月1日,蒋介石在台北宣布复任总统。

【知识链接】

吴景平:《民国人物的再研究与再评价》,复旦大学出版社2013年版。

汪朝光、王奇生、金以林:《天下得失——蒋介石的人生》,山西人民出版社2012年版。

59 宋氏三姐妹

> 宋氏三姐妹，是指宋霭龄、宋庆龄和宋美龄这一姐妹组合。她们三姐妹中，宋庆龄嫁给中华民国"国父"孙中山，宋美龄嫁给南京国民政府最高领袖蒋介石，宋霭龄嫁给长期担任国民政府财政部长的孔祥熙。由于显赫的婚姻背景和家族关系，她们成为对20世纪中国政局产生重要影响的三位女性。

宋氏三姐妹的家世背景

宋氏三姐妹出生于具有西方文化背景的富商家庭。父亲宋耀如，年仅12岁就跟随堂舅远渡重洋，赴"新大陆"谋生。凭借个人努力，他在美国大学学完神学专业后，回国成为一名传教士。传教之外，他在上海兴办有自己的实业，是清末民初上海滩有名的大富商。他崇拜林肯，赞同"民有、民治、民享"的民主思想。与孙中山结识后，两人成为挚友。他不仅以自己的家产资助孙中山，还在海外华人中募得大量钱款支持反满革命。母亲倪桂珍是名门之后，祖上徐光启明朝年间官至礼部尚书、文渊阁大学士。在宗教信仰上，她也笃信基督，并从小在上海的女子学校接受西式教育。这样的家庭背景，使得宋氏三姐妹从出生之日起就与西方文化结下了不解之缘。尤其是宋美龄，5岁刚满，即随着大姐、二姐跨入上海的贵族学校——"马克谛耶"中西女塾读书。10岁时，又跟随二姐漂洋过海到美国留学。

宋氏三姐妹的婚姻传奇

宋霭龄与孔祥熙初识于美国纽约，后又在日本再度相遇，并从此结为夫妇。在一次拜访基督教青年会时，宋耀如意外地见到了从家乡山西来到日本的孔祥熙，对其才干和精神均表示赞赏，遂有意结交之并邀其到家中做客。不久，孔祥熙如约来到宋耀如在东京的住宅,见到了在美国曾有一面之缘的宋大小姐霭龄。两人在宗教信仰、价值观念和生活习惯等诸多方面的相似,加之性格上的互补,使他们彼此都产生了好感;而刚经历丧妻之痛的孔祥熙,也亟须精神上的慰藉。经过深入的交流和接触,1914年春天,两人在日本横滨正式举行了婚礼。

1914年,正当孙中山的革命事业陷入逆境,不少革命党人意志消沉以至离开革命之时,宋庆龄来到了孙中山的身边,接替姐姐宋霭龄担任了孙中山的英文秘书。在这期间,孙中山的伟大理想和坚强斗志鼓舞了宋庆龄,使其对孙的感情由仰慕逐渐转化为爱慕;而宋庆龄的才智与干练、她对革命的热情与信念,也给了孙中山巨大的帮助和支持。经过充分的酝酿和考虑,1915年10月,宋庆龄不顾父母的反对,毅然决定和孙中山结为革命伴侣。

1917年夏,宋美龄结束在美国的10年生活返回上海。回国后的宋美龄积极参加各种社交活动,经常出现在一些社交聚会上。1922年12月的一次基督教晚会上,宋美龄在孙中山的家中与蒋介石初次见面。是晚,蒋介石深为其高雅的气质所吸引,此后便对其展开了热烈的追求。但因蒋介石当时已婚且是军人出身,并信仰佛教的关系,遭到宋母倪桂珍和二姐宋庆龄的极力反对。不过,在大姐宋霭龄的撮合下,宋美龄最终答应了蒋介石的追求,但要求其先行与所有妻子、侍妾解除婚约。蒋介石答应并照做后,二人于1927年12月在上海举行了婚礼。

宋氏三姐妹对近代中国的影响

宋氏三姐妹中的大姐宋霭龄为人相对低调,但对近代中国历史也发挥过一定的影响。如1927年支持蒋介石"清党"反共,促成蒋宋联姻;抗战时期与庆龄、美龄共同参加抗日救亡活动,支持中国工业合作社,参与组织新生活运动,创办全国儿童福利会,担任香港伤兵之友协会会长等。

孙中山逝世后,宋庆龄继承其"联俄、联共"的遗策,坚决反对国民党右派的"清党"反共行动,同情和支持中国共产党的革命事业。日本帝国主义不断扩大对中国的侵略后,她又积极为抗日救亡运动而奔走呼号。1932年12月,她与鲁迅、蔡元培、杨杏佛等在上海发起成立"中国民权保障同盟",设法营救被捕民主人士和政治犯。西安事变爆发后,她主张国共合作,停止内战,一致抗日。抗战期间,她于1938年6月在香港发起组织"保卫中国同盟",向世界各国宣传中国军民的抗战情况与需要,并与霭龄、美龄共同参与慰问伤兵难童等救亡活动。中华人民共和国成立后,在承担大量国务活动之余,她还积极投入妇女与儿童的教育、

宋氏三姐妹合影

文化、卫生与福利事业中。

1927年以后，尤其是抗日战争时期，宋美龄对近代中国产生了显著影响。1934年新生活运动开展后，她帮助蒋介石宣传和推行这一运动。西安事变中，她与张学良、杨虎城谈判，促使被软禁的蒋介石获释。1937年七七事变后，她亲赴淞沪战场前线慰劳浴血将士，为此险些丧命于日军的轰炸中。她请来美国退役飞行员陈纳德，参与中国空军的训练与作战，后又促其筹组"美国航空志愿队"来华援战。1942年11月至次年7月的"征服美国之旅"和她在美国国会的演讲，则使中国争取到宝贵的美援，对于支持中国的抗战事业意义重大。此外，她还积极参与大后方的各种抗战救难活动，赢得了士兵和普通民众的尊重。1950年后，她长期定居台湾，后又移居美国，晚年仍关注台湾政局，反对"台独"。

【知识链接】

《世纪宋美龄》纪录片，台湾美璟文化，2003年。

《宋氏家族往事》纪录片，北京卫视，2011年。

60 新中国成立初期三大运动

> 中华人民共和国建政初期，为了稳固刚刚成立的人民政权，中国共产党领导人民在全国进行了三个大规模的运动。这三大运动分别是抗美援朝、土地革命、镇压反革命。

三大运动的历史背景

新中国刚刚成立之时，一切百废待兴，正当全国人民为争取国家财政经济状况好转而努力奋斗的时候，朝鲜战争爆发了。美国随后出兵干涉，杜鲁门总统还同时命令美国海军第七舰队开入台湾海峡，阻止中国人民解放台湾，公然干涉中国内政。1950年10月初，以美军为首的多国部队越过三八线，大举入侵朝鲜北部，侵占平壤，向中朝边境迅速推进，把战火烧到鸭绿江边。中朝两国山水相连，唇齿相依。朝鲜民主主义人民共和国处于危难之际，中国的边境安全也受到严重威胁。最终中共中央做出了"抗美援朝，保家卫国"的决策，决定组织中国人民志愿军入朝作战。

在进行抗美援朝战争的同时，中国共产党还领导人民开展了土地制度改革和镇压反革命运动。

土地问题是中国的核心问题，也是老百姓最关心的大事。只有解决农民最关心的土地问题，才能为全面建设社会主义做好准备。土地改革是革命战争年代中国共产党关于农村土地问题的政策主张和根据地"分田分地"探索在夺取政权条件下的一次充分的实现，是抗日战争和解放战争时期解放区土地改革的延续、扩展和深化。1950年6月颁布实施《中华人民共和国土地改革法》，我国土地改革全面展开。

新中国成立初期，国民党残余势力仍然十分猖獗，国民党败退后，留下了大批的武装分子和间谍。坚决镇压反革命，对巩固我国人民民主专政，保障土地改革的顺利完成和争取抗美援朝战争的胜利，都是十分重要的。在《共同纲领》中明确规定了镇压反革命的任务。1950年10月10日,中共中央发出《关于镇压反革命活动的指示》。

三大运动的具体内容

1950年10月19日,中国人民志愿军在司令员兼政治委员彭德怀的率领下,跨过鸭绿江,开赴朝鲜战场。1950年10月25日,中国人民志愿军同长驱直入的敌人仓促相遇,志愿军利用敌人判断错误、分兵冒进的弱点,在运动中捕捉战机,给敌人造成了出其不意的打击。初战告捷后,志愿军和朝鲜人民军采取诱敌深入的方针,在敌人机群狂轰滥炸、我军供应不足而且气候严寒的极端困难条件下,英勇作战,又取得了几次大战役的胜利,迫使敌军从总攻击变成总退却,一直退到"三八线"以南。1953年7月,最终迫使美军签订了《关于朝鲜军事停战的协定》,朝鲜战争结束。

在进行抗美援朝战争的同时,中国共产党根据七届三中全会的部署,从1950年冬到1953年春,在新解放区占全国人口一半以上的农村领导农民完成了土地制度的改革。这一次土地改革运动,是在人民革命战争已经取得全国胜利、统一的人民政权已经建立的条件下进行的。因而,土地改革是围绕如何恢复和发展国民经济这一中心进行的。为此,《中华人民共和国土地改革法》在政策上提

新中国成立初期三大运动

出保存富农经济，在政治上中立富农，并且明确规定，保护富农所有自耕和雇人耕种的土地及其他财产，不得侵犯。这些政策与措施就是为了更好地保护中农，减少土改运动的阻力，进而有利于生产的恢复和发展。土地改革的大体步骤是发动群众、划分阶级、没收和分配土地。

镇压反革命运动同抗美援朝、土地革命并称为新中国成立初期三大运动。1950年10月10日，中共中央发出《关于镇压反革命活动的指示》，要求各级党委坚决纠正在一段时间和一些地方曾经存在的对反革命分子"宽大无边"的偏向，实行全面"镇压与宽大相结合"的政策，即"首恶者必办，胁从者不问，立功者受奖"。从1950年12月开始，在全国范围内大张旗鼓地开展了一场镇压反革命运动。这次运动打击的重点是土匪（匪首、惯匪）、特务、恶霸、反动会道门头子和反动党团骨干分子。运动采取群众路线的方法，实行党委统一领导与群众结合，专门机关与群众发动相结合的工作路线。1951年10月，镇压反革命运动基本结束。

三大运动的意义

抗美援朝作战中，中国人民志愿军发扬了高度的爱国主义、国际主义和英雄主义精神，英勇战斗，不怕牺牲，出色地完成了作战任务，保卫了朝鲜的独立和我国的国家安全。抗美援朝战争的胜利推动了中国人民解放军的建设，保证了国内各项建设事业的顺利进行。

新中国成立后的土地改革运动，是中国历史上规模大、搞得好、进行得顺利的一次改革运动，土地改革的胜利完成，彻底推翻了几千年来的封建地主阶级的土地所有制，使广大农民在政治上、经济上获得了翻身解放，提高了农民的生产积极性，为农业发展打下了好基础。

镇压反革命运动，是在新中国成立之初敌我矛盾还很突出的条件下进行的一场尖锐的对敌战争，基本上肃清了大陆上反革命残余势力，安定了社会局面，保证了土地改革和其他各项社会民主改革的顺利进行。

三大运动在新中国成立初期进行，对新生的政权起到稳固作用，特别是抗美援朝的胜利极大地提高了我国的国际威望，鼓舞了世界被压迫人民争取独立解放的信心和勇气，对国际局势也产生了深远的影响。

【知识链接】
罗平汉：《土地改革运动史》，福建人民出版社2005年版。

61 "三反""五反"运动

> "三反""五反"运动是1951年底到1952年10月,在党政机关工作人员中开展的"反贪污、反浪费、反官僚主义"和在私营工商业者中开展的"反行贿、反偷税漏税、反盗骗国家财产、反偷工减料、反盗窃国家经济情报"的斗争的统称。

运动背景

新中国成立之初,政府采取了保护私营工商企业合法经营和发展的政策,使私营工商企业得到迅速的发展。但是,一些不法资本家不满足于用正常手段获得的利润,而是采取非法的手段谋取暴利。他们行贿国家干部、偷税漏税、盗骗国家财产、偷工减料、盗窃国家经济情报,"五毒"横行。有些国家机关和企业的工作人员进城以后,贪图享乐,经不起资产阶级"糖衣炮弹"的袭击,犯了贪污、浪费和官僚主义的错误,有些人罪行严重。

内容概述

1951年12月1日,由于在增产节约运动中,揭发出大量的贪污、浪费现象和官僚主义问题,中共中央做出《关于实行精兵简政,增产节约,反对贪污、反对浪费和反对官僚主义的决定》。8日,中共中央又发出《关于反贪污斗争必须大张旗鼓地去进行的指示》,全国规模的"三反"运动开始了。

1952年1月26日,毛泽东为中共中央起草了《关于在城市中限期展开大规模的坚决彻底的"五反"斗争的指示》,要求在全国一切城市,首先在大城市和中等城市中,依靠工人阶级,团结守法的资产阶级及其他市民,向着违法的资产阶级开展一个大规模的"五反"斗争,以配合党政军民内部的"三反"斗争。2月上旬,"五反"运动首先在各大城市开始,并且很快形成高潮。

"三反""五反"运动

1952年4月公布了《关于结束"五反"运动中几个问题指示》。10月党中央批准了安子文、廖鲁言关于结束"三反""五反"运动的两个报告,"三反"和"五反"运动结束。

意义评析

"三反""五反"运动有力地打击了不法资本家和蜕化变质分子,打退了资产阶级的猖狂进攻,巩固了无产阶级专政,纯洁了党的队伍,教育了干部的大多数,挽救了一批犯错误的同志,纯洁了干部队伍,抵制了资产阶级的腐蚀。

"三反""五反"运动的胜利,巩固了工人阶级的领导地位和社会主义国营经济在国民经济中的领导地位,为对资本主义工商业和资产阶级进一步的社会主义改造创造了有利条件。

【知识链接】

视频:《反腐风暴"三反""五反"运动》,2015年。

吴钰:《"三反""五反"运动纪实》,东方出版社2014年版。

62 社会主义三大改造

> 社会主义三大改造,是指中华人民共和国建立后,由中国共产党领导的对农业、手工业和资本主义工商业三个行业的社会主义改造。社会主义三大改造,对于中国社会主义制度的建立,中国特色社会主义建设有着至深至远的意义。

社会主义三大改造的提出

随着国民经济的恢复,国内国际环境的变化,中国共产党提出了由新民主主义向社会主义过渡的问题。1952年9月24日,毛泽东在中共中央书记处会议上提出向社会主义过渡的问题。1953年9月24日,在全国人民政治协商会议全体委员会上,中共中央向全国正式公布了过渡时期总路线的基本内容。过渡时期总路线基本内容包括社会主义工业化建设和社会主义改造两方面内容,简言之就是"一化三改"。逐步实现社会主义工业化,这是总路线的主体;逐步实现对农业、手工业和资本主义工商业的社会主义改造,这是总路线的两翼。本文主要介绍"三改"。

社会主义三大改造的内容

农业方面:农业的社会主义改造又叫农业合作化运动。在人民民主专政条件下,通过合作化道路,把小农经济逐步改造为社会主义集体经济,这是中国共产党在过渡时期总路线的一个重要组成部分。从1951年12月开始,党中央颁发了一系列的决议,规定了我国的农业社会主义改造的路线、方针和政策。1953年,先后发布了《中共中央关于农业生产互助合作的决议》和《中共中央关于发展农业合作社的决议》,中国农村开始了互助合作运动,引导他们参加农业生产合作社,走集体化和共同富裕的社会主义道路。到1956年底,农业社会主义改造在经历了互助组、初级社、高级社三阶段后基本完成,全国加入合作社的农户达96.3%。到1956年底,基本实现了农业合作化。

手工业社会主义改造:手工业的合作化,在总路线提出以后,采取积极领导、稳步前进的方针,是通过合作化道路,把个体手工业转变为社会主义劳动群众集体所有制经济的理论和实践。个体手工业是以私有制和个体劳动为基础、从事商品生产的一种个体经济,在中国国民经济中占有一定的地位。从1953年起,中国共产党在过渡时期总路线的指导下,决定逐步对手工业进行社会主义改造。改造采取合作化的形式和逐步过渡的步骤,从手工业生产合作小组、手工业供销合作社,再发展为手工业生产合作社。手工业的社会主义改造从1953年11月开始至1956年底结束,全国90%以上的手工业者加入了合作社。1956年底参加手工业合作组织的人数已占全国手工业从业人数的91.7%,基本上完成了对个体手工业的社会主义改造。

资本主义工商业:在农业合作化运动猛烈发展的推动下,资本主义工商业合营的浪潮也席卷全国,是通过国家资本主义的形式,将民族资本主义经济逐步转变为社会主义经济的理论和实践。消灭资本主义私有制是过渡时期的一项基本任务。资本主义工商业的社会主义改造,从1954年至1956年底全面进行。党对

社会主义三大改造

之采取了"和平赎买"的政策，通过国家资本主义的形式，逐步将其改造成社会主义公有制企业，而且将所有制改造与人的改造相结合，努力使剥削者成为自食其力的劳动者。中国共产党对资本主义工商业采取利用、限制、改造的政策，对资产阶级采取赎买政策。经过委托加工、计划订货、统购包销、委托经销代销等一系列从初级到高级的形式完成了向国家资本主义的过渡。随着资本主义工商业改造的完成，资产阶级作为一个阶级被消灭了。至此我国建立起了社会主义的基本制度。

三大改造完成的意义

我国对农业、手工业和资本主义工商业生产资料私有制的社会主义改造，在理论上和实践上丰富和发展了马克思列宁主义的科学社会主义理论，极大地促进了工、农、商业的社会变革和整个国民经济的发展，实现了把生产资料私有制转变为社会主义公有制的任务。三大改造的完成，从政治上来说使得社会主义的基本制度在我国初步建立，从经济上来说使得社会主义计划经济在我国基本确立，为我国的社会主义工业化开辟了道路，中国从此进入社会主义初级阶段。

【知识链接】
何沁：《中华人民共和国史》，高等教育出版社2009年版。

63 新中国成立初期国营经济建立的三大途径

> 新中国成立初期国营经济建立的三大途径：一是继承与发展根据地、老解放区的公营经济；二是没收官僚资本，这是主要途径；三是在当时具体的政治经济环境下，根据不同方式处理一部分在华外资企业。

新中国成立初期国营经济建立的背景

新中国成立初期百废待兴，发展国营经济成为党与政府的当务之急，中国共产党与人民政府在总结革命战争年代建立公营经济以及苏联社会主义经济建设经验的基础上，因时、因地制宜地探索出一条国营经济的建设之路。

新中国成立初期国营经济建立的途径

一是对根据地和老解放区公营经济的继承和发展。新中国成立前，各解放区已有了一批公营经济，它们是最早的社会主义性质的经济，是新中国成立后国营经济的前身。在艰苦卓绝的革命战争年代，中国共产党领导根据地军民为了支援艰苦的革命战争，打破敌人的经济封锁，满足革命战争与生活需要，依靠自力更生、艰苦奋斗的精神创办了一批军需与民用工业。

新中国成立后，各解放区的公营企业自然转归国有，成为新中国社会主义国营经济的来源和基础之一。这些企业虽然数量不多，规模不大，但从历史渊源来说，它们是社会主义国营经济的前身。另外，这批公营经济还为人民政府积累了管理经济的经验，培养了一批经济管理人才，这对新中国成立初期没收和接管官僚资本，建立和管好社会主义国营经济具有不可忽视的作用。

二是对官僚资本的没收和改造。官僚资本，即旧中国的国家垄断资本主义，是国民党政权的经济基础。新中国成立前夕官僚资本约占全国工业资本的66%，占全国工矿、交通运输业固定资产的80%,控制着全国的金融机构和铁路、公路、邮电、航空运输以及44%的轮船吨位。党和人民政府通过没收官僚资本,建立起了强大的国营经济,这是巩固人民民主专政和迅速恢复国民经济的重要条件和保证。随着解放战争的深入,人民解放军在所到之处,立即把官僚资本收归人民所有。

三是根据具体情况处理外国在华企业和资本。新中国成立初期,人民政府在没收官僚资本的同时,还对外国资本在华企业按照不同情况进行了处理。随着各大城市的解放,人民政府废除了帝国主义在华的一切特权,收回了海关,管制了外贸,实现了对外的经济自主权。到新中国成立前夕,外国资本家看到中国革命即将胜利,纷纷撤走资金,只留下为数不多、不便拆迁的一些工矿设备和房地产,其中主要为英美两国的企业。尽管人民政府允许外资企业继续存在,但由于它们过去享有的特权的丧失,因此纷纷歇业、出售或委托他人代管经营。到1950年底,外资企业只剩135家,连分支机构,共200多个单位,主要集中在上海、天津两地。朝鲜战争爆发后,1950年12月16日,美国政府宣布"管制"我国在美国管辖区内的一切公私资产,并禁止在美国登记的船只驶往中国。英国紧随其后,几次劫夺我国在香港的船只、飞机。我国政府对此进行了针锋相对的斗争,于1950年12月、1951年4月分别发布命令,管制美国政府和美国企业在华的一切财产,冻结美国在华的一切公私存款;征用英国亚细亚火油公司财产。美国、英国等国的对华禁运,使外资企业受到严重损害,一大批外企宣告歇业,尚存者,有的出售,有的出租,有的停产,有的转让,有的自动放弃经营。为此,人民政府采取区别对待方针,通过征用、代管、征购、管制等多种方式对不同国家的外资企业进行了处理。经处理的外资企业转归人民政府所有,转变成为社会主义性质的国营企业。

新中国成立初期国营经济建立的意义

新中国成立后,中国共产党和各级人民政府通过这三种途径建立和发展了社会主义国营经济,使之成为整个国民经济发展的基础和领导力量。首先,它为新生的中华人民共和国,为国家的人民民主专政奠定了可靠的经济基础,成为新中国发展生产、繁荣经济、建国立业的主要物质基础;第二,社会主义国营经济的建立,保证了我国经济发展的社会主义方向;第三,社会主义国营经济的建立,使国家牢牢地掌握国民经济的领导权;第四,社会主义国营经济的建立,为我国由新民主主义社会转向社会主义社会提供和创造了条件;第五,为今后我国社会主义国营经济的建立、发展提供了殷鉴。

64 三大差别

> 三大差别是指城乡之间、工农之间、体力劳动与脑力劳动之间的差别。新中国成立之前,中国传统社会长期处于阶级社会中。阶级社会是一个不平等的社会,普遍存在阶级矛盾与阶级差别。消灭"三大差别"是实现共产主义的基本条件之一。

问题的起源

人类社会自从手工业从农业中分离出来后,由于手工业需要自己的生产基地以及商品交换形成自己的集散地,于是城市从乡村中分离出来,形成了工业和农业、城市和乡村的差别。同生产力的这种发展水平相适应的是原先不脱离生产的部落首领和负责原始宗教文化活动的祭司,逐步地摆脱体力劳动,把自己的主要精力放在管理社会事务上,于是脑力劳动从体力劳动中分离出来,形成了脑力劳动和体力劳动的差别。随着原始社会向奴隶社会过渡,私有制、阶级和国家的逐渐确立,三大差别也逐步转化成对抗性矛盾,成为阶级对立的表现形式。奴隶主、商人、高利贷者和他们的国家官吏占据城市,垄断手工业,使城乡差别转化为城乡对立,工业和农业的差别转化为工农业的对立。奴隶主占有奴隶,过着不劳而获的剥削生活,专门从事奴隶制国家事务的管理和文化、艺术、科学活动,使脑力劳动和体力劳动的差别转化为脑力劳动和体力劳动的对立。

三大差别的产生既是历史的必然,标志着社会的进步,同时三大差别的发展,也为自己的灭亡创造了条件。

英国空想社会主义者托马斯·莫尔在1518年出版了《乌托邦》一书,在书中,莫尔首次提出了消灭三大差别的观点。但是,莫尔没有找到科学的理论。马列主义、毛泽东思想关于无产阶级专政、关于消灭三大差别的理论,则是我们逐步缩小和最终消灭三大差别的思想武器。

三大差别的内容与相互关系

城乡差别：在新中国成立之前，帝国主义、封建主义和官僚资本主义，利用他们统治下的大城市和企业，利用他们掌握的军事、政治、经济等各方面的特权，以苛捐杂税、放高利贷、勒索等各种手段，疯狂地搜刮乡村，使农民过着极端贫困的生活。因此，乡村越来越落后，而城市的工商业愈益发达，人口越来越集中，物质文化生活水平越来越高。这种把城市畸形的繁荣建立在乡村的极端贫困的基础之上，使城市与乡村成了天上地下之别，是旧社会的特征之一。

工农差别：在新中国成立之前，工人与农民同是阶级社会里被剥削、被压迫的对象，我们所说的工业与农业的对抗关系，是指工业生产与农业生产之间不可调和的矛盾。当时工矿、企业都掌握在资本家手里，为了无止境的贪欲，他们残酷地剥削、压迫工人，同时，也把魔爪伸向广大农村，通过廉价收购农产品，制成工业产品后高价出售，残酷地剥削乡村。农民的生产剩余大都装入了地主和资本家的腰包，供他们骄奢淫逸。此外，由于城乡发展的不平衡，长期以来的农村一直处在一家一户分散的私有小农经济和地主阶级盘剥之下，生产工具极端落后，生产力极为低下，加上农业灾害连年，苛捐杂税，使农民少吃少穿，无力发展和扩大生产，农业生产的发展受到严重的阻碍。

体力劳动与脑力劳动差别：体力劳动与脑力劳动的分离是有了社会分工后产生的。由于阶级剥削而产生了穷富不平等，在阶级社会里富人垄断着一切，包括受教育的权利，"劳心者治人，劳力者治于人"。因为知识分子所掌握的文化科学是为巩固统治阶级政权而服务，统治阶级不但脱离劳动，而且蔑视劳动，轻视劳动人民。体力劳动者的经济来源依附于统治阶级，统治阶级从劳动人民手中把劳动成果剥夺过来，又从中拿出一部分来供养知识分子。尽管有些知识分子的生活条件比劳动人民强不了多少，但总体而言，在阶级社会里，知识分子是为统治阶级服务的。因此，知识分子与劳动人民实际上形成一种对抗关系。

三大差别的相互关系：在中国传统社会中，三大差别之间的关系是密切相关的。工农之间的对立往往由于工业被城市的统治阶级控制而表现出城乡之间的对立，又由于统治阶级及其知识分子视从事体力劳

三大差别

动的农民为下等人而表现为脑力劳动与体力劳动的对立。三大差别之间的对立，本质在于生产资料私有制条件下，由于生产资料所有的状况不同，而表现出来的社会状况的巨大差别。

三大差别提出的意义及启示

三大差别的提出，对于中国建设社会主义，建设一个不同于传统的封建社会，又优于资本主义社会的全新社会，无疑具有重要的理论指导意义。新中国成立后，旧社会遗留下来的三大差别逐渐被消除，它们之间的关系逐步由对立转化为不同的分工和协作的关系。

改革开放以后，我国三大差别又有扩大的趋势，对社会的和谐稳定产生了一些负面影响。基于过去的正反经验，我国不能任由三大差别持续扩大，而应当采取有效措施继续缩小，乃至最终消灭三大差别，这有利于社会主义和谐社会建设，有利于中国特色社会主义共同富裕的伟大目标的实现。

【知识链接】

宋国范著：《试谈三个差别的消灭》，吉林人民出版社1960年版。

黎克明、张庆：《关于三大差别的产生和灭亡问题》，《广东师院学报（哲学社会科学版）》，1975年第4期。

65 新中国成立初期的三大外交政策

> 新中国成立初期的三大外交政策是指"另起炉灶""打扫干净屋子再请客""一边倒"。

三大外交政策的提出

三大外交政策最先提出的是"另起炉灶"和"打扫干净屋子再请客"。"另起炉灶""打扫干净屋子再请客"的思想,在1949年初毛泽东同志的著作中多处都能看到。如:1949年1月19日,毛泽东同志在审阅中共中央关于外交问题的指示稿时加写的一段话中指出:"凡属被国民党政府所承认的资本主义国家的大使馆、公使馆、领事馆及其所属的外交机关和外交人员,在人民共和国和这些国家建立正式外交关系以前,我们一概不予承认,只把他们当作外国侨民待遇,但应予以切实保护。"又如:1949年3月5日,毛泽东同志在党的七届二中全会上的报告中指出:"我们可以采取和应当采取有步骤地彻底地摧毁帝国主义在中国的控制权的方针。""不承认国民党时代的任何外交机关和外交人员的合法地位,不承认国民党时代的一切卖国条约的继续存在,取消一切帝国主义在中国开办的宣传机关,立即统制对外贸易,改革海关制度,这些都是我们进入大城市的时候所必须首先采取的步骤。"

"一边倒"是后于"另起炉灶""打扫干净屋子再请客"提出来的。毛泽东同志于1949年6月30日在《论人民民主专政》一文中写道:"一边倒,是孙中山的四十年经验和共产党的二十八年经验教给我们的,深知欲达到胜利和巩固胜利,必须一边倒。积四十年和二十八年的经验,中国人不是倒向帝国主义一边,就是倒向社会主义一边,绝无例外。骑墙是不行的,第三条道路是没有的。"

三大外交政策的含义

"另起炉灶"包含两层含义：对外，"另起炉灶"宣布新中国不承认国民党政府同各国建立的旧的外交关系，而要在新的基础上同各国另行建立新的外交关系，驻在旧中国的各国使节当作普通侨民对待；对内，在新中国成立初期周恩来提出要"另起炉灶"，创建新型的党的绝对领导之下的外交队伍。"另起炉灶"是新中国执行独立自主原则的基本保证，解决了新中国如何对待同帝国主义的不平等关系和不平等条约的问题，建立了一支忠诚可靠的外交队伍，为迎接50年代第一次建交高潮的到来奠定了基础。

"打扫干净屋子再请客"就是要在彻底清除旧中国遗留下来的帝国主义在华特权和残余势力之后，再请客人进来，以免敌对者"钻出来"捣乱。它巩固了新中国的独立和主权，为同世界各国建立平等互利的外交关系奠定了基础。

"一边倒"即倒向社会主义一边。"联合世界上以平等待我的民族和人民，共同奋斗。这就是联合苏联、联合各人民民主国家，联合其他各国无产阶级和广大人民，结成国际统一战线。"反对帝国主义的侵略政策和战争政策。"一边倒"不仅表明了中国革命是世界无产阶级社会主义革命的一部分，也使新中国在保障人民胜利成果、保卫和维护独立与自主的斗争中不至于处于孤立无援的地位。

新中国成立初的三大外交政策是一个有机的整体，其核心就是要贯彻独立自主的外交原则。

三大外交政策的成就

新中国成立初，在三大外交政策的指导下，中国外交取得了显著的成就：

第一，新中国成立第一年就与苏联、东欧等17个国家建立了外交关系，也就是17个国家承认中华人民共和国为唯一合法主权国家。这为恢复经济建设创造了良好的外部环境。

第二，1953年，在接见印度代表团时，周恩来总理首次提出"和平共处五项原则"，作为处理国与国之间关系的原则，标志着中国外交政策的成熟。"和平共处五项原则"在国际上产生了深远影响，逐渐被越来越多的国家接受，成为处理国与国之间关系的基本准则。

第三，1954年4—7月中国第一次以五大国的身份参加日内瓦会议，这大大提高了中国的国际地位，为打开新中国外交新局面发挥了积极作用。

第四，1955年中国参加了第一次没有殖民主义国家参加的亚非首脑会议——万隆会议，会上中国提出"求同存异"的方针，不仅促进了会议的圆满成功，而且成为"万隆精神"的核心内容，增进了中国与亚非各国间的理解和信任，扩大了中国在国际上的影响。

66 三个主体，三个补充

> 我国社会主义改造基本完成后，确立了计划经济体制，陈云在中共八大上提出了"三个主体，三个补充"的社会主义新经济体制的构想，即：国家经营和集体经营为主体，个体经营为补充；计划生产为主体，自由生产为补充；国家市场为主体，自由市场为补充。

提出背景

1956年，社会主义改造基本完成后，社会主义计划经济体制在我国初步建立起来。这一经济体制还是一个新的课题，除了马恩列斯经典著作提供的理论知识外，我们主要是学习苏联的社会主义建设经验。因此，在社会主义经济体制问题上，苏联高度集中统一的计划经济被视为社会主义的唯一模式。在确立计划经济体制后不久，陈云等中央领导人就觉察到这种体制的不足，提出了难能可贵的改进措施，"三个主体，三个补充"就是其中一项重要的探索。

基本内涵

按照陈云"三个主体，三个补充"的设想，经过改进的中国社会主义经济体制将会是这样：在工商业经营方面，国家经营和集体经营是工商业的主体，同时附有一定数量的个体经营。这种个体经营是国家经营和集体经营的补充。至于生产计划方面，全国工农业产品的主要部分是按照计划生产的，但是同时有一部分产品是按照市场变化而在国家计划许可范围内自由生产的。计划生产是生产的主体，按照市场变化而在国家计划许可范围内的自由生产是计划生产的补充。因此，我国的市场，绝不会是资本主义的自由市场，而是社会主义的统一市场。在社会主义的统一市场里，国家市场是它的主体，但是附有一定范围内国家领导的自由市场。这种自由市场，是在国家领导之下，作为国家市场的补充，因此它是社会主义统一市场的组成部分。

这是对我国社会主义社会的所有制结构、经济运行机制和市场问题做出的探索，它从理论上和实践上突破了过去的社会主义模式，是探索经济体制改革道路的重要尝试。

历史意义

经济上，我国对资本主义工商业等各类生产资料私有制的社会主义改造，是在马克思主义的指导下，根据自己的国情进行的。马克思考虑过在革命成功以后实行和平赎买的办法，列宁提出过由国家资本主义过渡到社会主义的设想，而中国共产党创造性地把这些设想同我国的具体情况相结合，成功地使它得到了实现。在这一巨大的社会主义变革过程中，避免了工业减产、商业萎缩、市场萧条、工人失业的不良后果，做到了整个国民经济在改造期间继续增长，按期超额完成了第一个五年计划。

在政治上，巩固了工农联盟，妥善解决了工人阶级和民族资产阶级的矛盾，达到既改造企业又改造人的双重目标，不但把民族资产阶级的人们改造过来，而且在新的历史条件下，长期保持了和他们的合作并使他们的技术和经营管理才能得到发挥，这不能不说是社会变革史上的一个奇迹。

理论上，正是从实际出发，陈云在中共八大上提出了"三个主体，三个补充"的社会主义新经济体制的构想，阐明了社会主义改造基本完成以后，应当建设一个什么样的所有制结构、什么样的经济运行机制和市场结构的问题，从而提出了社会主义改造所应当达到的目标的新思想。

"三个主体，三个补充"的思想强调要有一定的个体经营作为国营和集体经营的补充，是对经济落后国家革命胜利后建立社会主义所有制结构理论的一个重要贡献。这一观点，突破了苏联单一公有制的所有制结构的经济模式，可以说是一个重要的创新；它同时又是对马克思主义创始人相关理论的回归和发展。

【知识链接】
黄荫涛：《中国特色的计划经济》，重庆出版社1985年版。

67 三面红旗

> 在我国社会主义改造基本完成以后,在急于求成思想的指导下,从1958年开始,以片面强调高速度为标志的总路线,以瞎指挥、浮夸风等为标志的大跃进和以"一大二公"为标志的人民公社化运动瞬间兴起,迅速席卷整个中华大地。通常人们把总路线、大跃进和人民公社化统称为"三面红旗"。

提出背景

1956年是不平凡的一年,这一年我国基本完成了对农业、手工业和资本主义工商业的社会主义改造,跨入了社会主义;这一年秋我党召开了在全国执政条件下的第一次全国代表大会——中共八大,正确分析了国内形势,提出了党的总任务,制定了在综合平衡中稳步前进的经济建设方针。从此我国建设社会主义道路的探索有了一个良好的开端。然而,由于实践的时间还很短暂,理论和思想上还不很成熟,这就使许多富有创造性的方针和设想,还没有达到牢固确立并取得广泛共识的程度。许多新设想还没有充分付诸实施,很快又发生反复。

1958年,在我党乃至我国的历史上,无疑又是写下浓重一笔的一年。这一年,被统称为"三面红旗"的,以片面强调高速度为标志的总路线,以瞎指挥、浮夸风等为标志的大跃进和以"一大二公"为标志的人民公社化运动使我国走上了一条艰辛曲折的探索社会主义发展之路,并在"左"的指导思想的支配下,这种探索与客观实际逐渐脱轨,最终导致了历时十年的"文化大革命"。

产生原因

概括起来说,我们之所以会犯"三面红旗"这样全局性、长时间的路线方针的重大错误,有其主观方面原因,更有客观实际情况。

"三面红旗"

从主观上讲，首先，由于新中国成立以来党在领导各项工作中，取得了恢复国民经济、提前完成一五计划等一系列重大胜利，助长了骄傲自满情绪，不像以前那样谦虚谨慎了。其次，对马克思主义经典论断中的理论观点存在着教条式的理解，甚至存在着误解和曲解，没有充分认识到落后国家建设社会主义的特殊规律，急于在落后的社会生产力的基础上建立"一大二公"的社会主义，结果适得其反。

从客观上讲，由于新生的社会主义制度没有现成的成功经验可以借鉴，新中国刚刚成立时，党提出"以苏为鉴"。但是别国任何一种制度模式都不可能完全适用于他国，尤其是苏共二十大以来的历史证明，苏联经验并不都是成功的，而且苏联的成功经验也并不都完全适合中国。

正如恩格斯所指出："伟大的阶级，正如伟大的民族一样，无论从哪方面学习都不如从自身所犯错误的后果中学习来得快"。值得欣慰的是，具有强大生命力的党能够从错误中学习。

功过评析

以毛泽东为核心的第一代领导集体制定总路线、发动大跃进和人民公社化运动的初衷，是要尽快把我国建成一个伟大的社会主义现代化强国，尽快实现民富国强的美好愿望。然而，岁月作证，历史无情，人们的美好理想和善良愿望只有符合社会发展客观规律才能成为推动历史前进的动力。如果脱离实际而只凭主观臆想，不仅不能造福于人民，而且会产生消极作用，付出沉痛代价。

【知识链接】
赵丰：《"三面红旗"风云录》，广西人民出版社2011年版。

新中国成立初期以毛泽东为首的第一代中国共产党人在一种盲目乐观、急躁冒进的思想意识的支配下,错误地制定了总路线,轻率地发动了大跃进和人民公社化运动,使我国的社会主义建设事业遭受了严重挫折,使人民的切身利益遭受难以估量的损害。

68 "老三篇"

> "老三篇"是指毛泽东在抗日战争时期发表的三篇文章：《为人民服务》《纪念白求恩》《愚公移山》。"老三篇"为全国军民树立了三个学习的榜样：张思德、白求恩、愚公。

"老三篇"的主要内容

《为人民服务》写于1944年9月8日，是毛泽东在中共中央警备团追悼张思德的会上的讲演，这篇文章提出了一种适应时代要求而产生的新的道德思想"为人民服务"。文中写道："人总是要死的，但死的意义有不同。中国古时候有个文学家叫作司马迁的说过'人固有一死，或重于泰山，或轻于鸿毛。'为人民利益而死，就比泰山还重；替法西斯卖力，替剥削人民和压迫人民的人去死，就比鸿毛还轻。张思德同志是为人民利益而死的，他的死是比泰山还要重的。""我们为人民而死，就是死得其所。"

《纪念白求恩》写于1939年12月21日，是为八路军政治部、卫生部于1940年出版的《若尔曼白求恩纪念册》而撰写的，该文高度赞扬了白求恩同志毫不利己专门利人的共产主义、国际主义精神。文中写道："我们大家要学习他毫无自私自利之心的精神。从这点出发，就可以变为大有利于人民的人。一个人的能力有大小，但只要有这点精神，就是一个高尚的人，一个纯粹的人，一个有道德的人，一个脱离了低级趣味的人，一个有益于人民的人。"

《愚公移山》写于1945年6月11日，是毛泽东在中国共产党第七次全国代表大会上的闭幕词，这篇文章倡导了挖山不止、奋斗到底的愚公移山精神。文中写道："下定决心，不怕牺牲，排除万难，去争取胜利。"

"老三篇"的价值

在《毛泽东选集》1—4卷中,这样专门为一个人写一篇文章,作为人们学习的典范,也只有这三篇。毛泽东在"老三篇"中提倡了三种精神,一种是以八路军战士张思德为代表的"为人民服务"的无私奉献精神,一种是以抗战期间加拿大援华大夫白求恩为代表的"毫不利己,专门利人"的国际主义精神,一种是以古代寓言愚公移山的故事为象征的坚持不懈的执着精神。这三种精神,在当年的延安和新中国建设初期,都曾经成为共产党领导人民群众一往无前、艰苦奋斗的精神动力,为共产主义道德风尚的树立发挥过无比巨大的作用。

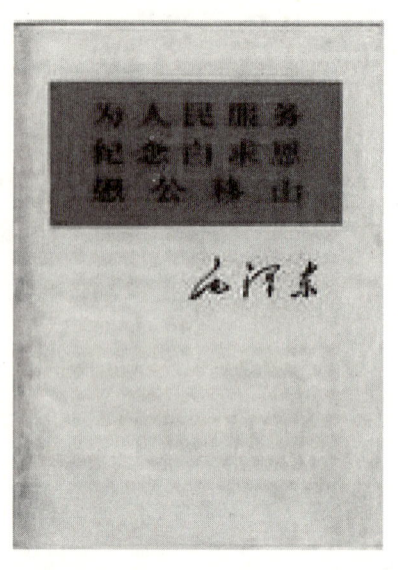

"老三篇"

"老三篇"蕴含的深刻内涵在新时期依然充满活力,永不过时。中国共产党在领导中国人民建设中国特色社会主义的过程中,既取得了许多重大成就,也出现了一些矛盾和问题,学习"老三篇",践行"老三篇"倡导的三种精神十分必要。"老三篇"在当前仍然是进行思想教育、建设社会主义精神文明必不可少的教材,是端正党风和社会风气、抵制各种非无产阶级思想的有力武器。"老三篇"是对增强党性、坚定理想信念最精辟的论述,是进行党性锻炼和理想信念教育的宝贵财富。它既丰富了毛泽东思想体系本身,也奠定了中国共产党党性的基本内容,加强了社会主义核心价值体系和民族精神的构建。它所遗留的坚持全心全意为人民服务、坚持群众路线、坚持艰苦奋斗、为共产主义奋斗的精神和经验对今天及以后的发展仍有积极意义。

"老三篇"说法的由来

"老三篇"的名称由林彪最早使用。学习"老三篇"运动经历了一个大起大落的过程:自成文起,到新中国成立后被收录到《毛泽东选集》,伴随着"活学活用"毛泽东著作运动,"老三篇"的单行本、合订本等在全国范围内大量发行。

自林彪1959年担任国防部长、主持军委日常工作以后，他便大肆鼓吹"毛泽东思想是当代马克思列宁主义的顶峰"，提出学习毛泽东著作是学习马列主义的"捷径"，学习的方法是"背警句"，在军队中倡导学习"老三篇"。在改造人们灵魂深处、树立无产阶级世界观的"文化大革命"期间，林彪又多次发表讲话，要求"把'老三篇'作为座右铭来学，搞好思想革命化"，"天天读、天天背"地学习"老三篇"运动扩展到全国，使学习毛泽东思想走向简单化、教条化、庸俗化的道路。随着林彪集团的破灭，加上群众、干部的批评和抵制，林彪鼓吹的学习"老三篇"运动也随之降温了。中国共产党十一届三中全会实现了思想路线的拨乱反正，冲破了党的指导思想上存在的教条主义和个人崇拜，专门地、疯狂地形而上学地学习"老三篇"运动再也不会出现，现在甚至不少人不知道"老三篇"。

69 三级所有，队为基础

> "三级所有，队为基础"是毛泽东对人民公社体制进行探索调整后所得出的结论，调整工作是不断地缩小社有经济的规模，从基本社有制退到基本队有制，最终确立"三级所有，队为基础"的人民公社体制。"三级所有"是指农村生产资料所有制形式，分别属于人民公社、生产大队和生产队所有。"队为基础"是生产队是基础，是基本核算单位。

问题的源起

新中国成立后，为解放生产力，壮大社会主义的经济基础，我国进行了社会主义改造，到1956年底，社会主义改造基本完成，绝大多数个体农业经济被改造成社会主义集体经济。1958年，在全国兴起了人民公社化运动，在实际工作中，由于混淆了社会主义和共产主义、集体所有制和全民所有制的界限，在全国很多地方进行了"穷过渡"，刮起了"一平二调三收款"的"共产风"，瞎指挥风、强迫命令风、浮夸风、干部特殊化风也发展起来，给农村的生产和生活造成了很大的损失。人民公社化运动中出现的分配不公、农民积极性受到伤害等现象，引起毛主席和党中央的高度重视，1958年11月第一次郑州会议上，毛泽东对一些地方人民公社化中出现的问题进行了批评，1958年11月28日，八届六中全会讨论通过了《关于人民公社若干问题的决议》，规定人民公社应当实行统一领导、分级管理的制度，一般可以分为公社管理委员会、生产大队、生产队三级，全国普遍开展了农村整顿人民公社的工作。1959年2月27日召开的第二次郑州会议上，在毛泽东的坚持下，通过了"统一领导，队为基础"的整社方针。1960年11月，党中央向全国发出《关于农村人民公社当前政策问题的紧急指示信》，明确人民公社所有制为"三级所有，队为基础"，这也是现阶段人民公社的根本制度。1961年3月22日，中央工作会议通过的《农村人民公社工作条例（草案）》，部分地克服了人民公社体制内生产队之间和社员之间的平均主义，以生产队为基本核算单位的"三级所有，队为基础"的公社新体制最终确立。

"三级所有，队为基础"的内容

"三级所有"是对"一大二公"的人民公社集体所有制进行的合理调整，它充分肯定了农村中广泛存在的生产大队所有制、生产队所有制。1961年3月22日中央工作会议通过的《农村人民公社工作条例（草案）》，简称"农业60条"，对人民公社、生产大队、生产队的权利与义务进行了明确规定。对于人民公社，"农业60条"规定，农村人民公社是政社合一的组织，是我国社会主义社会在农村中的基层单位，又是我国社会主义政权在农村中的基层单位，公社管理委员会的主要任务是，面向生产队，充分调动社员群众的积极性，发展农业、畜牧业、林业、副业、渔业等生产事业。在做这些工作的时候，应该经过充分的调查研究，执行群众路线，正确处理问题，把应该做的事情认真做好，但不能管得太多太死。对于生产大队，"农业60条"规定，生产大队管理委员会，在公社管理委员会的领导下，管理本大队范围内各生产队的生产工作和行政工作。

"队为基础"是明确规定生产队为基本核算单位。"农业60条"规定，生产队是人民公社中的基本核算单位，实行独立核算，自负盈亏，直接组织生产，组织收益的分配。生产队范围内的土地，都归生产队所有。生产队所有的土地，包括社员的自留地、自留山、宅基地等，一律不准出租和买卖。生产队对生产的经营管理和收益的分配，有自主权。

"三级所有，队为基础"的启示

"三级所有，队为基础"的人民公社体制，有利于消除平均主义的弊端，发挥生产大队、生产队的劳动积极性，对恢复和发展农业生产起到了重要作用。但是，从历史的角度来看，也存在一定的问题，如人民公社的权力过大，在一定程度上会削弱生产队的自主权，"三级所有"的体制保留了逐步向全民所有制和共产主义过渡的具体形式，使集体财产遭受严重损失，农民生产积极性一再受挫。另外，人民公社三级所有，以生产队为基本核算单位的体制仍然排斥家庭经营方式，仍然不能解决社员之间的平均主义问题。因此，在经济建设中，我们一定要坚持实事求是的思想路线，坚持以人民群众的根本利益为我们一切工作的出发点，坚持以解放生产力和发展生产力为我们工作的根本任务。

70 "三自一包、四大自由"

> "三自一包"是自留地、自由市场、自负盈亏和包产到户的简称。"四大自由"是指自由租地，自由贷款，自由雇工，自由贸易。

提出背景

1959年4月18日，第二届全国人民代表大会第一次会议在北京举行。会议同意毛泽东不再担任国家主席的提议，选出刘少奇为中华人民共和国主席兼国防委员会主席，宋庆龄、董必武为副主席，朱德为全国人民代表大会常务委员会委员长。根据刘少奇的提名，决定周恩来连任国务院总理。从此，刘少奇开始行使于国家而言的最大行政权，推出了"三自一包"和"四大自由"。

主要内容

"三自"指自留地、自由市场、自负盈亏，"一包"指包产到户。自留地是农村集体经济组织(农业社、人民公社生产队)分配给农民自己耕种的小块土地，农民在自留地上耕种所得完全由农民自己支配。自由市场是指对社会主义计划购销以外的农副产品进行自由交易、自由议价的场所，它是国家计划市场的补充。自负盈亏是指集体所有制企业和某些小型国营企业，在经营上享有自主权，企业盈亏自负，国家不承担任何经济责任。包产到户是农村集体经济组织把农作物的耕种、收割都承包给农户，收获以后除按规定交农业税和集体提留外，余下归农户所得。"三自一包"，在生产上和经济上都给予生产者与经营者较大的责任与自由，能调动其生产与经营的积极性。在我国三年经济困难时期，有人主张在农村实行"三自一包"的政策，把农业生产搞上去，但是这种主张却被当作是复辟资本主义而批判。

批判"三自一包、四大自由"

"四大自由"即"自由租地，自由贷款，自由雇工，自由贸易"，是1961年1月党的八届九中全会决定对国民经济进行"调整、巩固、充实、提高"时，为克服经济困难所采取的正确政策，在实践中也产生了良好的效果。

历史分析

由于毛泽东过于严重地估计了三年困难时期个别地区出现的阶级斗争激化的问题，而把"三自一包"看成是要走资本主义道路。在1962年8月召开的党的八届十中全会上，毛泽东错误地把有些地区为反对平均主义而实行的农业生产责任制，把邓子恢（时任中央农村工作部部长）发表的支持生产责任制的正确意见，都作为"单干风"加以批判。1964年2月，毛泽东在会见外国党的领导人的谈话中，批评中央农村工作部有人主张"三自一包"，目的是要解散社会主义农业集体经济，要搞垮社会主义制度，从而把"三自一包"作为修正主义的"国内纲领"加以指责。"文化大革命"开始后，"三自一包"又被作为所谓刘少奇的反革命修正主义路线的一条主要罪状横加批判。1979年9月，党的十一届四中全会通过的《关于加快农业发展若干问题的决定》明确指出："自留地、自留畜、集市贸易是社会主义的必要附属和补充"。

【知识链接】

黄启昌：《农村联产承包责任制实施和推广纪实》，东方出版社2014年版。

71 两参一改三结合

> "两参一改三结合"管理制度是"鞍钢宪法"的核心内容,是中国社会主义企业管理制度改革的重大创举,是广大劳动人民群众智慧的结晶。"两参"即干部参加生产劳动,工人参加企业管理;"一改"即改革企业中不合理的规章制度;"三结合"即在技术改革中实行企业领导干部、技术人员、工人三结合的原则。

问题的源起

1949年新中国成立后,以毛泽东为核心的党的第一代领导集体开始探索在中国这样一个落后的社会主义国家如何建设社会主义的道路,并且总结出了一些经验,在社会主义企业的管理上总结出了"两参一改三结合"的管理制度。

毛泽东在1957年提出生产力与生产关系的矛盾是社会主义社会的基本矛盾的理论后,开始研究社会主义制度下生产力发展的特点。他认为社会主义国家发展生产力,除了依靠生产力本身的几个因素外,还必须使生产关系的变更适应生产力发展的要求。在生产关系的内部,所有制的性质在一定时期内是相对稳定的,而劳动生产中人与人的关系却在不断地变化。因此,他很注重通过改善和调整人与人的关系来促进生产的发展。在主持制定《工作方法六十条(草案)》时,他提出干部要以普通劳动者姿态出现,与工人建立平等关系,要改革束缚群众积极性的不合理的规章制度。在中共八大二次会议上,他提出:"干部参加劳动,工人参加生产管理,"根据这一建议,会议通过了干部参加劳动的决定。1959年底至1960年初,毛泽东在读《政治经济学(教科书)》时,进一步强调了建立平等关系、改善企业管理的问题,强调了"两参一改三结合"的思想。他说,"我们的经验,如果干部不放下架子,不同工人打成一片,工人就往往不把工厂看成自己的,而看成干部的。干部的老爷态度,使工人不愿意自觉地遵守劳动纪律。不能认为,在社会主义制度下,不用做工作,自然会出现劳动者和企业领导人员的

两参一改三结合

合作"。还说,"所有制问题基本解决以后,最重要的问题是管理问题。全民所有的企业,集体所有的企业,都有一个如何管理的问题,这也就是人与人的关系问题"。

"两参一改三结合"的内容

1956年,党的八大做出了工业企业实行党委领导下的厂长负责制的决定。位于齐齐哈尔的建华机械厂认真贯彻党的八大决议,实行党委领导下的厂长负责制和职工代表大会制,一方面精简机构,下放干部,给车间班组放权,另一方面发动职工查找企业经营管理和干部领导作风方面的问题,组织职工群众参加到企业管理过程中来,打破了"管理是干部的事,生产是工人的事"的旧观念。1957年5月,北安的庆华工具厂规定,每周各级干部参加半天劳动,开始由打扫环境卫生、修路,到参加生产中运料、推铁屑等辅助劳动,后来发展到干部参加劳动与解决生产问题相结合,让干部在劳动中帮助班组解决生产中的实际问题。工厂党委在锻工车间种试验田,总结推广了锻工车间干部参加劳动的经验,形成了一整套行之有效的干部参加劳动的制度。建华、庆华两厂相互学习借鉴,使工人参加管理、干部参加劳动相辅相成,调动了职工的积极性和创造性。在生产实践中,建华、庆华两厂针对一些不合理的制度,又进行了制度改革,形成了"两参一改"的经验。齐齐哈尔的华安机械厂率先推行"两参一改"经验,鼓励工人参与班组的日常管理,而且逐步向技术管理和经济管理拓展,形成了技术人员、工人、干部三结合经验，推进了工厂管理制度的创新，进一步完善了"两参一改"制度，最终形成了著名的"三华"经验——"两参一改三结合"。

"两参"即干部参加生产劳动，工人参加企业管理。干部参加劳动，有利于提高劳动生产效率，也有利于领导干部更好地了解生产过程中存在的问题，同时也体现了"制度"面前人人平等的思想，将以人为本落在实处。工人参加企业管理，包含了工人监督干部的职能，也有利于工人了解企业的发展全局，增强工人的主人翁责任感。

"一改"即改革企业中不合理的规章制度，建立健全合理的规章制度，使各项工作有章可循，从而使生产环节相互衔接，正常进行。民主管理是社会化大生产发展的必然趋势和客观要求，它有利于调动管理者和劳动者的积极性、主动性和创造性，促进生产力的发展。

"三结合"即在技术改革中实行企业领导干部、技术人员、工人三结合的原则。技术人员、工人、干部在专业化的劳动过程中，执行着不同的职能，他们观察问题的角度是不同的，把三者结合起来，就能够扬长避短，共同解决企业管理和生产技术中出现的问题。

"两参一改三结合"的重要意义

"两参一改三结合"管理制度，是中国共产党在领导全国人民取得新民主主义革命胜利后，继续带领全国人民探索建设社会主义道路的成功典范，是继续坚持走群众路线的具体表现，对加强和改善企业管理，提高企业效益和效能起到了巨大的作用，对于当前我国进行全面深化改革，加强社会主义市场经济建设具有重要的意义。事实证明，只有坚持中国共产党的领导，密切联系群众，充分发动广大人民群众的积极性和创造性，社会主义建设事业才能不断前进。

72 三年困难时期

> 三年困难时期是指中国大陆地区从1959年至1961年期间由于大跃进运动以及牺牲农业发展工业的政策所导致的全国性的粮食短缺和饥荒。在农村，经历过这一时期的农民称之为过苦日子，过粮食关，歉年，中华人民共和国官方在19世纪80年代以前则多称其为三年自然灾害，后改称为三年困难时期。海外一些学者则称之为三年大饥荒，西方学者也称其为大跃进饥荒。

背景概述

1958年，以"大炼钢铁"为中心内容的"大跃进"运动带来的工业，尤其是重工业的跳跃发展，使其他部门受到排挤和打击，国民经济出现严重的比例失调。农业的"大跃进"及人民公社化运动使以高指标、瞎指挥、浮夸风和"共产风"为主要标志的"左"倾错误严重泛滥，粮食丰产不丰收，经济作物遭到"以粮为纲"的毁灭性打击，1959年已经出现轻工业产品严重短缺，副食品、粮食供应十分紧张的局面。由此开始了中华人民共和国史上的"三年困难时期"。

产生的影响与原因分析

三年困难时期最为直接的影响是造成了大面积人员的死亡。19世纪50年代中期，中国建立了基本完整的经常性人口统计制度。每一年，户籍管理部门都对人口总数、出生、死亡、迁入、迁出等项目做出统计，并且层层上报汇总。大跃进期间，一些地方官员要求低报死亡人数，致使人口统计制度受到干扰，但它并未中断。县、市、省至全国各级，都对死亡人数做了统计。今天，在中国大陆出版的各省人口资料和各地县志中，大多都可找到当年统计的死亡人数和其他人口数据。官方数据表明，1959—1961年的全国死亡人数，比正常年份（例如此前

三年困难时期的北大荒开发

的 1956—1958 年和此后的 1962—1964 年）多出 1500 万人左右。

关于"三年困难时期"产生的历史原因有两种看法。一种观点认为是"天灾"及其他客观原因。主要是"赶上三年自然灾害","苏联政府又背信弃义地撕毁两国经济技术合作协议",加上"国情认识不足,夸大主观能动性,急于求成"造成的。另一种观点是"人祸"及其他主观原因,他们指出过激的政治运动和政治斗争（特别是大跃进时的"浮夸风"）是导致这一问题的根源。当时的人民日报到处都是"人有多大胆,地有多大产""地的产是人的胆决定的""没有万斤的思想,就没有万斤的收获"的言论。很多专家纷纷讨论粮食已经多到吃不完的情况,并要求解决"粮食多了怎么办"的问题。很多人当时强烈质疑政府初期回避国际援助和在困难时期还外债的正当性与必要性。另外,当时中国为了体现国际主义和加强同其他发展中国家和社会主义国家的友好关系,大举对外援助,也加剧了经济困难的程度。

八届九中全会的调整

1959 年到 1961 年,由于"大跃进"和人民公社化运动中严重的"左"倾错误,出现了全国性的粮食短缺和饥荒现象。国民经济的严重困难局面主要表现为:国民经济比例关系严重失调,基建规模过大,粮食缺乏,通货膨胀,市场供应紧张,人民生活困难。1961 年 1 月,党的八届九中全会正式决定对国民经济实行"调整、巩固、充实、提高"的八字方针。后来,中央又多次召开会议,进一步制定了一系列需要贯彻落实的政策和措施，对国民经济进行了全面的调整。"八字方针"的基本内容是：调整国民经济各部门的比例关系，主要是农轻重、工业内部、生产与基建、积累与消费等比例关系；巩固已经取得的经济建设成果；充实那些以工业品为原料的轻工业和手工业品的生产，发展塑料、化纤等新兴工业；提高产品质量，改善企业管理，提高劳动生产率。这表明三年来造成严重后果的"大跃进"运动实际上已被停止，国民经济开始转入了调整的轨道。

【知识链接】

影像：《三年困难时期各地农民生活景象》，何亮亮，2013年。

张湛彬：《"大跃进"和三年困难时期的中国》，中国商业出版社2001年版。

73 三查运动

> "三查运动"也称"两忆三查"运动,是指20世纪60年代初开始至70年代初结束的,在全军范围内进行的一次政治思想教育运动。"两忆"指忆阶级苦、忆民族苦。通过忆苦挖根、谈甜思源、算账对比,解决对国内形势的认识问题。在"两忆"基础上展开"三查",即指查立场、查斗志、查工作。

事情的起因

1958年以来,经历"大跃进"、大炼钢铁、人民公社化等运动,以及1959年起在全国范围内发生的严重的自然灾害,农村形势一度处于困难境地,甚至有干部战士的亲属到部队求助。这些现象使干部战士在思想上产生了不满情绪,直接影响到军队的斗志和战斗力。1960年7月,兰州军区为解决部队中存在的革命意志衰退,对经济生活困难意见较多等问题,采取忆苦思甜的办法,对部队进行阶级教育,较好地解决了部队中存在的各种思想问题。这成为全军范围内"两忆三查"运动的序幕。

1960年11月,为了帮助广大干部战士正确认识国内形势,坚定战胜困难的信心,根据林彪的意见,总政治部批转了《兰州军区党委及军区部队工作团关于在连队开展忆苦运动的经验》,此后,一个以"两忆三查"("两忆"即忆阶级苦,忆民族苦;"三查"是查立场、查斗志、查工作)为主要内容的教育运动在全军逐渐开展起来。

运动的开展

1961年1月7日,总政治部召开了各军区、军兵种政治部主任和宣传部长参加的电话会议,决定把开展"两忆三查"教育运动作为1961年全军"思想政治工作的第一仗",并对这一教育运动作了部署。根据要求,全军在近千个单位先行试点的基础上,在基层连队普遍展开"两忆三查"教育运动。

这次教育运动是运用阶级分析的方法,从认识阶级压迫和阶级剥削入手,查阶级立场、查革命斗志、查工作效率,以达到提高阶级觉悟,增强革命意志,提升战斗力的目的。大体做法是,先进行思想动员,苦情摸底,选择典型,引苦忆苦;后采取忆苦挖根,认清阶级剥削和阶级压迫的根源和实质,激发阶级仇恨;再通过谈甜思源,算账对比,结合党的政策教育,认清我国社会主义制度的优越性,认清改变我国一穷二白的面貌是一个长期的艰巨的任务,认清当前某些暂时困难决不能阻挡我们胜利前进。在提高觉悟的基础上进行"三查",最后落实到加强部队建设的各项实际行动中去。

"两忆三查"教育活动的主要形式有:听忆苦报告,演忆苦戏,听忆苦歌,吃忆苦饭,等等。部队时不时要开大会请当地的贫下中农来做忆苦报告。吃忆苦饭是必不可少的活动项目。所谓吃忆苦饭,顾名思义,是要通过吃这顿饭,感受旧社会劳动人民受剥削、受压迫、吃不饱、穿不暖的生活,从而感受新社会的幸福。通常是在召开忆苦思甜会之后,再吃忆苦思甜饭。忆苦思甜饭各地的做法不尽相同,大体上是用糠、麸等和着菜帮做成窝头,或者将红薯秧、红薯叶、野菜等用白水煮过,不加油盐做成。甚至有的地方,把从猪食缸里捞出来的脏物再加一点野菜做成忆苦饭,一人发一碗,不吃就是不讲阶级立场,没有阶级觉悟。有的战士吃完后,回过头跑到宿舍外的水沟边就大吐了起来,真是活折腾人!

"两忆三查"一直延续到70年代初,在"文化大革命"结束之后,忆苦思甜就渐渐地从人们的视野中淡去,湮没在历史长河里。虽然忆苦思甜给人们留下的印象是与阶级斗争、阶级教育相联系,但发展到后期,渐渐形式化、表而化,引起广大战士和群众的不满。

历史评价

"两忆三查"运动是我军在特殊历史时期所进行的一次政治思想教育活动。在运动中,各部队继承了我军新式整军的光荣传统,把传统教育与党的现行政策教育相结合,采取灵活多样的方式开展运动,不仅为渡过灾荒、战胜困难做了必要的思想准备,而且为激发斗志、保家卫国、提

【知识链接】

《两忆三查》,江西国防教育网2014年11月7日。

《两忆三查是最好的最深刻的政治教育》,《解放军报》1967年1月31日。

高部队战斗力打下了良好的思想基础。但是，这一历经 10 余年的运动逐渐失去了本来的意义，尤其是教育后期进行的"三查"，不仅把部队的思想政治教育搞成人人过关的思想检查，而且把一些思想认识问题上纲上线。有些问题还强逼个别干部战士多次检讨，以致有的人不仅原有的问题没有解决，还背上了新的思想包袱。这显然是违背思想政治教育规律的。

74 我国农业社会主义改造的三个阶段

> 农业社会主义改造是新中国历史上的一件大事。农业社会主义改造，是中华人民共和国建立后中国共产党领导的社会主义三大改造之一。农业社会主义改造是农村生产关系的彻底变革，消灭了几千年来农村中的私有制度，建立了社会主义的集体所有制，中国农村的历史因此发生了巨大变化。

农业社会主义改造的缘由

农业是国民经济的基础。新中国成立以后，我国农业发展和社会主义改造面临着一系列的问题，必须首先进行农业集体化改造。

第一，农村土地改革后，分散的、落后的小农经济束缚了生产力的发展，难以满足国民经济发展和社会主义工业化的需要。新中国建立后，以个体经营为主的小农经济虽然调动了农民的劳动积极性，但也存在着严重的弊端。具体表现为农村个体小农经济无法进行规模化大生产，无法满足国家经济建设发展的需要，粮食问题日益严重。况且，社会主义工业化不可能建立在小农经济基础之上，只有实现农业集体化才能解决工业和农业两个经济部门发展不相适应的矛盾。

第二，土地改革后，在农村又出现了新的两极分化、剥削现象等问题，表现在：土地买卖之风又起，少数农民重新卷入租佃关系，高利贷开始盛行。要解决这些矛盾，就必须把个体小农经济引向社会主义大农业，实施农业合作化。

第三，农业社会主义改造不仅在整个社会主义改造中起决定作用，而且还关系到工农联盟和人民民主专政的巩固。农民占全国人口的80%以上，农业社会主义改造的成败直接决定着整个社会主义改造的成败。

农业社会主义改造的三个阶段

我国农业社会主义改造经历了三个发展阶段。第一阶段是1949年10月至1953年,以举办农业互助组为主,同时试办初级形式的农业合作社。1951年9月,中共中央召开了第一次互助合作会议,讨论通过了《关于农业生产互助合作的决议》,并以草案的形式发给各地党委试行。到1952年底,全国农业互助合作组织发展到830余万个,参加的农户达到全国总农户的40%,其中,各地还个别试办了农业生产合作社(初级社)3600余个。1953年3月26日,中共中央又发布了《中共中央关于农业生产互助合作的决议》。4月3日,中共中央农村工作部召开第一次全国农村工作会议,阐述了农业互助组"稳步前进"的方针。12月16日,中共中央公布了《关于发展农业生产合作社的决议》,此后,农业合作社从试办进入发展时期。

第二阶段是1954年至1955年上半年,开展农业合作化运动,初级社在全国普遍建立和发展。1954年春,全国农业生产合作社发展到9.5万个,参加农户达170万户。1954年10月,中央农村工作部召开了全国第四次农业互助合作会议,决定到1955年春耕以前,将农业生产合作社发展到60万个。1955年6月中旬,中央召开政治局会议,提出了到1956年合作社发展到100万个的计划。

第三阶段是1955年下半年至1956年底,这是农业合作化运动迅猛发展时期。1955年7月31日,中共中央召开省、市、自治区党委书记会议。毛泽东在会议上作了《关于农业合作化问题》的报告,对党的农业合作化的理论和政策作了系统阐述,并对合作化的速度提出了新的要求。10月4日至11日,中共中央在北京召开党的七届六中全会,通过了《关于农业合作化问题的决议》,要求到1958年春在全国大多数地方基本上普及初级农业生产合作,实现半社会主义合作化。之后,农业合作化运动急速发展,仅3个月左右的时间就在全国基本实现了农业合作化,完成了由农民个体所有制到社会主义集体所有制的转变。

农业社会主义改造的意义

农业社会主义改造是在特殊历史时期进行的一项伟大事业。客观地讲,农业生产资料私有制的社会主义改造使我国农村生产关系彻底变革,消灭了几千年来的农村私有制度,建立了社

【知识链接】
当代中国研究所:《中华人民共和国史稿》,人民出版社、当代中国出版社2013年版。

会主义的集体所有制，避免了资本主义的两极分化。通过合作化，把农民组织起来，从而促进了农业生产的发展。1953年至1956年改造期间，农业生产稳步增长，农业总产值年均递增4.8%，为历史之最！农业发展支援了工业建设，推动了国民经济的发展，加强了工农联盟，巩固了人民民主专政的政权。

75 正确认识改革开放前后两个30年

> 中华人民共和国成立以来的60多年里,以1978年党的十一届三中全会为标志,我们党领导人民进行的社会主义建设的实践探索,大致可以分为改革开放前30年和改革开放后30年两个重要历史时期。如何正确认识和看待两个30年的关系,对于澄清历史是非,廓清政治视线,坚定中国特色社会主义道路具有重大而深远的意义。

问题的由来

对于改革开放前后两个历史时期的关系,当前社会上存在着模糊认识,有的认为改革开放以来的30年,我国经济社会发展取得了巨大成就,而改革开放前的30年曾经出现过"大跃进""文化大革命"这样的错误,因而用后30年否定前30年。有的则认为改革开放以来我国经济社会发展出现了许多新矛盾,甚至认为我们走的中国特色社会主义道路偏离了社会主义方向,因而用前30年来否定后30年。能否正确认识改革开放前后两个30年的关系,决定能否正确评价中国共产党90多年的历史,能否正确评价新中国60多年的历史,事关中国特色社会主义事业的兴衰成败。

改革开放前后30年的成就、问题及相互关系

1. 改革开放前30年的成就与主要问题

改革开放前30年,新中国是在经历长期战乱、经济衰败、人民困苦、一穷二白、百废待兴的基础上建设社会主义,并遭到资本主义国家全面封锁,随后又遭受前苏联逼债和三年自然灾害。在这样的环境下搞建设,以毛泽东为代表的中国共产党人以大无畏的革命精神和建设精神,硬是把一个破败不堪的旧中国,建设成为一个欣欣向荣的新中国,领导中国人民走上了社会主义道路,为社会主义新时期

的发展奠定了坚实基础。

这30年来的一个个成就本身就是一个个世界奇迹：新中国成立后半年实现财政收支基本平衡，三年医治了战争创伤，恢复了国民经济。仅用四年时间，完成了社会主义三大改造，建立了社会主义制度。这一时期，基本建立了较为完整的工业体系，建立了规模庞大、涉及领域广泛的科研院所。到1975年，中国工业总产值增长了30倍。同时，中国从无到有，完全依靠自己的力量，建立起了规模庞大的航空、航天、原子能及门类齐全的军工体系。人造卫星显神力，核弹爆炸振国威！这一时期，国家基础设施建设、文化教育卫生事业成绩斐然，人民生活水平比新中国成立前有了较大提高。1976年中国人的平均寿命达到男性65岁，女性69岁，这在发展中国家中几乎居于最高水平。以上表明，前30年成绩巨大，不容否定。

我们充分肯定前30年，并不否定这30年探索中出现的问题。主要表现在，指导思想上过于强调"政治挂帅"，阶级斗争扩大化，经济建设上过于强调主观力量的强大，忽视客观经济规律的基础作用。正因为前30年探索中缺乏社会主义建设的经验，出现了这样那样的错误，所以要改革，改革不是自我否定，而是社会主义自我完善；正因为前30年被封锁，所以要开放，开放是利用世界人民所创造的共同文明成果来加快我们的发展。因此，肯定前30年的探索和成绩，正视前30年的错误，才是历史唯物主义者应有的态度。

2. 改革开放后30年的成就与主要问题

1978年12月，党的十一届三中全会召开，迎来了中国改革开放的历史新时期。30多年来，中国特色社会主义现代化建设取得了令世人瞩目的巨大成功。总的来说，完善了各种体制，经济总量跃居世界第二，人民生活显著改善，教育、文化产业大发展，香港、澳门回归祖国，两岸和平发展呈现新的前景，综合国力快速增强，国际地位显著提高，等等。改革开放所取得的巨大成就，没有人能否定得了。

当然，改革开放虽然成绩举世瞩目，但也出现了一些问题。主要表现为，经济增长的资源环境代价过大；城乡、区域、经济社会发展仍然不平衡；农业稳定发展和农民持续增收难度加大；民生问题仍然较多，部分低收入群众生活比较困难；思想道德建设有待加强；党的执政能力同新形势新任务不完全适应；一些基层党组织软弱涣散；少数党员干部作风不正，形式主义、官僚主义问题比较突出，奢侈浪费、消极腐败现象仍然比较严重，等等。

3. 改革开放前后两个30年的相互关系

改革开放前后两个30年是探索、铺垫与继承、发展的关系。首先，后30年是对前30年体制的改革和完善，而不是否定。改革是在原有的基础上进行的改革。国家体制没变，依然实行人民民主专政，依然走社会主义道路；国家的领导力量没变，还是中国共产党领导；指导思想没有变，还是坚持马列主义、毛泽东思想。这都说明，改革开放是在原有的基础上进行的。前30年是以毛泽东为代表的共产党人，根据科学社会主义的原理，结合中国国情进行的社会主义探索；后30年是以邓小平、江泽民、胡锦涛、习近平等为代表的共产党人，在前30年的基础上进行改革开放，明确提出建设"中国特色社会主义"，实现了历史性的飞跃。所以，前后两个30年的历史阶段，都是新中国整体发展过程中不可分割的一部分，都是社会主义建设和发展的必然经历。

其次，前30年的探索，为后30年的发展打下了坚实基础。社会主义基本制度的建立，为当代中国一切发展进步奠定了根本政治前提和制度基础。在纪念党的十一届三中全会召开30周年大会上，胡锦涛指出："30年来，我们始终以改革开放为强大动力，在新中国成立以后取得成就的基础上，推动党和国家各项事业取得举世瞩目的新的伟大成就。"可见，改革开放新时期所取得的成就，是以新中国成立以后30年所取得的成就为基础的。没有前30年的奋斗与成功，没有前30年的政治基础、社会基础和经济基础，哪来的后30年改革开放？因此，新中国60年多年的发展历史是相互联系的，大体呈现阶梯式或螺旋式上升的基本趋势。60多年来，我们在社会主义各项建设事业上虽有失误、有挫折，但总体上呈现阶梯式或螺旋式上升的发展规律。

正确认识改革开放前后两个30年的重要意义

面对新中国两个30年的成就与问题，我们进行深刻的总结与反思极为必要。只有充分肯定两个30年的成绩，才能鼓舞人民的斗志，积聚继续前进的力量；只有反思两个30年的问题，才能吸取历史的教训，少受挫折，少走弯路。

正确认识和处理改革开放前后两个30年的社会主义实践探索的关系，不只是一个历史问题，更是一个政治问题。近些年来，

【知识链接】

习近平：改革开放前后的历史不能相互否定，新华社2013年1月5日。

中共中央党史研究室：《正确看待改革开放前后两个历史时期——学习习近平总书记关于"两个不能否定"的重要论述》，《人民日报》2013年11月8日6版。

梅宏：《如何正确评价改革开放前后的两个30年》，中国共产党新闻网2013年2月19日。

国内外敌对势力往往拿新中国建设中的历史问题做文章，竭尽攻击、丑化、污蔑之能事，根本目的就是要搞乱人心，煽动推翻中国共产党的领导和我国社会主义制度。这个重大政治问题处理不好，就会产生严重政治后果。

我们对历史问题和现实问题的反思，都应该建立在理性、客观和公正的基础之上。反思问题既不能成为否定前30年成绩的理由，也不能成为否定改革开放发展道路的理由。只有这样，才能不断地总结和吸取历史的经验教训，才能不断地促进社会进步与发展，中华民族的伟大复兴才能早日实现。

76 三线建设

> 三线建设，指的是自1964年起中华人民共和国政府在中国中西部地区的13个省、自治区进行的一场以战备为指导思想的大规模国防、科技、工业和交通基本设施建设。三线建设是中国经济史上一次极大规模的工业迁移过程，产生了深远的影响。

三线建设的背景

20世纪60年代，随着国际形势的演变，我国周边出现了严峻的局势。美国第七舰队公然进入我台湾海峡，同时与我国周边国家结成反华联盟，对我国东部和南部形成了一个半圆形的包围圈。在北部和西部，我国又面临苏联的巨大压力。1956年之后，中苏由于在意识形态等方面发生了很大的分歧，中苏关系破裂。随着中苏关系的进一步恶化，两国长达7300公里的边境线，出现了空前的紧张局势。

当时，我国的工业、国防工业的绝大部分都分布在东北、华北一带，形势十分紧迫。在此背景下，中共中央于20世纪60年代中期做出了"三线建设"的重大战略决策，它是在当时国际局势日趋紧张的情况下，为加强战备，逐步改变我国生产力布局的一次由东向西转移的战略大调整，建设的重点在西南、西北。

三线建设的过程与内容

所谓"三线"，一般是指当时经济相对发达且处于国防前线的沿边沿海地区向内地收缩划分三道线。一线地区指位于沿边沿海的前线地区；二线地区指一线地区与京广铁路之间的安徽、江西及河北、河南、湖北、湖南四省的东半部；三线地区指长城以南、广东韶关以北、甘肃乌鞘岭以东、京广铁路以西，主要包括四川(含重庆)、贵州、云南、陕西、甘肃、宁夏、青海等中西部省区和山西、河北、

三线建设

河南、湖南、湖北、广西、广东等省区的后方腹地部分，其中西南的川、贵、云和西北的陕、甘、宁、青俗称为"大三线"，一、二线地区的腹地俗称为"小三线"。

1964年8月，国家建委召开一、二线搬迁会议，提出要大分散、小集中，少数国防尖端项目要"靠山、分散、隐蔽"（简称山、散、洞），有的项目还要进洞，三线建设宣告拉开帷幕。1965年上半年，中共中央成立了西南三线建设委员会，李井泉为主任，程子华、阎秀峰为副主任。后来彭德怀、钱敏任西南三线建委副主任。在1964年至1980年，贯穿三个五年计划的16年中，国家在属于三线地区的13个省和自治区的中西部投入了占同期全国基本建设总投资的40%多的2052.68亿元巨资，400万工人、干部、知识分子、解放军官兵和成千万人次的民工，在"备战备荒为人民""好人好马上三线"的时代号召下，打起背包，跋山涉水，来到祖国大西南、大西北的深山峡谷、大漠荒野，风餐露宿，肩扛人挑，用艰辛、血汗和生命，建起了1100多个大中型工矿企业、科研单位和大专院校。

三线建设的影响

三线建设为中国中西部地区工业化做出了极大贡献，初步改变了我国内地交通落后、基础工业薄弱和资源开发程度低下的历史状况，建成了具有相当规模、门类齐全、生产和科技相结合的三线国防科技工业体系，使三线地区的机械工业有了长足的发展，已经成为优势产业。三线建设也给内地的一些城市带来了发展机遇，促进了内地经济繁荣和社会发展。攀枝花、六盘水、十堰、金昌等，以前是荒山野地，如今成了拥有钢铁、煤炭、汽车和有色金属等行业的工业城市。

三线建设也存在一些失误，给经济建设带来了负面的影响。各级"三线"建设指挥部片面追求速度，忽视施工质量；过分强调山、散、洞原则，违反了经济规律，没有达到应有的效益；由于三线地区社会经济落后，导致建设起来的企事业单位在之后很长一段时期内经营发展都极为困难；许多建设项目长期形不成生产力，给国民经济背上了一副十分沉重的包袱。

虽然，三线建设出现了一些主观上的失误，但它的成就与历史意义是主要的，它紧密把握住了我国当时的国内、国际所面临的复杂形势，为我国西部地区、内陆地区的进一步发展提供了扎实的基础与保障。

【知识链接】

陈东林：《三线建设——备战时期的西部开发》，中共中央党校出版社2003年版。

77 三支两军

> "三支两军"即"支左、支农、支工、军管、军训",是"文革"期间人民解放军奉命执行的支持"左"派群众、支援农业生产、支援工业生产、对要害和核心部门及地区进行军事管制、对大中专院校师生实行军政训练任务的简称。它是人民解放军全面介入"文化大革命"的标志,也是"文革"期间人民解放军肩负的一项重大政治任务,更是新中国成立以后党史和军史研究当中一个绕不开的重大问题。

实行"三支两军"的原因

"三支两军"是随着"文化大革命"不断恶化的形势而逐步提出来的。1966年底,"文革"进入"全面夺权"阶段后,全国处于"打倒一切"的混乱局面。1月23日,中共中央、国务院、中央军委、中央文革小组联合发布了《关于人民解放军坚决支持革命左派群众的决定》。"支左"成了"三支两军"的缘起和核心工作。

1967年2月,"文革"波及农村地区,影响到即将到来的春耕生产。鉴于此,中共中央"建议人民解放军当地部队和各级军事机关大力支持、帮助春耕生产工作"。2月23日,中央军委向全军发出了《关于军队大力支援地方抓好春耕生产的指示》。"支农"就此开始。3月3日,毛泽东在沈阳军区的一个报告上批示,"军队不但要协助地方管农业,对工业也要管","军队不能坐视工业生产下降而置之不理"。3月18日,党中央决定,人民解放军大力协助地方,支持工业生产工作。"支工"宣告开始。

随着"武斗"开始,各地出现严重动乱。地方党政组织陷于瘫痪和半瘫痪之中,公、检、法等机关失去作用,政府机关及各要害部门的安全和正常工作无法保障,工矿企业停产或半停产,交通严重堵塞。为了制止这些情况,从1967年1月起,中共中央、国务院、中央军委陆续做出对一系列单位实行军事管制的决定。1966

年底，中共中央、国务院发出《关于对大中学校革命师生进行短期军政训练的通知》。

到了1967年3月，夺权风暴愈演愈烈，全国局势更加混乱。鉴于此，1967年3月19日，中央军委发出《关于集中力量执行支左、支农、支工、军管、军训任务的决定》，这是中央军委第一次将"三支两军"这五项任务作为一个整体提出来。之后，全军师以上机关纷纷成立了"三支两军"办公室，"三支两军"开始在全国范围内轰轰烈烈地开展起来。

基本情况

在1967年3月至1972年8月的5年多时间中，解放军先后派出280余万人，分赴全国各条战线执行"三支两军"任务。其范围之广、规模之大、人员之多、时间之长、任务之巨，是解放军建军史上前所未有的，在中华人民共和国历史上也是空前的。

"三支两军"的核心和重点是支左。《关于人民解放军坚决支持革命左派群众的决定》的通知明确规定，"就是要军队坚决地站在无产阶级革命派一边，坚决支持和支援无产阶级革命左派的'夺权斗争'"。这样一来，支一派、压一派就成为支左最开始时的基本方法，支持左派进行夺权成为首要任务。但是不论哪一派，都号称以"无产阶级专政下继续革命"的理论为指导，打着"造反有理"的旗号，矛头指向所谓"走资派"。实际上他们之间只有派性观点之不同，没有左派与右派、革命派与反革命派之区别，因此，"支左"就是支派，不管支持哪一派，都不可避免地会加剧两派群众之间的对立，引起"支左"部队与被压制、被疏远的干部、群众之间的严重隔阂。

值得一提的是，各省、市、自治区都成立了以军人为首的"抓革命、促生产"领导小组，人民解放军担负起了支援农业的任务，保证了各地农村都及时完成春耕生产，阻止了农业生产持续下降的趋势，同时也使得在当时已遭到严重破坏的工业生产和大批濒临倒闭停产的工矿企业经受住了"文化大革命"的冲击，开始恢复生产。在军管过程中，人民解放军仅在1967年前5个月里，就对全国7000多个单位实行了军事管制。在"文化大革命"局势极度混乱的情况下，人民解放军的军事管制在保护国家财产、维护社会稳定、保证大型重点工程的建设以及社会生活必需品的正常生产这些方面，都发挥了重要的积极作用。

1972年8月，中共中央、中央军委发出《关于三支两军若干问题的决定》。

提出："为了加强党的一元化领导，凡是实行军管的地方和单位，在党委建立后，军管即可撤销；已经建立党委的地方和单位，军队应立即撤回部队，各级支左领导机构，及其办事机构即应撤销；所有留在地方工作的军队干部，应一律由地方党委统一管理，组织关系和人事档案，都要转到地方。"从此，参加"三支两军"工作的官兵陆续撤回部队，"三支两军"工作宣告结束。

影响与评价

对于"三支两军"问题，需要辩证地看待。"三支两军"在缓和紧张局面，维护社会秩序、工作秩序、学习秩序和生活秩序，保护干部群众，减少工农业生产和人民生命财产的损失等方面起了积极作用。但也使军队深陷的政治漩涡，严重地损害了军队自身的思想、作风、组织、纪律建设和军队的发展。正如邓小平所说，"关于'三支两军'问题，只讲一句话不好，光带高帽子不好，一定要讲两句话。第一句话：当时军队不出面不能维持局面，出面是正确的，'三支两军'是起了积极作用的。第二句话：'三支两军'给军队造成的危害是很大的，带来了许多坏的东西，对军队的威信损害很大。"

【知识链接】

刘炳峰：《中国人民解放军"三支两军"的前前后后》，《党史纵览》，2006年第1期。

北京卫戍区三支两军办公室学习文件：《高举毛泽东思想伟大红旗认真学习支左先进经验（第一至三集合订）》，北京卫戍区三支两军办公室1969年4月版。

78 "三要三不要"

> 所谓"三要三不要"是指：要搞马列主义，不要搞修正主义；要团结，不要搞分裂；要光明正大，不要搞阴谋诡计。

"三要三不要"问题的由来

随着"文化大革命"的进一步发展，毛泽东越来越把商品经济、按劳分配、八级工资制与"变修正主义""产生资产阶级"联系起来。因此，限制等级制度和破除特权思想，避免社会因贫富悬殊而产生两极分化现象，是他一直致力于解决的重大问题。为此，他特意指示开展"无产阶级专政理论"的讨论与学习运动。可是，张春桥、姚文元却将他这一以贯之的思想错误地引向"反经验主义"，他们到处宣传"经验主义是当前的主要危险"，并以此影射周恩来、邓小平，为攻击以周恩来、邓小平为代表的党和国家领导人制造舆论。毛泽东感到了问题的严重性，于是决定召开政治局会议专门讨论这一问题。在这次政治局会议上，他提出了"三要三不要"的原则。

"三要三不要"的内容

1974年12月26日，当毛泽东听完关于召开四届人大筹备工作的汇报后，对周恩来、王洪文作了关于学习无产阶级专政理论问题的谈话。毛泽东说："列宁为什么说对资产阶级专政，要写文章。要告诉春桥、文元把列宁著作中好几处提到这个问题的地方找出来，""大家先读，然后写文章。要春桥写这类文章。这个问题不搞清楚，就会变修正主义。要使全国知道。""我国现在实行的是商品制度，工资制度也不平等，有八级工资制，等等。这只能在无产阶级专政下加以限制。所以，林彪一类如上台，搞资本主义制度很容易。因此，要多读马列主义的书。"根据毛泽东的上述指示，张春桥、姚文元于1975年1月29日就将摘录的列宁关于无产阶级专政的论述呈报毛泽东。2月2日,毛泽东读后即在此报告上批语"同意印发"。22日,《人民日报》发表了《马克思、恩格斯、列宁论无产阶级专政》语录33条。3月1日,姚文元发表了《论林彪集团的社会基础》。4月1日,张春桥发表了《论对资产阶级的全面专政》。当时,在邓小平领导下的全面整顿成效显著,但是,"四人帮"却利用手中控制的舆论宣传工具,在学习、宣传"无产阶级专政理论"运动中,将各项整顿措施污蔑为"经验主义",把中央关于整顿铁路的决定说成是搞"复辟的纲领"。从3月起,江青等人在不同场合多次强调:"现在我们的主要危险不是教条主义,而是经验主义","经验主义是修正主义的帮凶,是当前的大敌"。四月中旬,江青正式要求中央政治局会议讨论反"经验主义"的问题,并主张就此问题进行思想的"交锋"。在"四人帮"的指挥下,各地报刊发表不少反"经验主义"的文章。一时间,"卫星上天,红旗落地""亡党亡国的危险"等耸人听闻的言论扩散开来。

　　4月18日,邓小平向毛泽东反映了这一情况,明确表示不同意"经验主义是当前的主要危险"的说法。毛泽东表示赞同邓小平的意见。4月20日,新华社《关于报道学习无产阶级专政理论问题的请求报告》经姚文元审阅修改后,报送毛泽东。该报告称,在今后一段时间里,我们要大力报道各级干部认真读书、刻苦钻研,决心弄通无产阶级专政的理论,反对学习中的不求甚解的作风。特别是要注意宣传各级干部通过学习,认识和批判经验主义的危害,自觉克服经验主义。特别值得注意的是:在这份报告中,他们提出把"反经验主义"作为学习专政理论的一项内容。23日,毛泽东阅后,在这份报告上批示道:"提法似应提反对修正主义,包括反对经验主义和教条主义。二者都是修正马列主义的,不要只提一项,放过另一项。各地情况不同,都是由于马列水平不高而来的。不论何者都应教育,应以多年时间逐渐提高马列为好。"他还特别有针对性地发出批评:"我党真懂马列的不多,有些人自以为懂了,其实不大懂,自以为是,动不动就训人,这也是不懂马列的一种表现。""此问题请政治局一议。"这显然是针对江青的。根据毛泽东的意见,中央政治局于4月27日开会,传达这个批示。邓小平、叶剑英等在会上发言,用事实揭露和批评江青等人自1973年以来的多次发难,把矛头对准周恩来的行径。针对"四人帮"发起的反"经验主义"的浪潮,邓小平指出:"很明显,这是一次有计划、有组织的反总理的行动。"这次会议结束后,江青等人攻击这次会议是对他们搞突然袭击、搞围攻,王洪文还写信给毛泽东,攻击邓小平、叶剑英等总是把形势说得一团漆黑,说这场争论"实际上是总理想说而不好说的话由叶、邓说出来",等等。

针对江青等人大反"经验主义"的行为，1975年5月3日，毛泽东召集中央政治局在京委员谈话，反复强调"三要三不要"，即：要搞马列主义，不要搞修正主义；要团结，不要搞分裂；要光明正大，不要搞阴谋诡计。他对江青等人反"经验主义""搞宗派活动"提出批评："我看批经验主义的人，自己就是经验主义，马列主义不多。"他对江青等人说："不要搞四人帮，你们不要搞了，为什么照样搞呀？为什么不和二百多个中央委员搞团结，搞少数人不好，历来不好。"还批评江青："不要随便，要有纪律，要谨慎，不要个人自作主张，要跟政治局讨论。有意见要在政治局讨论，印成文件发下去，要以中央的名义，不要用个人的名义，比如也不要用我的名义，我是从来不送什么材料的。"

根据毛泽东的意见，5月27日和6月3日，邓小平两次主持中央政治局会议，对"四人帮"反"经验主义"等错误进行批评。邓小平说，毛主席提出的"三要三不要"总结了历史经验，搞小圈子历来不好，不搞掉派性不行，"四人帮"值得警惕。随后，也有不少其他政治局委员相继发言，批评"四人帮"。"四人帮"为此不得不做出自我批评与检查，江青等人承认："'四人帮'是个客观存在"，"有发展成分裂党中央的宗派主义的可能"。

"三要三不要"问题的意义

1975年5月3日这次的中央政治局会议，是毛泽东生前主持的最后一次政治局会议，这次的讲话，也是他生前最后一次长篇讲话，意义深远。尤其是他重申的"三要三不要"原则对党与国家的历史产生了重大影响。在毛泽东的指示下，邓小平主持中央政治局连续开会批评江青等人，这是自"文革"发动九年来的第一次，沉重地打击了"四人帮"的嚣张气焰。这次会议后，王洪文不再主持中央政治局会议，经毛泽东同意，中央的日常工作由邓小平主持。中央的日常工作主持人的易位，使"四人帮"的势头受到遏制，为邓小平在全国推行全面整顿工作创造了有利条件。

79 "三个世界划分"理论

> "三个世界划分"理论是毛泽东在 1974 年 2 月 22 日会见赞比亚总统卡翁达时提出的理论。它标志着中国外交已从过度强调履行无产阶级国际主义和世界革命义务转到强调国家安全及和平发展为第一需要,这是中国共产党外交战略和指导原则的根本性转变。

"三个世界划分"理论形成的背景

新中国成立后,面对东西方冷战的复杂国际国内环境,在相当长的一段时期内,新生的人民政权面临着对外应对包围封锁、对内维护统一的诸多考验。我国适时提出了"另起炉灶、打扫干净屋子再请客、一边倒"的三大外交政策,根据社会制度和政治力量的标准,认为世界上存在着三种力量,即:社会主义力量、资本主义力量、民族主义力量。20 世纪 60 年代后,世界风云急剧变化,出现了大动荡、大改组的局面。随着世界殖民体系的陆续瓦解,民族解放运动风起云涌,一些国家纷纷取得独立;美国因深陷越南战争泥潭,国内出现新的经济危机,不得不开始调整其欧洲政策和亚洲政策;苏联不断扩张的军事力量特别是全球性的进攻态势,对中国形成了越来越大的军事压力。

"三个世界划分"理论形成的过程

1946 年 8 月 6 日,毛泽东会见美国记者安娜·路易斯·斯特朗时,首次提出了关于"中间地带"的思想,他强调:"美国和苏联中间隔着极其辽阔的地带,这里有欧、亚、非三洲的许多资本主义国家和殖民地、半殖民地国家"。1954 年 8 月,毛泽东在同英国工党代表团谈话时,再次阐述了"中间地带"问题,提出美国的目标就是要占领处在这个广大中间地带的国家。

1964 年 7 月 10 日,毛泽东在同日本社会党人士谈话时,提出了"两个中间地带"理论，即：当今世界有两个中间地带，即"亚洲、非洲、拉丁美洲是第一个中间地带；欧洲、北美加拿大、大洋洲是第二个中间地带"；"整个亚洲、非洲、拉丁美洲的人民都反对美帝国主义。欧洲、北美、大洋洲也有许多人反对美帝国主义"。

1974年2月22日，毛泽东会见赞比亚总统卡翁达时，提出了关于"三个世界划分"的理论，号召"第三世界"联合起来反对霸权主义。毛泽东主席说："我看美国、苏联是第一世界。中间派，日本、欧洲、加拿大，是第二世界。咱们是第三世界"，"第三世界人口很多。亚洲除了日本都是第三世界。整个非洲都是第三世界，拉丁美洲是第三世界。"1974年4月10日，邓小平代表中国政府在联合国第六届特别会议发言中，全面系统地阐述了毛泽东的"三个世界划分"理论，引起了世界各国广泛的关注。

"三个世界划分"理论的意义

毛泽东关于"三个世界"的划分标准有两个维度：第一个维度是以国家实力为标准，即以军事实力、经济实力为标准。毛泽东认为，"美国、苏联原子弹多，也比较富"，属于第一世界。"欧洲、日本、澳大利亚、加拿大，原子弹没有那么多，也没有那么富"，属于第二世界。中国和其他亚、非、拉国家属于第三世界。

第二个维度是突破了以意识形态和社会制度划线的框框，以称霸与反霸斗争为标准。三个世界的战略思想指明：苏、美两霸是第一世界，它们互相争夺世界霸权。占世界人口大多数的第三世界国家和人民，是反帝、反殖、反霸的主力军。占世界人口五分之一的中国，已经由当年的半殖民地半封建国家变为强大的社会主义国家，和其他坚持反帝反霸的社会主义国家一道，坚定地站在第三世界一边，成为第三世界中不可动摇的力量。在上述两者之间的发达国家，如英国、法国、西德、日本等是第二世界，它们具有两面性，是第三世界在反霸斗争中可以争取或联合的力量。

毛泽东主席关于划分三个世界的正确战略，为社会主义国家和被压迫民族团结一致，建立最广泛的统一战线，反对苏美两霸和它们的战争政策，提供了强大的思想武器。关于三个世界的理论，是我国当时制定对外政策的重要依据。

【知识链接】

姜安：《毛泽东"三个世界划分"理论的政治考量与时代价值》，《中国社会科学》，2012年第1期。

何理：《毛泽东关于三个世界划分理论与二十世纪七十年代中国外交战略调整》，《中共党史研究》，2010年第4期。

80 民国三大校长

> 民国时期，我国高等教育得到显著发展，涌现出一批知名学府和知名教育家，时人将北京大学校长蔡元培、清华大学校长梅贻琦、南开大学校长张伯苓合称为"民国三大校长"。

北京大学校长蔡元培

蔡元培（1868—1940），浙江绍兴山阴县（今浙江绍兴）人，是民国时期著名的革命家、教育家、政治家。早年时期，蔡元培精通我国旧式教育，17岁即中秀才，22岁中举人，25岁中进士，27岁授职翰林院编修。同一年，甲午战争爆发，开始接触西式教育。1904年蔡元培在上海参与组建光复会，1905年同盟会成立，蔡元培随光复会加入同盟会，并成为同盟会重要负责人之一。辛亥革命后，蔡元培担任南京临时政府第一任教育总长。1916年至1927年间担任北京大学校长。1927年之后先后担任南京国民政府司法部长和监察院院长等职。20世纪30年代，与宋庆龄等发起组织中国民权保障同盟，开展爱国运动，营救爱国人士。抗战后，迁居香港，于1940年病逝于香港。

蔡元培在1916年至1927年担任北京大学校长期间，对北京大学进行了重大改革，成效显著。蔡元培第一个改革的是学生观念。以往北京大学的学生，还带有明显的旧教育不良习惯。蔡元培到任第一次演讲就提到："大学生当以研究学术为天职，不当以大学为升官之阶梯"。蔡元培第二个重大的改革就是不拘一格求人才，聘请《新青年》主编陈独秀为文科学长，聘请李大钊、钱玄同、胡适等一批年轻、富有思想的学者为教授。胡适当时刚从美国回来，还未获取博士学位，蔡元培为了让他进入北大任教而不惜学历造假。第三个重大改革就是提倡"思想自由，兼容并包"的办学方针，实行"教授治校"。在蔡元培主政期间，北京大学既有陈独秀等许多新文化运动中的著名人物，也有黄侃、刘师培、辜鸿铭等政治上保守且旧学深厚的学者。校园内无政府主义思想、马克思主义思想、国家主义思想等不同思想都能够并存。第四改革是招收女学生，开创全国中立大学招收女学生之先例。此外，蔡元培特别反对政府对学校的干预。经过蔡元培的改革，北京大学成为当时全国文化的中心。

清华大学校长梅贻琦

梅贻琦（1889—1962），字月涵，天津人，是民国时期著名的教育家。他1909年报考首批庚子退款赴美留学生，1910年进入美国武斯特工学院，1915年留学归国，在清华当物理学教师，先后担任清华大学教务长、清华大学留美学生监督处监督等职，并于1931年担任国立清华大学校长。1937年至1945年期间，清华大学、北京大学、南开大学合并为西南联合大学，梅贻琦则担任校务委员会常委兼主席，西南联大的存在和发展，在我国高等教育史上写下了重要篇章。抗战胜利后，梅贻琦回到北平，继续担任校长，直到1948年12月清华园解放前夕。新中国成立之后，梅贻琦先赴美，随后再赴台，任台湾国民政府教育部部长，兼任台湾清华大学校长，推动了我国台湾教育的发展。1962年在台湾去世。

梅贻琦于1931年10月至1948年12月出任国立清华大学校长，认为师资为学校发展第一要务，到职后曾多次阐述"所谓大学者，非谓有大楼之谓也，有大师之谓也""师资为大学第一要素"等办学至理，并积极延聘国内国际著名学者来校执教。在梅贻琦的努力下，冯·卡门、哈达马等国际一流学者来清华大学作长期或短期讲学。此外，他还认为："大学应有两种目的，一是研究学术，二是造就人才。"在他的主持下，清华大学得到长足发展，全校设有文、理、工、法、农等5个学院26个系，在校师生2400多人，成为一所在国内外颇有影响的学府。

南开大学校长张伯苓

张伯苓（1876—1951），原名寿春，字伯苓，天津人，民国时期著名的教育家，南开大学的创办者。因为其一生执着于南开系列教育，因此也有"南开先生"的称号。张伯苓1892年入天津北洋水师学堂学习驾驶，1897年毕业后服务于海军，不久离职回天津执教于家馆。1904年，张伯苓赴日考察教育，回国后将家馆改建为私立中学，定名敬业学堂。1907年，在天津城区南部的开洼地，即民间所称"南开"，建成新校舍，遂改称南开中学堂，从此声名渐著，现在的天津市南开区也由此得名。1917年秋赴美国，入哥伦比亚大学研究教育，次年回国，着手筹办南开大学。1919年秋南开大学正式开学。1923年，创办南开女子中学。1928年创办实验小学。1937年之后，南开大学先迁长沙，继迁昆明，与北大、清华合组成西南联大，张伯苓任校委会常委。1938年7月起，张伯苓先后担任国民参政会副议长、中央监察委员、考试院院长等职。1949年留在了大陆，1951年病逝于天津。

张伯苓为我国教育做出了巨大贡献。1937年前，南开已形成了从小学、中学到大学的完整体系，他先后担任校长四十余年，培养出不少人才。1936年迫于抗战形式的紧要和南开学校的生存发展，张伯苓入川创办重庆南开中学。张伯苓还提倡教育救国，办学方针注重理工科教育。他反对学生介入社会政治活动，但也曾保护过进步师生。

蔡元培、梅贻琦、张伯苓不仅是北京大学、清华大学、南开大学的校长，为这三所学校的发展做出了巨大的贡献，也是我国著名的教育思想家，他们的教育思想、办学理念影响深远，对我国当今的教育仍有许多借鉴。

【知识链接】

王云五、罗家论等：《民国三大校长》，岳麓书社2015年版。

李春萍：《"春风化雨"：蔡元培与中国现代大学制度》，《高等教育研究》2010年第2期。

81 邓小平的"三落三起"

> 一代伟人邓小平在20世纪30年代初至70年代末的近50年政治生涯中,遭受过"三次被打倒,又三次复出"的传奇人生经历。人们将这些经历概括为"三落三起"。第一次"落起"在30年代初期中央苏区,第二次"落起"在"文化大革命"期间,第三次"落起"在1976年至1977年。

邓小平的早年经历

1904年8月22日,邓小平在四川省广安县的一个富裕农家诞生。他5岁入私塾,高小毕业后考入广安县中学,1919年秋又考入重庆勤工俭学留法预备学校,次年夏正式赴法勤工俭学。在法期间,他于1922年夏参加旅欧中国少年共产党,后转为中国共产党党员。同时,他还积极参加旅欧共青团支部工作,担任机关刊物《赤光》的编辑工作,并当选为旅欧共青团执行委员会书记局委员。1926年初,他离法赴苏,先后在莫斯科东方大学、中山大学学习,1927年春,奉命回国。南京国民政府发动"四一二"政变后,他于6、7月间转赴汉口,年底又随中共中央机关秘密迁往上海。1929至1930年间,邓小平与张云逸、韦拔群、俞作豫、李明瑞等革命同志一起,先后领导发动了广西百色、龙州起义,创建了红七、红八军和左、右江革命根据地。1931年夏,到达江西中央革命根据地后,他先后担任中共瑞金县委书记、会昌中心县委书记、江西省委宣传部长。

"三落三起"的传奇人生

邓小平第一次"落起",是在30年代初期中央苏区时。由于以博古为代表的党内领导者推行"左"倾冒险主义路线,而邓小平、毛泽覃、谢唯俊等人坚决支持以毛泽东为代表的正确路线。为此，邓小平遭到批斗，一度被关进监狱。在会昌中心县委书记、省委宣传部长等职务被撤销后，他被改派到中央苏区边远的乐安县南村区委担任巡视员，并受到党内"最后严重警告"的处分，后在军委政治部主任王稼祥等人的支持下，被调到总政治部担任秘书长。直到1935年遵义会议召开后，邓小平的这次"落起"才最终画上了句号。

邓小平第二次"落起"，是在"文化大革命"期间。1966年"文革"开始以后，邓小平作为"刘、邓资产阶级司令部"的第二号"走资派"被打倒，并被撤销了一切领导职务。1969年10月，他又被下放到江西省新建县拖拉机修造厂接受劳动改造。这是他一生中最为痛苦的时期。直到1973年，邓小平的国务院副总理职务才得以恢复。1975年初，由于周恩来病情加重，他被任命为中共中央副主席、国务院第一副总理、中央军委副主席兼总参谋长，开始主持党、政、军的日常工作。这是邓小平人生中的第二次"落起"。

邓小平第三次"落起"，发生于1976年至1977年。由于邓小平"全面整顿""文化大革命"的错误，试图纠正"以阶级斗争为纲"的错误方针，遭到"四人帮"的诬陷，进而引发"批邓、反击右倾翻案风"的政治运动。1976年4月，他被撤销党内外的一切职务，再次被打倒。直到1977年7月党的十届三中全会召开，邓小平才再次复出，其党、政、军领导职务也得以恢复。这是他政治生涯中的第三次落而再起。

"三落三起"的历史启示

【知识链接】
刘征：《邓小平政治生涯的"三个三"经历及其影响解读》，《社会科学论坛》，2014年第10期。
赵晓光、刘杰：《邓小平的三落三起》，辽宁人民出版社2011年版。

邓小平的"三落"，固然属于个人的不幸遭遇，但深入思考其发生的原因及奇迹般复出的经历，对于当下党的建设和个人的成长成才也不无启示意义。

第一，要完善和践行党内民主制度。纵观小平同志"三落三起"的每一个过程，几乎都与党内高层领导的工作作风与工作方式、思想认识有着千丝万缕的联系。因此，党的各级领导干部要始终遵循民主集中制的基本原则，坚决反对任何形式的专断和独裁，以增强决策的科学化和民主化。

第二，要有百折不挠、追求真理并为之奋斗到底的毅力和品质。苏区时期，在党内错误路线横行、教条主义泛滥的情形下，小平同志能以极大的勇气，不顾个人的安危，坚决地同错误路线、教条主义作斗争；"文革"期间，两次被打倒，并以七十多岁高龄带领全家下放的他，非但没有丝毫悲观的情绪，反而深入思考中国未来出路的问题。这种"三落三起"的传奇经历，生动体现出邓小平坚定的共产主义信仰和不屈不挠的精神品质。

82 十一届三中全会

> 十一届三中全会即中国共产党第十一届中央委员会第三次全体会议,这次会议于1978年12月18日—22日在北京举行,会议的中心议题是确定把全党的工作重点转移到社会主义现代化建设上来。十一届三中全会后,我国进入了建设中国特色社会主义的新时期。

全会召开的背景

经过十年"文化大革命"的动乱,中国积累了许多严重的政治问题和社会问题。粉碎"四人帮"以后,人们要求对"文化大革命"中的冤假错案进行平反,要求纠正"文化大革命"的错误。然而,当时中共中央的主要领导人仍然坚持"左"的指导思想,提出"两个凡是"的方针,这引起全国上下的不满。于是,思想理论界展开了一场真理标准问题的大讨论。这次讨论,是自延安整风运动以来的又一次思想解放运动,它冲破了长期以来"左"倾思想的束缚,推动了拨乱反正工作的顺利进行,成为改革开放的思想先导,为党重新确立实事求是的思想路线、实现历史性的转折奠定了思想理论基础。

1978年11月10日—12月15日,中共中央在北京召开中央工作会议。在与会者的强烈要求下,中央政治局做出为"天安门事件""批邓、反击右倾翻案风"等重大错案平反的决定。12月13日,邓小平在中央工作会议闭幕式上发表了题为《解放思想,实事求是,团结一致向前看》的讲话。这篇讲话统一了全党思想,既是中央工作会议的总结,实际上也成了随后召开的中共十一届三中全会的主题报告,为中共十一届三中全会确定具有划时代意义的新决策奠定了基础,如今人们称它为新时期改革开放的宣言书。

全会的主要内容

十一届三中全会解决了新中国成立以来党的历史上的一系列重大问题，做出了关系到党和国家前途的一系列重大决策。

第一，全会冲破了"两个凡是"的束缚，重新确立了党的实事求是的思想路线。全会坚决批判了"两个凡是"的错误方针，强调必须完整地掌握毛泽东思想的科学体系。全会高度评价了关于真理标准问题的讨论。会议确定了解放思想、开动脑筋、实事求是、团结一致向前看的指导方针，实现了思想路线的拨乱反正。

第二，全会果断地停止使用"以阶级斗争为纲"的口号，做出了把工作重点转移到社会主义现代化建设上来的战略决策，实现了政治路线的拨乱反正。

第三，全会审查和解决了党的历史上一大批重大的冤假错案和一些重要领导人的功过是非问题，重新确立了党的民主集中制和集体领导的组织原则。全会增选陈云为中共中央副主席，邓颖超、胡耀邦、王震为中央政治局委员，选举产生了以陈云为第一书记的中央纪律检查委员会。这就为党的正确的思想路线和政治路线的贯彻提供了组织保证。

第四，全会提出调整国民经济和实行改革开放的重大方针。

第五，全会提出了健全社会主义民主和加强社会主义法治的任务。

全会的历史意义

中共十一届三中全会是新中国成立以来党的历史上的伟大转折，具有深远的意义。

第一，全会从根本上结束了长期以来的"左"倾错误，完成了党的工作重心的转移，开始了中国共产党在思想、政治、组织等领域的全面拨乱反正，重新确立了党的马克思主义的思想路线、政治路线、组织路线，形成了以邓小平为核心的第二代中央领导集体。

第二，结束了粉碎"四人帮"以来党的工作在徘徊中前进的局面，将中国的社会主义事业引向了健康发展的道路。

第三，揭开了社会主义改革开放的序幕，以这次全会为起点，中国共产党正式开辟了建设中国特色社会主义的新道路，标志着中国从此进入了改革开放和社会主义现代化建设的历史新时期。

83 中美三个联合公报

> 在中美断交 20 多年以后，1972 年 2 月，美国总统尼克松访问中国，2 月 28 日，中美在上海正式发表了《中美上海联合公报》，两国关系开始向正常化方向发展。随后，中美在 1978 年 12 月 16 日发表《中美建交联合公报》，1982 年 8 月 17 日，针对美国向台湾出售武器问题，中美发表了《中美八一七联合公报》。三个联合公报构成了中美关系的政治基础，成为指导两国关系发展的纲领性文件。

问题的源起

20 世纪 60 年代以来，中苏关系破裂，中国在国际上处于相对孤立的状态，而美国为了能够在美苏争霸中占据战略优势，也迫切希望与中国建交。中美双方经过多次接触，1971 年 7 月，基辛格秘密访华，并就尼克松总统访华达成协议，1972 年 2 月，美国总统尼克松应周恩来总理的邀请访华，中美交往的大门重新打开。尼克松访华期间，中美双方于 1972 年 2 月 28 日在上海发表了《中美上海联合公报》，标志着中美关系开始走向正常化。

1974 年 8 月，尼克松总统因"水门"事件被迫辞职，严重影响了中美关系正常化的进程。福特总统上台后，由于美苏关系缓和，美国有意疏远中国，多次发生违反《中美上海联合公报》的言行。

1977 年 1 月，卡特总统上台后，积极推进中美关系的发展，1978 年 12 月 16 日，中美两国发表了《中美建交联合公报》，1979 年 1 月 1 日，中美两国正式建立大使级外交关系，美国宣布断绝同台湾的所谓"外交关系"，并于年内撤走驻台美军，终止美台《共同防御条约》。1979 年 1 月，应美国总统卡特的邀请，中国领导人邓小平访美，揭开了中美关系史的新篇章。

1979 年 4 月，美国国会通过《与台湾关系法》，该法案包含多项违反中美建交协议的条款，中国政府对此表示强烈反对，里根政府为维持与中国的正常外交关系,积极与中国政府就美国向台湾出售武器的问题展开谈判,1982年8月17日,两国政府发表《中美八一七联合公报》,美方承诺向台湾出售的武器在性能和数量上将不超过建交以来近几年的水平,准备逐步减少对台湾的武器出售,并经过一段时间最后解决。中美三个联合公报即《中美上海联合公报》《中美建交联合公报》《中美八一七联合公报》成为中美关系发展的指导性文件。

中美三个联合公报的内容

《中美上海联合公报》的主要内容包括:第一,双方各自阐述对待重大国际问题的不同立场和观点;第二,处理两国关系的基本原则和双方的共同点,双方同意以和平共处五项原则来处理国与国之间的关系,并就一些国际和地区问题达成共识;第三,关于台湾问题,中美都坚持一个中国的原则,台湾是中国的一部分,理应由中国人自己来解决台湾问题。

《中美建交联合公报》的主要内容包括:宣布自1979年1月1日起两国正式建立外交关系,并决定双方于3月1日互派大使。美国承认中华人民共和国是中国的唯一合法政府,只有一个中国,台湾是中国的一部分,在此范围内,美国人民将同台湾人民保持文化、商务和其他非官方的关系。公报重申了上海二二八公报中双方同意的各项原则。美国政府于1971年1月1日发表声明,承诺对台湾当局"断交、撤军、废约"三项建交条件。1980年1月,美国宣布废除1954年与台湾签订的美台《共同防御条约》。此后,美台双边事务改由非官方机构处理。

《中美八一七联合公报》的内容包括:美方承诺向台湾出售的武器首先在性能和数量上不超过建交以来近几年的水平,分步骤逐步减少,并经过一段时间最后解决。中方指出,美向台出售武器是侵犯中国主权的行为,中国坚决反对;考虑到历史的因素,中方同意美国在切实尊重中国主权的前提下,逐步减少直至最后终止向台湾出售武器。公报提出了解决美国向台湾出售武器的问题所应依据的原则和步骤。

中美三个联合公报发表的意义

中美三个联合公报的发表是中美关系史上的重要事件,也是当代国际关系中的一个重要事件。三个联合公报都强调坚持一个中国原则,是正确处理中美两国关系以及我国台湾问题的基础,为中美关系的正常发展奠定了基础,坚持一个中国政策和中美三个联合公报的原则是中美关系健康发展的政治基础。

84 两岸"三通"

> 两岸"三通"是指台湾海峡两岸之间双向的直接通邮、通商与通航,而不是局部或间接的"三通"。两岸"三通"将增加两岸政治上的互信度,可搁置争议,消减敌意,增强民族凝聚力,两岸经贸和民间交流也将进一步加强。

两岸"三通"想法的由来

1981年9月30日,在中华人民共和国成立32周年前夕,全国人大常委会委员长叶剑英向新华社发表谈话,进一步阐述了中国共产党关于台湾回归祖国、实现和平统一的九条方针政策。在第二条中提出"建议双方共同为通邮、通商、通航、探亲、旅游以及开展学术、文化、体育交流提供方便,达成有关协议"。这是大陆第一次明确提出"三通"的概念与内容。

祖国大陆一直以来主张实现两岸全面直接的"三通",即两岸之间双向的直接通邮、通商与通航,而不是局部或间接的"三通"。"三通"的核心是实现两岸之间的直航。其主要功能和作用是为两岸人员往来、经济合作和各项交流提供便利的交通运输条件。因此,两岸直航在本质上是一种经济行为,属经济范畴的问题。两岸"三通",是几十年来海峡两岸未竟的诉求。一个简单的经济问题,因为人为的因素变得如此复杂;一个起码的要求,却被赋予了太多的政治色彩。为了台湾民众的福祉,为了中华民族的共同利益,祖国大陆早已敞开"三通"的大门,以博大的胸襟、高瞻远瞩的目光,务实地推动着"三通"的进程。

在海峡两岸同胞们的共同努力下,2008年11月4日,海协会会长陈云林与海基会董事长江丙坤在台北达成了海运、空运、邮政、食品安全等四项重要协议。这意味着两岸民众期盼已久的直接通航、通邮、通商终将变成现实。

两岸"三通"的具体内容

两岸"三通"主要包括三个方面的内容：

一是空运直航。2008年12月15日8时05分，大陆东方航空公司的MU2075航班从上海浦东机场起飞，首度沿"截弯取直"的台湾海峡空中双向直达航路飞向台北。6分钟后，台湾复兴航空公司的332号航班从台北松山机场腾空，也第一次沿双向直达航路前往上海。当天两岸直航包机飞航桃园—北京、桃园—上海、桃园—深圳、桃园—杭州、天津—桃园、广州—桃园、松山—上海、杭州—松山、深圳—松山9条航线，首日有16个航班往返两岸，卖座九成以上，上海、广州及杭州等航线客满。此后，双方每周七天共飞不超过108个往返班次，并视市场需求适时增减班次。

二是海运直航。两岸有多家海运公司在2008年12月15日先后发出各自的两岸海运直航船舶。此后，大陆63个港口（其中，海港48个，河港15个）与台湾11个港口间构建起了一条繁忙的直达"黄金海路"。

三是直接通邮。两岸全面、直接、双向通邮也于2008年12月15日正式启动。2008年12月15日9时17分许，台湾中华邮政公司董事长吴民佑寄出第一封快捷邮件给中国邮政集团总经理刘安东，这是首封从台湾寄往大陆的快捷邮件，当天下午即送达。此前，两岸间的邮件最快也要大约三天才能到达。两岸直邮后，航空邮件将由国航、台湾华航和长荣航空执飞。

两岸"三通"实现的意义

实现两岸"三通"主要有以下几点意义：

一为两岸的和平发展构筑了坚实的政治基础。两岸"三通"的正式实现为两岸交流提供了更加充沛的动力，它的意义不仅在于巨大的经济效益，也为两岸和平发展开辟了更广阔的道路。首先，它从根本上改变了海峡两岸的敌对状态，为两岸政治和谈开创了空间。其次，它突破了两岸政治意识形态的隔阂，势必会增加两岸之间的相互信任，为两岸今后的其他谈判累积经验，也为未来的两岸政治关系谈判提供了基础和方法，有助于两岸关系的稳定。再次，它也将两岸更紧密地联结在一起，为祖国的最终统一奠定了基石。

二为两岸的经贸交流开辟了更广阔的空间。"三通"主要是有关两岸海运直航、空运直航、直接通邮的三项协议。"三通"基本实现后，两岸经贸往来将进入新的历史阶段。其一，从台湾自身发展看，"三通"为台湾的经济发展注入了活力。其二，"三通"的实现，有利于两岸实现"经济一体化"的进程。其三，大陆和台湾在经济发展过程中形成了各自的特点与优势，"三通"将使两岸的资金、技术、资源和人才等经济因素充分结合，实现优势互补，推动两岸经济持续快速发展。

三为两岸民众间的交流搭建了真实的平台。自1949年国民党兵败台湾，至1987年末近40年时间，两岸人民在经济、文化甚至亲缘联系上长期处于隔绝状态。在此期间，两岸之间一切经贸、通航与通信往来完全中断。这也致使海峡两岸的亲人同胞无法相聚，两岸民众缺乏真正沟通交流的渠道。"三通"的正式实现使得海峡两岸的炎黄子孙能够通过更便捷的方式重聚，对于拉近两岸人民的距离具有积极作用。

两岸民众在"大三通"实现的前后，由于两岸关系已经开始出现松动，也出现了往来人数和规模逐渐增多的趋势，这也为增进两岸人民相互了解，消除彼此隔膜具有重要意义。

【知识链接】

刘红：《实现和平发展与和平统一的光辉文献——学习胡锦涛在纪念〈告台湾同胞书〉发表30周年座谈会上的重要讲话》，《北京联合大学学报（人文社会科学版）》，2009年第2期。

85 教育的三个面向

> 1983年9月，邓小平为北京景山学校题词"教育要面向现代化，面向世界，面向未来"，在1985年的《中共中央关于教育体制改革的决定》中，明确把"教育要面向现代化，面向世界，面向未来"作为我国教育的战略方针和教育的发展方向。

问题的源起

邓小平同志一直十分关注中国的教育与科技的发展。早在1951年年初，邓小平同志就曾指出："学校教育的困难，在于教育改革，不在于经费。最大的问题是方针，而方针在于能不能团结教育界，发挥他们的积极性。"邓小平对"文化大革命"中违背教育规律、反教育的可恶行径进行了深刻揭露，对中国的教育事业深表忧虑。1975年，小平同志复出之后，主动要求抓教育。1977年，邓小平同志在全党、全国明确地提出"尊重知识，尊重人才"的命题。正是邓小平同志在关键时刻力挽狂澜，中国教育才迎来了明媚的春天。1983年为景山学校题词中，他写道："教育要面向现代化，面向世界，面向未来。"这一观点的提出，充分体现了邓小平同志立足于世界发展大气候和中国现实的战略家的胸怀和思想家的睿智，为中国教育事业的发展指明了正确的方向。

"教育的三个面向"的内容

第一，教育要面向现代化。就是要面向我国的社会主义现代化，强调的是教育与经济发展和社会进步的关系，要求教育要主动适应和服务于我国社会与经济的发展，要服务我国社会主义现代化建设的需要。教育要面向现代化包含三个层面的含义：其一，教育必须为社会主义现代化建设服务，教育必须提高我国公民的科学、文化和思想道德素质，培养和造就数量充足、质量合格、结构合理的各级各类建设人才，为我国现代化建设事业提供精神动力和智力支持；其二，社会主义现代化建设必须依靠教育，经济要发展，科学技术的现代化尤其关键，而实现科学技术的现代化，无疑需要依靠高科技的人才，人才的培养根本在于教育；其三，教育自身也需要现代化，经济要发展，教育要先行，要实现社会主义现代化，首先要实现教育的现代化，要在教育理念、教育经费、教育资源、教育手段等方面保证教育的优先发展。

第二，教育要面向世界。就是要求我国的教育改革与发展，不仅要着眼于中国，还要放眼世界。我们可以从两个方面来理解教育要面向世界，一方面，教育要面向世界要求教育要为我国的对外开放方针、政策服务，当今世界是开放的世界、合作的世界，我国要进行社会主义现代化建设必须要改革开放，进行全面的改革开放就需要有一大批能够走向世界的开放型人才，这就要求教育要主动适应并服务于这种需要，培养能够参与和胜任国际竞争的各方面人才；另一方面，教育要面向世界也要求教育自身的对外开放，我国的教育要与世界接轨，吸收世界上先进的教育科学成果，加强国际教育合作与交流，只有这样，教育才能更好地为国家对外开放服务，更好地培养出适应对外开放的人才。

第三，教育要面向未来。当今，随着科学技术的飞速发展，知识更新的周期越来越短，人们所获取的知识不断陈旧或过时，而新的知识在不断涌现，传统的学校教育已经不能适应当前形势发展的需要。因此，这就要求人们要有未来意识和前瞻意识。要求教育要面向未来，教育要为未来社会培养人才，强调了教育发展的前瞻性和教育为未来经济社会发展服务的功能，其核心在于教育为未来的发展储备人才，使人才有充分能力适应未来科技与经济的高度发展、迅速更新和激烈竞争，从未来的科技、经济、文化发展的特点来考察和筹划教育的发展战略。

面向现代化、面向世界、面向未来这三者之间既互相联系，又各有侧重，是一个统一的整体。教育面向现代化是基础，是核心；教育面向世界是基本要求；教育要面向未来是战略指向。按照三个面向的教育发展方针，我国的教育必须不断地改革和发展，必须博采众长，了解和吸收世界先进的科学技术和教育经验，必须及时预测和研究未来社会的发展，把握世界教育发展的趋势，从而使我国的教育能自立于世界教育之林，使我们的子孙后代能凭借其整体的优良素质主动参与日益激烈的国际竞争。

"教育的三个面向"的意义

"三个面向"的题词言简意赅，集中体现了邓小平同志关于教育改革与发展的指导思想，也反映了建设有中国特色社会主义对教育的客观要求，把握了时代特征和对世界未来的科学预测，确定了我国新的历史时期迎接和适应世界新的技术革命的总对策，是邓小平教育思想的精髓，也是当代中国各级各类教育改革与发展的战略指导方针。

86 清理"三种人"

> 清理"三种人"是1983年10月到1987年5月大规模整党运动中纯洁党的组织的主要任务。所谓"三种人"是指：跟着林彪、"四人帮"造反起家的人，帮派思想严重的人，打砸抢分子。

清理"三种人"的背景

由于"文化大革命"给党带来了严重的不良影响，在这场内乱中，不少人打着"革命"的旗帜混入了党内和各级革命政权，党的各级组织因此失去了纯洁性。"文化大革命"结束后，虽然中国步入了改革开放的新时期，但仍有"三种人"存在于党内，严重影响改革开放事业的顺利进行，因此，必须对"三种人"进行清理。

1982年7月3日，陈云在中共中央政治局扩大会议上提出："对于提拔青年干部要注意：一方面必须成千上万地提拔，绝不是提拔几个或几十个；另一方面，在提拔中青年干部时，必须对'三种人'保持警惕，决不能提拔造反起家的人、帮派思想严重的人、打砸抢分子，对这些人一个也不能提拔，必须坚决撤下来。"这是"三种人"的首次提出。1982年12月30日，中共中央发出《关于清理领导班子中"三种人"问题的通知》，开始对"三种人"进行清理。

为了切实解决"文化大革命"给党造成的严重破坏，解决党内存在的思想上、作风上、组织上的严重不纯。1983年10月11日至12日举行的中共十二届二中全会通过了《中共中央关于整党的决定》，确定从1983年冬季开始全面整党。整党的任务是：统一思想，整顿作风，加强纪律，纯洁组织。邓小平在会上作了题为《党在组织路线和思想路线上的重要任务》的讲话。他说："其中最危险的是'三种人'。这些人已经清查和处理了一批，有些在思想上和行动上已经有所改正。但是确有相当一批立场没有改变而在党内隐藏了下来。""他们是一股有政治野心的政治势力，不可小看，如果不在整党中解决，就会留下祸根，成为定时炸弹。"1984年7月31日,中共中央再次发出《关于清理"三种人"的补充通知》。《通知》要求对人员的清理进行彻查但防止扩大化,并坚决抵制这些人员进入各级领导班子。

清理"三种人"的过程

其实在整党之前就已经清查和处理了一批"三种人"。"文化大革命"结束后,全国各地开展了揭批林彪、"四人帮"运动。中共十一届三中全会后,党和政府决定对林彪、"四人帮"反革命集团依法进行审批,并做了大量的准备工作。1979年8月4日,全国"两案"审理工作座谈会召开,"两案"审理工作拉开了序幕。随后,中共中央成立了彭真主持的审判工作委员会,并成立了特别检查厅和特别法庭。全国各省(直辖市)、地(市)也分别成立了"两案"审理办公室或"两案"审理领导小组,负责地方审理工作。1981年1月25日,最高人民法院特别法庭对两案主犯依法做出了宣判,中央"两案"审理工作至此基本结束。然后开始清理打砸抢分子。

整党开始后,全国各地又先后专门成立了核查"三种人"小组,隶属于各级整党指导委员会,借以推进核查工作的顺利开展。各级核查小组开展了"三种人"的核查、定性、处理和教育挽回工作。全国还召开清理"三种人"工作会议,交流相互的经验和做法。各单位还开展了自查、互查工作。1987年5月,全国清理"三种人"工作基本结束。

清理"三种人"的意义

清理"三种人"工作是粉碎"四人帮"后历次清查工作的延续,成效显著,意义深远。首先,清理"三种人"是拨乱反正的继续和深入发展,摧毁了"四人帮"的社会基础。有利于贯彻党的政治路线,保证党和国家的长治久安,为改革开放的顺利进行营造了一个良好的社会环境。其次,清理"三种人"在纯洁组织方面取得了显著成绩,为新时期党的建设奠定了一个比较良好的基础。再次,清理"三种人"锻炼、培养、考察了一批干部,为新时期各级党组织正确选拔和使用干部提供了重要依据,对于干部队伍建设有重大的现实意义和长远意义。

87 现代化建设三步走战略

> 1987年召开的党的十三大正式制定了社会主义现代化建设"三步走"的战略部署,即第一步解决人民的温饱问题,第二步人民生活达到小康水平,第三步基本实现现代化。

"三步走"战略的提出

1979年初,邓小平访问美国、日本、新加坡,加深了对现代化的认识,由此促使他开始重新思考中国既定的在20世纪末实现"四个现代化"的可行性问题。1979年3月邓小平在党的理论工作务虚会上提出了"中国式的现代化"的新提法,意味着他已经开始思考20世纪末中国的现代化究竟可能达到什么水平的问题。同年10月,他在谈到实现现代化时第一次明确提出要修改原来关于现代化的具体目标。"中国式的现代化"是什么样的现代化呢? 1979年12月,邓小平在同日本首相大平正芳谈话时给出了答案,就是"小康之家"。他说:"我们要实现的四个现代化,是中国式的四个现代化。我们的四个现代化的概念,不是像你们那样的现代化的概念,而是小康之家。"这是邓小平第一次用"小康"这个概念来描述中国未来20年的发展目标。1980年1月,他把20世纪末的20年分为两个十年,初步提出分"两步走"达到"小康水平"的战略构想。这个战略构想后来在五届全国人大四次会议和党的十二大的报告中得到肯定。1982年党的十二大正式提出分两步走,20世纪末在不断提高经济效益的前提下,工农业总产值翻两番,实现小康社会的经济发展战略。从1984年起,邓小平的注意力开始转移到"小康"目标实现之后中国的长远发展规划问题,也就是在这个过程中,邓小平完整地提出了"三步走"的战略设想。1987年4月,他在会见西班牙客人时,第一次使用"第一步""第二步""第三步"这样的提法,全面阐述了我国分"三步走"实现现代化的发展战略。同年10月,邓小平的宏伟设想为党的十三大所采纳。

"三步走"战略的具体内容

党的十三大报告指出:"我国经济建设的战略部署大体分三步走。第一步,实现国民生产总值比1980年翻一番,解决人民的温饱问题,这个任务已经基本实现;第二步,到20世纪末,使国民生产总值再增长一倍,人民生活达到小康水平;第三步,到21世纪中叶,人均国民生产总值达到中等发达国家水平,人民生活比较富裕,基本实现现代化。"然后,在这个基础上继续前进。

我国在提前实现了"三步走"战略的第一步和第二步战略目标之后,为了把第二步战略和第三步战略很好地衔接起来,根据邓小平关于分阶段、有步骤实现我国现代化的战略思想,1997年党的十五大把"三步走"战略的第三步进一步具体化,提出了三个阶段性目标:21世纪第一个十年实现国民生产总值比2000年翻一番,使人民的小康生活更加宽裕,形成比较完善的社会主义市场经济体制;再经过十年的努力,到建党100周年时,使国民经济更加发展,各项制度更加完善;到21世纪中叶新中国成立100周年时,基本实现现代化,建成富强民主文明的社会主义国家。从而使"三步走"的战略和步骤更加具体明确。

"三步走"战略的意义

"三步走"发展战略及相关政策的制定,进一步解决了中国现代化建设的目标、步骤等关系全局的重大问题,统一了全党和全国人民的意志。"三步走"发展战略成为全国人民为共同理想而努力奋斗的行动纲领,对中国未来几十年的发展具有深远的影响。中共十一届三中全会以来的实践历程,正是"三步走"的现代化建设宏伟蓝图逐步变为现实的过程。我国经济发展战略目标的实现,将雄辩地向世人证明中国特色社会主义是成功的,社会主义制度是优越的。

88 "三个有利于"标准

> "三个有利于"标准是指：有利于发展社会主义社会的生产力、有利于增强社会主义国家的综合国力、有利于提高人民的生活水平。它是邓小平在1992年初视察南方时提出的衡量一切工作是非得失的判断标准。

"三个有利于"标准提出的背景

1992年初，邓小平同志在南方讲话中明确地概括了衡量是非得失的"三个有利于"标准。他说："改革开放迈不开步子，不敢闯，说来说去就是怕资本主义的东西多了，走了资本主义道路。要害是姓'资'还是姓'社'的问题。判断的标准，应该主要看是否有利于发展社会主义社会的生产力，是否有利于增强社会主义国家的综合国力，是否有利于提高人民的生活水平。"邓小平提出的"三个有利于"标准，是实践标准在我国改革开放和社会主义现代化建设实践中的运用与发展。

"三个有利于"标准的科学内涵

"是否有利于发展社会主义社会的生产力"是从发展生产力的高度，指出了社会主义的本质特征，这既是对科学社会主义理论的重大贡献，又是对马克思主义的生产力决定生产关系这一基本原理的重大贡献；"是否有利于提高社会主义国家的综合国力"，这是从社会主义国家的综合国力应该得到不断增强的高度，指出了社会主义的本质特征，这既是从马克思主义国家观的高度对科学社会主义理论的丰富与发展，又是对马克思主义国家理论的重大贡献；"是否有利于提高人民的生活水平"，是从有利于提高人民生活水平的高度，指出了社会主义人民性的本质特征。因此，我们一切改革的出发点和落脚点，都是不断提高人民生活水平。

邓小平提出的这个观点既是对历史唯物主义关于生产力标准的重申，又是对科学社会主义理论的发展。历史唯物主义认为，人类社会的发展是一个由自身内部规律所支配的"自然历史过程"，而生产力是决定人类社会物质生活状况并制约人类社会的政治和精神生活的基础。邓小平的"三个有利于"思想，把有利于发展生产力置于三者之首，科学地揭示了发展生产力是增强综合国力和提高人民生活水平的基础，这是对历史唯物主义的生产力标准观点的重申。"三个有利于标准"是不可分割的统一的整体，是从生产力、生产关系、经济基础、上层建筑的综合高度，言简意赅地指出了社会主义的本质特征。

坚持和正确运用"三个有利于"标准的现实指导意义

坚持"三个有利于"标准，是实现党在社会主义初级阶段根本任务的需要，是社会历史价值的正确体现，是对"什么是社会主义，怎样建设社会主义"问题的科学回答。能不能在工作中一以贯之地坚持这个标准，直接关系到党的各项事业的兴衰成败。

第一，只有坚持"三个有利于"标准，才能坚持和发展社会主义。

邓小平指出："马克思主义的基本原则就是要发展生产力。马克思主义的最高目的就是要实现共产主义，而共产主义是建立在生产力高度发展的基础上的。"同时，要建设比资本主义具有优越性的社会主义，首先必须要大力发展生产力，摆脱贫困的社会主义。由此可得，离开了"三个有利于"标准，尤其是其中"有利于发展生产力"的标准，社会主义就会失去它的意义，甚至根本称不上社会主义。只有发展社会主义社会的生产力，不断地提高我们国家的综合国力和人民的生活水平，社会主义才能存在和发展下去，社会主义的优越性才能越来越充分地表现出来。正是从这个意义上讲，坚持"三个有利于"判断标准是坚持和发展社会主义的需要。

第二，只有坚持"三个有利于"标准，才能加快改革开放的步伐。在"三个有利于"中，生产力是基础和根本，综合国力是生产力的全面体现，人民生活水平提高是生产力发展和综合国力增强的目的和结果。所以，"三个有利于"标准具有明确的性质规定和价值取向，使我们破除了抽象谈论社会主义的历史唯心主义观念，划清了科学社会主义与空想社会主义之间的界限，正确区分了社会主义和资本主义之间的关系，不仅使实践标准达到科学尺度和价值尺度的统一，而且促使我们以全新的思想观念，创新的发展思路，继续引领改革开放沿着正确方向前进。

第三，只有坚持"三个有利于"标准，才能把中国特色社会主义事业不断向前推进。"三个有利于"标准是一个完整的统一整体，"三个有利于"的表述，既体现了生产力标准，又体现了国家的整体利益，同时也体现了社会主义的生产目的。"三个有利于"将上述三个方面有机联系起来，统一于检验改革开放和社会主义现代化建设事业的实践标准，并将其进一步深化，使之更加具体，更加全面，更加容易被人民群众所理解和接受。

总之，我们要自觉地坚持运用"三个有利于"标准，把"三个有利于"作为一切工作的出发点和归宿。

【知识链接】

中共中央文献编辑委员会：《邓小平文选》第三卷，人民出版社1993年版。

89 "三讲"教育

> "三讲"教育是以江泽民为核心的第三代中央领导集体,在全党开展的以"讲学习、讲政治、讲正气"为主要内容的党性党风教育活动,对于加强党的建设具有重要的意义。

"三讲"教育的背景

进入20世纪90年代中叶之后,我国的改革进入到攻坚阶段,经济发展处于关键性时期,国际国内形势出现了种种新的变动。难得的发展机遇和面临的严峻挑战,对党的各级领导干部、领导班子的思想政治素质、驾驭复杂局面和解决实际问题的能力,提出了新的更高的要求。在相当一部分干部中不同程度地存在着忽视理论学习,理想信念动摇,政治敏锐性和鉴别能力缺乏,官僚主义、形式主义盛行等现象,如任其发展蔓延,势必破坏建设中国特色社会主义事业。因此,中共中央决定在全国县处级以上干部和领导班子中开展一次以"三讲"为内容的教育活动。

1995年11月8日,江泽民在北京视察工作时指出:"根据当前干部队伍的状况和存在的问题,在对干部进行教育当中,要强调讲学习,讲政治,讲正气。全国都要这样做,"并对其内容作了初步论述。1995年11月25日,《人民日报》发表题为《讲学习 讲政治 讲正气》的评论员文章,指出:"讲学习,主要是学理论,学知识,学技术。首先是学理论。""讲政治,包括政治方向、政治立场、政治纪律、政治鉴别力、政治敏锐性。""讲正气,就是要继承和发扬我们党在长期革命和建设事业中形成的好传统、好作风,坚持真理、坚持原则,坚持同一切歪风邪气和各种腐败现象作斗争。"1998年11月21日,中共中央发出《关于在县级以上党政领导班子、领导干部中深入开展以"讲学习、讲政治、讲正气"为主要内容的党性党风教育的意见》。随后,全党范围内的"三讲"活动全面展开。"三讲"教育紧紧围绕全面贯彻党的基本路线,坚持把开展"三讲"教育同推动当前工作结合起来,坚持充分发扬党内民主和群众路线,坚持认真开展批评和自我批评,进行积极的、健康的思想斗争。

"三讲"教育的具体内容

"讲学习、讲政治、讲正气"是三讲教育三个基本的方面。讲学习,就是要做讲学习的表率,就是要在掌握邓小平建设中国特色社会主义理论的科学体系和精神实质上,在运用理论解决实际问题上下功夫;讲政治,就是要做讲政治的表率,就是要在全面、正确、积极地贯彻执行党的基本路线和各项方针政策,切实提高工作质量和效果上下功夫;讲正气,就是要做讲正气的表率,就是要在讲党性、讲原则,公正无私,刚直不阿,言行一致,扶正祛邪方面下功夫。

主要包括以下几个方面:一要推动县以上党政领导班子和领导干部的学习。学习邓小平理论和党的十五大精神,这是提高领导干部和领导班子思想政治素质的基本途径,是做好各项工作、推动改革和建设事业健康发展的基本途径。党的十五大号召全党兴起一个学习马列主义、毛泽东思想特别是邓小平理论的新高潮,十五大以来,中央又多次强调加强理论学习,这次开展"三讲"教育,重要的一个目标,就是要推动广大干部特别是领导干部更深入地学好邓小平理论,学好体现邓小平理论的十五大精神,努力提高领导干部的思想政治素质。

二要推动县级以上党政领导班子和领导干部加强党性修养,端正思想作风。领导班子和领导干部的党性如何,思想作风如何,直接关系党的基本路线的贯彻执行,关系党的十五大确定的宏伟目标的实现,关系党群关系和党风廉政建设以及整个社会风气的状况。增强领导班子和领导干部的党性修养,加强思想作风建设,最主要的在于增强全局观念、坚决贯彻执行民主集中制和要有良好的作风三个方面。

三要推动县级以上党政领导班子和领导干部努力改造主观世界。努力改造主观世界,不断树立和坚定共产党人的世界观、人生观、价值观,这是党员领导干部终生的任务。共产党人要终生为人民谋利益,必须具有共产主义世界观、人生观和价值观。而这"三观"不可能与生俱来,不可能从天上掉下来,只能在长期革命理论的学习和革命实践的锤炼中得来,只能在不断抵制错误东西、落后东西、腐朽东西的影响中,在不断的自我"改造"中得来。

这次为期两年的教育活动,发扬了延安整风运动的精神,采取自上而下、分期分批进行,党内的批评和自我批评相结合的方式,使全党同志,尤其是领导干部受到了一次深刻的党性党风教育，达到了预期的效果。这次活动无疑对改革开放和社会主义现代化建设事业起了巨大的推动作用。

"三讲"教育的重要意义

面对变化的世情、国情和党情，中国共产党坚持与时俱进。通过"三讲"教育，党在新的执政环境中继续提升马克思主义理论水平并不断学习掌握现代知识，继续坚定马克思主义信仰与无产阶级政党政治立场，继续保持无产阶级政党政治本色，体现了党对新的执政环境的把握和适应，为中国共产党现代化提供了环境基础。同时，通过"三讲"教育，可以统一思想和认识，提高党组织的整体素质，增强党组织的领导能力，为顺利实现体制转型和社会主义事业胜利前进奠定思想理论基础。从这一意义来看，"三讲"教育使党在思想上、知识上、作风上、能力上更加符合现代执政党的要求，进一步体现了中国共产党现代化的不断发展。

【知识链接】

中共中央文献编辑委员会：《江泽民文选》第一、二、三卷，人民出版社2006年版。

中共中央文献研究室：《江泽民论有中国特色社会主义》，中央文献出版社2002年版。

90 社会主义公有制的三大组成部分

> 社会主义经济制度的基础是公有制。在我国社会主义的现阶段，公有制经济有以下三个组成部分，即国有经济、集体经济，以及混合所有制经济中的国有成分和集体成分。

社会主义公有制问题的起源和发展

社会主义公有制的理论来源于马克思主义。马克思是在批判资本主义的基础上提出社会主义公有制理念的。马克思提出"重新建立个人所有制"，实际上就是建立全民共同占有生产资料的公有制。但是，公有制以什么样的形式存在，马克思没有给出明确的理论说明。在这种情况下，如何认识公有制，建立公有制经济的制度模式，成了社会主义国家需要解答的问题。

在新中国建立相当长的一段时间里，我们对公有制经济的认识存在着一定的片面性，主要表现为只是把纯公有制经济才看作是公有制经济，并且固执地认为，社会主义只能搞单一的公有制。这种片面的认识，使我国经济体制逐渐僵化，弊端也逐渐凸显出来。改革开放后，我国的所有制结构已经发生了巨大的变化。随着生产资料的流动和重组，我国出现了各种混合所有制经济，例如股份公司、跨所有制组建的企业和企业集团、中外合资企业和中外合作经营企业等，这些混合所有制经济在国民经济中所占的比重不断扩大，成为社会主义市场经济的重要组成部分。如果在这种新的经济条件下，仍然用传统的观点去看待和分析问题，显然是不符合事实的。这些混合所有制经济中的国有成分和集体成分其资本和权益归国家和集体所有，应该而且必然属于公有制经济的一部分。

社会主义公有制的三个组成部分

  国有经济：国有经济又称全民所有制经济，是国民经济的领导力量。指生产资料归国家所有的一种经济类型，是社会主义公有制经济的重要组成部分。它包括中央和地方各级国家机关、事业单位和社会团体使用国有资产投资举办的企业，也包括实行企业化经营，国家不再核拨经费或核拨部分经费的事业单位和从事经营性活动的社会团体，以及上述企业、事业单位和社会团体使用国有资金投资举办的企业。

  集体经济：集体经济是生产资料归一部分劳动者共同所有的一种公有制经济。集体所有制源自苏联，它的应用范围限于农村及城乡的工业和服务业中，主要表现为集体农庄所有制。20世纪50年代中期，我国从苏联引入了集体所有制概念，并在开展合作社和公私合营运动中将其放大到农村和城镇，这样就演变成了我国的农村和城镇集体经济所有制。集体经济的实质是合作经济，包括劳动联合和资本联合。然而，在集体经济发展的历史上，人们只承认集体经济是劳动者的劳动联合，弱化甚至否认了集体经济还具有劳动者资本联合的特征。否认了劳动者个人产权，是传统集体经济与合作经济的最大区别。所以，集体经济要还原其合作经济的本来特征，就必须对集体经济产权制度进行改革。在我国，集体经济是公有制经济的重要组成部分，集体经济体现着共同致富的原则，可以广泛吸收社会分散资金，缓解就业压力，增加公共财富和国家税收。

  混合所有制经济：是指在生产社会化和专业分工进一步发展的条件下，各种不同所有制经济按照一定的原则，主要以入股的方式将生产要素组织起来，进行统一经营、按股分红并负有限责任的所有制经济形式。从宏观层次来讲，混合所有制经济是指一个国家或地区所有制结构的非单一性，即在所有制结构中，既有国有、集体等公有制经济，也有个体、私营、外资等非公有制经济，还包括拥有国有和集体成分的合资、合作经济；而作为微观层次的混合所有制经济，是指不同所有制性质的投资主体共同出资组建的企业。混合所有制经济中的私有成分，并不改变其公有制经济的性质。国有经济成分和集体经济成分通过与其他所有制经济的融合，可以更好地发挥公有制经济凝结其他经济成分，形成规模经济效益，保证和促进公有资本保值增值的作用。

如何看待社会公有制的三个组成部分

在社会主义市场经济条件下，公有制的实现形式可以而且应当多样化，一切反映社会化生产规律的经营方式和组织形式都可以而且应该大胆利用。但是，在社会主体中，公有制的主导地位和社会基础不能逾越。在社会主义市场经济条件下，一定要坚持国有经济在国民经济中的主导地位。国有经济在国民经济中的主导作用，不能仅仅理解为数量越多越好，主要是在对国民经济发展的正确导向和对经济运行整体态势的控制和影响上。

增强国有经济的主导力量，需要把握以下几个环节：一是，国有经济要在关系国民经济命脉的重要行业和关键领域占支配地位，支撑、引导和带动社会经济的发展，在实现国家宏观调控目标中发挥关键作用。二是，国有经济应当保持必要的数量，但更要注重在整体分布上的优化和经济素质、技术素质、管理素质等方面质的提高，影响力的扩大。三是，国有经济对国民经济控制力的发挥，不只是通过国有独资企业的作用来实现的，更要通过大力发展由国家控股和参股的混合所有制形式的企业来实现，使国有资本发挥"四两拨千斤"的作用。

集体经济目前遇到了很多现实的困难和问题。例如，管理体制缺位、改革不配套、法规滞后等。针对这些问题，我们要立足于长远，着眼于当前，坚持科学的发展观，用改革发展的办法认真加以解决。因此，以明晰产权为重点，深化集体经济改革，发展多种形式集体经济已成为必然的要求。只有对集体企业进行彻底改制，集体企业才能获得新生。

混合所有制经济的突出特征是财产占有形式的社会化，"你中有我，我中有你"，不能笼统地说股份制是公有还是私有，也不能笼统地说股份制就是混合所有制经济。股份制的具体形式是多种多样的，有的属于国有经济，有的属于集体经济，只有公有制经济和非公有制经济所组成的才属于混合所有制经济。

【知识链接】
《中共中央、国务院关于深化国有企业改革的指导意见》

91 "三资"企业

> "三资"企业指依照中华人民共和国法律的规定,在中国境内设立的,由中国投资者和外国投资者共同投资或者仅由外国投资者投资的企业,包括中外合资经营企业、中外合作经营企业、外商独资经营企业。

"三资"企业出现的缘由

中共十一届三中全会后,我国实行改革开放的政策,为适应生产力的现实水平和进一步发展的要求,首先要巩固和壮大社会主义公有制经济,同时也需要个体经济、私营经济以及中外合资、合作企业和外商独资经营企业的发展,作为社会主义市场经济的组成部分。在社会主义市场经济条件下,各种所有制经济完全可以在市场竞争中发挥各自优势,相互促进,共同发展,不断解放和发展社会生产力。"三资"企业受我国整个政治、经济条件的制约,是社会主义经济的有益补充,归根到底是有利于社会主义的。改革开放以后,"三资"企业得以兴办和迅速发展,现在已经成为中国社会主义市场经济的重要组成部分。

"三资"企业的内涵及其主要形式

"三资"企业是经中国有关部门批准,遵守中国有关法规规定,从事某种经营活动,由一个或一个以上的国外投资方与中国投资方共同经营或独立经营,实行独立核算、自负盈亏的经济实体。其等同于涉外企业,是由中外合资公司、中外合作公司、外资公司和中外股份有限公司构成。自从改革开放以来,"三资"企业已经成为中国企业系统的一个组成部分。

"三资"企业主要有以下三种形式:

中外合资经营企业，是指外国公司、企业和其他经济组织或个人，按照平等互利的原则，经中国政府批准，在中华人民共和国境内，同中国的公司、企业或其他经济组织共同投资、共同经营、共担风险、共负盈亏而从事某种经营活动的企业。它的组织形式为有限责任公司。

中外合作经营企业，指为了扩大对外经济合作和技术交流，外国公司、企业和其他经济组织或个人按照平等互利的原则，同中华人民共和国境内的企业或其他经济组织共同举办的，按合同规定的各方投资条件、收益分配、风险责任和经营方式等进行经营的非股权式的经济组织。中外合营企业一般是由中国合作者提供土地（使用权）、自然资源、劳动力或现有厂房、设备和相应的水电设施等，外国合作者提供资金，先进设备和技术、材料等。

外商独资经营企业，指在中国境内设立的，全部资本由外国企业和其他经济组织或个人投资的企业（不包括外国的企业和其他经济组织在中国境内设立的分支机构）。外资企业的最主要特点是：自投资金，自主经营，自负盈亏，自享其利。

发展"三资"企业的意义

自1980年4月10日第一家中外合资经营企业批准（001号）建立以来，至今三十多年，中国从零开始，发展成为全世界吸收外资最多的国家之一，1993年以来连年居发展中国家首位。至2011年末，累计设立外商投资企业73.7889万家，实际吸收外商直接投资超过11626.8亿美元。近年来，平均每年实际利用外资的规模在1000亿美元左右，对华投资的企业来自世界近200个国家和地区，世界500强企业中有480多家在华有投资。投资领域在扩大，投资形式也有了新的变化。外商直接投资在中国国民经济中的比重越来越大，已经成为国民经济新的增长点。

实践证明，利用外商直接投资为中国经济科学发展提供新的强大动力，在中国现代化建设的过程中起着重要的积极作用：一是有利于弥补国内建设资金的不足；二是有利于引进先进技术，促进产业升级；三是有利于吸收先进的企业经营管理经验；四是有利于创造更多的就业机会和增加国家的财政收入；五是有利于促进对外贸易和对外经济合作的发展；六是有利于社会主义市场经济体制的建立和完善。

在经济全球化进程日益加快的今天，利用外资已经成为东道国获得先进技术的重要渠道，也是发展中国家发挥后发优势的主要途径。外资推动我国高新技术产业发展和国际竞争力提升的关键是要提高引进外资的质量和水平。政府可通过政策措施，引导"三资"企业加大对核心技术的研发投入，不断提高技术进步对产出增长的贡献份额。同时，我国可通过体制创新和机制创新，促进外资企业之间、外资与内资企业之间形成竞争，为各类高新技术产业创造一个规范有序的市场竞争环境，充分利用全球资源推动我国高新技术产业的快速发展。

【知识链接】

孙学文：《中国30年来对外开放、创办"三资"企业反思研究报告（下）》，《探索》，2009年第3期。

92 "三农"问题

> "三农"问题是农业问题、农民问题和农村问题的总称。总体上是指21世纪的中国,在历史形成的二元社会中,城市不断现代化,产业不断发展,城市居民不断殷实,而农村的进步、农业的发展、农民的小康相对滞后的问题。

"三农"问题提出的背景

"三农"问题实际上是一个从事行业、居住地域和主体身份三位一体的问题,是农业文明向工业文明过渡的必然产物。从世界范围内看,"三农"问题在发展中国家都存在,在我国尤其严重。20世纪90年代后期,我国开始使用"三农"问题的提法。谁最早在中国提出了"三农"问题?一般有三种说法:一是温铁军说,温铁军,号称"温三农",中国人民大学教授,农村发展研究院前院长。1995年,他向政府建议,以"三农问题"代"农业问题",得到采纳。在1996年以后,他全面提出对此概念的阐述。二是李昌平说,2000年,湖北省监利县棋盘乡党委书记李昌平给朱镕基总理写信说:"农民真苦,农村真穷,农业真危险!"很快得到国务院领导的动情批复。这之后,党和国家加大了对"三农"的关注力度。三是集体说,认为"三农"问题应该是集体智慧的结晶,是逐步发展的结果。

"三农"问题的具体内容

"三农"问题主要是指农业问题、农民问题和农村问题。

首先,农业问题主要是指经济问题。农业是经济领域最古老的产业。我国农业经历了上万年的发展历程,支撑了整个中华民族的生存和发展。新中国成立后,我国农业取得了世人公认的成就。随着改革开放的深入发展,我国农业连年获得丰收,从1996年起我国的粮食和其他主要农产品的供给已经由长期短缺转变为

总量基本平衡，以及结构性、区域性相对过剩，中国农业发展进入一个新的阶段。农业问题包括农业发展模式和经营方式的选择问题，农产品的生产、质量与流通问题，农业的科技进步等问题。

第二，农民问题，是"三农"问题的核心。无论是在新民主主义革命、社会主义革命和社会主义建设时期，还是在改革开放新时期，农民问题始终是根本问题。农民问题的实质就是指农民的权益问题。农民权益能否得到保障，是中国"三农"问题能否解决的关键。农民权益问题包括土地问题，农民生产收益问题，剩余农民的转移就业问题，农民的社会、政治权益等问题。

第三，农村问题，是指在经济社会发展中，农民生产生活的农村区域明显落后于城镇，以及农村区域内部特有的发展问题。农村问题包括农村基础设施建设、工业化、城镇化问题，农村公共产品的提供问题，农村治理问题和农村生态环境以及可持续发展问题等。

"三农"问题中农业、农村和农民问题三者的关系是密不可分的，其中每一个问题的解决都会对其他两方面的问题产生影响，甚至是连锁反应。因此，"三农"问题是一组互相联系的问题。

解决"三农"问题的重大意义

中国作为一个农业大国，"三农"问题关系到国民素质、经济发展，关系到社会稳定、国家富强，也是全面建设小康社会进程中的关键问题。农业丰则基础强，农民富则国家盛，农村稳则社会安。全面建设小康社会，最艰巨最繁重的任务在农村。发展好农村经济，建设好农民的家园，让农民过上宽裕的生活，才能保证全体人民共享经济社会发展成果，才能不断扩大内需和促进国民经济持续快速协调健康发展。

解决"三农"问题是确保国家粮食安全的需要。民以食为天，吃饭是生存的第一需要。目前中国人民的吃饭问题基本能够保证，但从长远发展来看，仍存在着许多不容忽视的困难和问题。中国人口基数太大，而且还在增加。随着人口的增长，对粮食的需求量越来越大。与此同时，中国人均可耕地面积还在不断减少。任何时候，中国人民的饭碗只能端在自己手里，中国人必须养活自己。"三农"问题不解决好，国家的粮食安全就没有保证。

解决"三农"问题是确保社会稳定的需要。在中国，如果没有农民对社会稳定的大力支持，整个社会的稳定只能是空中楼阁。如果农业、农村、农民问题长期得不到有效解决，势必直接影响社会的稳定和国家的长治久安。只有加快农业和农村经济发展，增加农民收入，加强农村民主政治建设和精神文明建设，保证广大农民安居乐业，农村社会稳定才能有坚实的基础，国家的长治久安也才能有可靠的保障。

解决"三农"问题是实现全面建设小康社会的需要。没有农民的小康就没有全国人民的小康，没有农村的现代化就没有国家的现代化。可以说，全面建设小康社会，重点在农村，难点在农村，希望也在农村。

"三农"问题并不单纯是农业、农民和农村的问题，它不仅是中国现代化的基本问题，还关系到中国的工业化、城市化、共同富裕、可持续发展等一系列中国社会发展的重大问题。只有解决好"三农"问题，才能使改革开放和社会主义现代化建设继续深化下去，才能全面建设小康社会。

总而言之，只有切实解决好"三农"问题，才能确保国家的粮食安全，确保社会的稳定和国家的长治久安，使得全面建设小康社会的宏伟目标得以实现，最终实现中华民族伟大复兴的中国梦。

【知识链接】

温铁军：《三农问题与世纪反思》，生活·读书·新知三联书店2005年版。

刘斌：《中国三农问题报告》，中国发展出版社2004年版。

93 传统社会主义的三大特征

> 传统社会主义的三大特征：实行单一的生产资料公有制和按劳分配，政治上建立高度集权的社会主义政治模式，意识形态上的马克思主义化。

传统社会主义的三大特征的由来

1917年俄国十月革命后，建立了第一个社会主义国家，内忧外患中新生的苏维埃政权必须采用一套全新的政治、经济、文化等制度才能使新生的社会主义政权免遭内外敌人的颠覆并加以发展、壮大。列宁、斯大林为之做出了艰辛且可贵的探索，形成了一整套基本上符合当时俄国国情与现实且行之有效的系列涵盖政治、经济、文化、教育、外交、军事等社会主义的制度安排，形成了历史上第一个社会主义模式，这种模式通常也被称为传统社会主义模式，并总结归纳出其有三大基本特征。

传统社会主义三大特征的主要内容

传统社会主义模式始于20世纪十月革命后的列宁时代，成于30年代的斯大林时期，后流行于社会主义各国，一般又称其为斯大林模式的社会主义。这一模式有其典型的特征，主要表现为以下三点：

在经济体制上，主要特征是：实行了单一的生产资料公有制和按劳分配。所有制上的国有化和准国有化（集体化）；经济和政治运行机制上的高度集中化；经济管理和社会生活管理上的中央计划化。实行单一的指令性计划经济；确立了高度集中的计划经济体制；经济运行采取以行政机构自上而下垂直管理的方式来控制整个国民经济活动；排斥和限制商品、货币关系和市场机制。在国民经济布局方面：工业领域内形成了优先发展重工业的工业发展模式；农业上通过合作社和集体农庄建立了农业集体化模式；国家占有农业生产资料，通过计划农业指标和部分无偿的农产品收购体制来保证工业对粮食与资金的需求。

在政治体制上，主要特征是：建立高度集权的社会主义政治模式，国家权力高度集中于党，党政不分，以党代政，政企不分，党内政治斗争扩大化、法治不健全。

意识形态上，实行意识形态上的马克思主义化，有时用行政命令干预学术自由，实行思想文化上的禁锢，大搞领袖"一言堂"。

传统社会主义的三大特征的主要意义

传统社会主义三大特征的历史功绩及意义在于，传统社会主义模式是在特定的社会历史条件下形成的，它是人类在探索社会主义建设道路过程中形成的第一种社会主义建设模式。这一模式的建立和广泛推行，使社会主义理论在世界一个较大范围内变成了现实，并使一些经济文化相对落后的国家在国际资本主义的重重包围之下，迅速实现了民族独立、国家统一、民族团结和社会结构的根本转变，极大地解放了社会生产力，并通过强有力的无产阶级政权的组织实施，调动起社会上绝大部分资源为社会主义国家建设服务，在一个较短的时间内迅速实现了国家工业化和农业集体化，建立起独立的工业体系和国民经济体系，保障了国民经济的独立发展。

94 "三个代表"重要思想

> "三个代表"是江泽民同志在世纪之交提出来的加强党的建设的重要思想。"三个代表"是指,我们党要始终代表中国先进生产力的发展要求,要始终代表中国先进文化的前进方向,要始终代表中国最广大人民的根本利益。

问题的起源

20世纪90年代,国际上,经济全球化、信息网络化不断发展,苏东事件使得世界社会主义运动处于低潮,西方发达国家继续加紧推进霸权主义和强权政治。在国内,我国在改革开放后逐步加大市场的作用的基础上,提出建立社会主义市场经济。中国社会经济成分、组织形式、就业方式、利益关系和分配方式逐步发生巨大的变化。这种多样化给我国政治、经济、社会、文化生活带来深刻影响,向中国共产党执政和领导的各项事业提出了新的更高的要求。"三个代表"重要思想正是针对当时的国际国内形势变化而提出来的。

2000年春,江泽民同志首次提出"三个代表"重要思想。第二年,在庆祝中国共产党建党八十周年大会上,江泽民同志又对"三个代表"重要思想进行了全面系统的阐述。

"三个代表"的内容与相互关系

"三个代表"的内容包括:第一,我们党要始终代表中国先进生产力的发展要求。具体来说,就是党的理论、路线、纲领、方针、政策和各项工作,必须努力符合生产力发展的规律,体现不断推动社会生产力的解放和发展的要求,尤其要体现推动先进生产力发展的要求,通过发展生产力不断提高人民群众的生活水平。第二,我们党要始终代表中国先进文化的前进方向。具体来说,就是党的理

> "三个代表"重要思想
> 代表着中国先进生产力的发展要求
> 代表着中国先进文化的前进方向
> 代表着中国广大人民群众的根本利益

论、路线、纲领、方针、政策和各项工作，必须努力体现发展面向现代化、面向世界、面向未来的，民族的、科学的、大众的社会主义文化的要求，促进全民族思想道德素质和科学文化素质的不断提高，为我国经济发展和社会进步提供精神动力和智力支持。第三，我们党要始终代表中国最广大人民的根本利益。具体来说，就是党的理论、路线、纲领、方针、政策和各项工作，必须坚持把人民的根本利益作为出发点和归宿，充分发挥人民群众的积极性、主动性和创造性，在社会不断发展进步的基础上，使人民群众不断获得切实的经济、政治、文化利益。

"三个代表"的各部分内容之间是密切联系的。先进生产力是人类社会发展进步的现实力量。先进文化既是人类社会的核心灵魂，也是人类社会发展的内在驱动力与凝聚力，还是人类社会不断进步发展与实现自身本质力量的极其重要的手段。人民群众则是先进生产力与先进文化的创造主体。然而，不断发展先进生产力和先进文化，归根到底，都是为了满足人民群众日益增长的物质文化需要，不断实现最广大人民的根本利益。

"三个代表"重要思想提出的意义

马克思、恩格斯提出，无产阶级要获得彻底解放，必须建立自己独立的无产阶级政党。列宁系统地提出了无产阶级政党建设的理论，他十分强调党的先进性问题，认为新型的革命政党是无产阶级的先进部队。毛泽东把马克思主义普遍真理同中国实际相结合，提出必须坚持一切从实际出发，实事求是，把全心全意为人民服务作为党的根本宗旨，并把建设民族的、科学的、大众的文化作为党的重要任务。邓小平继承和发展了毛泽东党建理论，提出在以经济建设为中心的同时，必须进一步加强和改善党的领导，在抓好物质文明建设的同时，必须大力加强社会主义精神文明建设。"三个代表"重要思想则全面完整地揭示了抓好党的建设、保持党的先进性与办好中国的事情之间的辩证关系，进一步深化了对党的先进性的认识，并把这种先进性具体化，即代表先进生产力的发展要求、先进文化的前进方向和最广大人民的根本利益。这就大大丰富和发展了马克思建党学说，是对马克思主义理论的重大发展。不仅如此，江泽民同志关于"三个代表"重要思想的提出和阐明，是对我们党八十年奋斗历程和实践经验的新总结，是在新的历史条件下贯通马克思主义哲学、政治经济学、科学社会主义等领域，涵盖党的各方面工作的治党治国学说，是邓小平理论发展的新阶段，马克思主义中国化的新成果。"三个代表"是我们党的立党之本、执政之基、力量之源，是加强和改进党的建设、推进我国社会主义制度自我完善和发展的强大理论武器。

【知识链接】
中国共产主义青年团中央国家机关工作委员会、中国社会科学院马克思列宁主义毛泽东思想研究所：《"三个代表"青年读本》，中共党史出版社2002年版。

95 三股势力

> 三股势力是指暴力恐怖主义、民族分裂主义、宗教极端主义。20世纪末新世纪初，随着三股势力在中亚的兴起，三股势力所制造的恐怖事件日渐增多，对中亚地区以及世界各国造成的影响越来越恶劣，引起各方高度关注。

三股势力的内涵

2001年6月15日，为维护和加强地区和平、安全与稳定，共同打击三股势力，上海合作组织签署《打击恐怖主义、分裂主义和极端主义上海公约》，首次对恐怖主义、分裂主义和极端主义作了明确定义。

恐怖主义是指致使平民或武装冲突情况下未积极参与军事行动的任何其他人员死亡或对其造成重大人身伤害、对物质目标造成重大损失的任何其他行为，以及组织、策划、共谋、教唆上述活动的行为，而此类行为因其性质或背景可认定为恐吓居民、破坏公共安全或强制政权机关或国际组织以实施或不实施某种行为，并且是依各方国内法应追究刑事责任的任何行为。

分裂主义是指旨在破坏国家领土完整，包括把国家领土的一部分分裂出去或分解国家而使用暴力，以及策划、准备、共谋和教唆从事上述活动的行为，并且是依据各方国内法应追究刑事责任的任何行为。

极端主义是指旨在使用暴力夺取政权、执掌政权或改变国家宪法体制，通过暴力手段侵犯公共安全，包括为达到上述目的组织或参加非法武装团伙，并且依各方国内法应追究刑事责任的任何行为。

三股势力兴起的原因

三股势力兴起于20世纪60年代末，盛行于70年代，猖獗于80年代。自冷战结束以来,非政府行为的恐怖主义大量发生,从"9·11"到"巴黎恐怖袭击",从基地组织到 IS 组织,都表明当前三股势力最活跃的地方在中亚地区。三股势力的产生兴起,是一个地区政治、经济、文化、宗教等多种因素综合作用的结果。中亚地区复杂的社会关系、低质量的人民生活条件、频繁更迭的国家政权,都给三股势力的生根发芽提供了腐败的土壤。

首先,民族问题与宗教冲突使中亚成为三股势力滋生的温床。中亚地区自古以来就是民族和宗教关系极为复杂的地区,民族与宗教问题大都具有跨地区、跨国界的特点。苏联解体前后,原先受到遏制的宗教势力迅速崛起,原有的民族矛盾进一步加深,中亚地区宗教极端势力与民族分裂势力日益盛起。

其次,意识形态领域的真空期给三股势力的生长提供了可乘之机。苏联解体后,社会主义制度遭遇"信任危机",中亚很多社会主义国家政权发生更迭,随着社会主义制度的骤然崩溃,社会各阶层普遍经历了一场前所未有的精神危机。官方意识形态在政治混乱中难以很快确立,因而意识形态领域呈现出真空状态,三股势力乘虚而入。

再次,中亚各国经济的长期贫困为三股势力的滋长提供了社会基础。中亚经济发展长期处于困境,社会贫困和失业人口增加,贫富差距扩大,人民生活水平普遍下降。在政治上居于反对派地位的各类极端分子便打着民族和宗教的旗号,制造事端。这在相当一部分因社会转型而无所适从的人中产生了共鸣,从而使三股势力的发展具有一定的社会基础。

最后,外来势力的影响在客观上也助长了三股势力的发展。经济全球化浪潮,霸权主义、新干涉主义以及假借人道主义援助之名的西方势力的支持和恩惠,改变了人们的生活方式、价值观念与行为准则,引发了各种社会冲突和极端主义思潮,客观上助长了三股势力的发展。

三股势力的影响

民族分裂主义、宗教极端主义及暴力恐怖主义往往不是孤立存在的,作为社会的非主流派,宗教极端主义或民族分裂主义难以在现有的社会秩序中寻找到合适的安身之地,也很难以和平方式获取必要的生存空间,于是恐怖活动常常成为他们扩大影响、达到目的的重要手段,所以造成当前"三股势力"合流趋势越来越明显。三股势力打着宗教极端主义的旗号,实施恐怖主义的行为,利用爆炸、暗杀、纵火、投毒、制造骚乱暴乱、袭杀等非人的手段,对世界的和平与稳定发展造成重大不利的影响。他们以推翻各国世俗政权为目的,以民族、宗教为旗帜,大搞恐怖活动,对刚刚摆脱苏联控制的中亚各国形成强烈冲击,并直接威胁我国周边地区的政治稳定和经济发展。

中国与中亚是近邻,中亚国家"三股恶势力"的破坏活动对我国西北地区的安全与稳定有着重要影响。近年来,我国新疆地区发生的宗教极端势力和民族分裂主义的破坏活动与中亚国家发生的恐怖活动极为相似,一些破坏分子和民族、宗教极端分子同中亚民族、宗教极端势力有密切联系。如果中亚宗教极端势力得不到及时有效的遏制,不仅会严重地威胁中亚地区的和平与稳定,也将严重威胁我国西北部的政治稳定和经济发展。所以从维护世界和平、边疆稳定的角度出发,我们应该制定相应的措施严密防范、严厉打击民族分裂主义、宗教极端势力和暴力恐怖势力的犯罪活动,有效地抵御各种势力的渗透和影响,营造良好的周边环境,保障"一带一路"战略的顺利实施。

事件地点	时间	伤亡	详情
昆明火车站	2014年3月1日21时	造成29人遇难,130余人受伤	8名统一着装的暴徒蒙面持刀在昆明火车站广场、售票厅等处砍杀无辜民众。
新疆乌什县	2014年2月14日	2名民众和2名民警受伤	警方击毙8人,抓获1人。3名疑犯在犯罪时发生自爆死亡。
新疆新和县	2014年1月24日	1名民警受轻伤	6名暴徒实施犯罪时发生自爆死亡,另有6人被击毙,5人被抓。
新疆喀什莎车县	2013年12月30日6时30分	不详	9名暴徒持砍刀袭击该县公安局投掷爆炸装置纵火焚烧警车。公安民警击毙8人,抓获1人。
新疆疏附县	2013年12月15日23时	2名民警牺牲	多名暴徒投掷爆炸装置。警方击毙暴徒14人,抓获2人。
新疆巴楚县	2013年11月16日21时	2名协警牺牲,2名民警受伤	9名暴徒持刀斧袭击该县色力布亚镇派出所,暴徒被当场全部击毙。
北京天安门	2013年10月28日	5死38伤	8名嫌犯皆来自新疆和田,他们装备4万元、一辆奔驰suv和数把藏刀、400升汽油,事前3次踩点。
新疆喀什	2013年11月16日21时	特警牺牲	新疆喀什处置一起暴恐团伙案,32岁特警闰小飞参与处置时牺牲。
和田	2013年6月28日中午	不详	目前,事件已得到有效处置。
吐鲁番地区鄯善县鲁克沁镇	2013年6月26日早上5时50分许	24人遇害,21名民警和群众受伤。	多名暴徒先后袭击鲁克沁镇派出所、特巡警中队、镇政府和民工工地,放火焚烧警车。公安民警当场击毙暴徒11人,击伤并抓获4人。
喀什巴楚县色力布亚镇	2013年4月23日13时30分	造成民警、社区工作人员15人死亡,击毙暴徒6人,抓获8人。	社工走访,发现可疑人员,之后被暴徒控制。接报后,赶赴现场的民警和干部遭袭杀。此前被控人员也被杀害,暴徒点燃房屋焚烧。
库尔勒市	2013年3月7日15时	5人死亡,7人受伤	凶犯艾孜提艾力·麻木提因与家人发生争吵,矛盾激化,产生报复社会的绝望心理,实施作案,被群众制服后抓捕。
和田	2012年6月29日	未致人死亡	由新疆和田飞往乌鲁木齐的GS7554航班于12:25起飞,12:35飞机上有6名歹徒暴力劫持飞机,被机组人员和乘客制服,飞机随即返航和田机场并安全着陆,8名歹徒被公安机关抓获。
皮山县南部山区	2011年12月28日	1名干警被杀,7名暴徒被毙	一暴力恐怖团伙劫持2名人质。暴徒拒捕行凶,杀害1名干警,致1名干警受伤。公安干警当场击毙暴徒7人,击伤4人,抓捕4人。2名人质获救。
和田	2011年7月18日	4人遇害,数名暴徒被毙	暴徒冲进派出所袭击民警,劫持人质并纵火。1名武警、1名联防队员牺牲,2名人质被害,1名联防队员受重伤。解救6名人质,数名暴徒被击毙。
乌鲁木齐市	2009年7月5日晚	197人死亡,1721人受伤	由于广东韶关斗殴事件,引发乌鲁木齐打砸抢烧事件。

96 三个文明

> 过去我们通常只提物质文明与精神文明"两个文明",实际上还有"一个文明",即政治文明。"三个文明",通常就是指物质文明、精神文明、政治文明。

问题的起源

2001年1月,江泽民同志在全国宣传部长会议上使用了政治文明这个概念。从政治文明的高度讲法治和法制建设,并把政治文明与精神文明相提并论。2002年5月31日,在中央党校省部级干部进修班毕业典礼上的讲话中,江泽民同志又指出,发展社会主义民主政治,建设社会主义政治文明,是社会主义现代化建设的重要目标,并全面论述了物质文明、政治文明和精神文明建设问题。2004年3月,十届全国人大二次会议通过了宪法修正案,其中的一个亮点是,明确把"推动物质文明、政治文明和精神文明协调发展"写入了宪法。这标志着我们党"三个文明"这一提法正式得到最高法律的充分肯定。

三个文明的内容与相互关系

三个文明的内容包括:第一,物质文明是指人们改造自然界的物质成果,它表现为人类社会物质生产的进步和物质生活的改善,体现在社会的经济方面;第二,精神文明是指人们改造思维的成果,也就是在改造思维的过程中,社会精神生产和精神生活发展的成果,表现为教育、科学、文化知识的发展,思想道德水平的提高,以及文化设施的改善,体现在社会的文化方面;第三,政治文明是指人们改造社会的成果,也就是人们在处理社会关系中自觉创造出来的社会规范体系和社会组织方面的成果,表现为社会经济制度、政治制度、文化制度以及相关的规章制度的进步和人们政治意识的文明,以及与之相适应的机构设施的改善,体现在社会的政治方面。

三个文明的相互关系是三者互为条件、相互作用、相辅相成，共同构成人类文明这一有机整体，偏离其中任何一个方面，都会使文明发展出现曲折起伏甚至倒退。物质文明为政治文明、精神文明发展提供物质基础，只有坚持以经济建设为中心，不断解放和发展生产力，才能为民主政治、精神文明发展提供物质条件；政治文明为物质文明、精神文明提供政治保障，只有不断发展社会主义民主政治，物质文明建设和精神文明建设才能获得不断完善的政治制度支持和安定团结的政治环境；精神文明为物质文明、政治文明发展提供精神动力和智力支持，只有大力加强思想道德和科学文化建设，才能保证经济建设、民主政治发展的正确方向，并充分利用精神文明建设创造的思想、文化、科技、教育成果。

"三个文明"提出的意义

人类社会的文明并不只是物质文明和精神文明的总和。在物质文明和精神文明之外，还有政治文明。"三个文明"的提出，特别是"政治文明"的提出，进一步丰富了人们对人类文明的认识，是对马克思主义政治学说的继承和发展，丰富了社会主义民主政治建设和现代化建设的内涵，完整地构建了未来中国社会主义现代化建设的体系，对于发展社会主义市场经济、社会主义民主政治和社会主义先进文化，不断促进社会主义物质文明、政治文明和精神文明的协调发展，具有深远的意义，对于实现我国社会主义现代化建设的总体目标将长期发挥指导作用。

【知识链接】

谭继有、张亚芬：《解读"三个文明"》，《理论前沿》，2003年第6期。

崔晓晖：《论中国特色社会主义的三个文明建设》，《吉林大学硕士学位论文》，2005年。

97 中国特色社会主义的三位一体

> 中国特色社会主义的三位一体，是指中国特色社会主义道路、中国特色社会主义理论体系、中国特色社会主义制度三位一体，这是中国特色社会主义最鲜明的特色。

中国特色社会主义三位一体的提出

中国特色社会主义是道路、理论体系、制度的三位一体，是改革开放三十余年来历史发展的根本结论和伟大成果。

十一届三中全会以来，以邓小平为核心的中央领导集体，立足于中国国情，初步回答"什么是社会主义、怎样建设社会主义"等根本问题，坚持"一个中心、两个基本点"，闯出一条适合中国国情的中国特色社会主义道路。社会主义建设的实践离不开理论的指导和制度的保障，中国特色社会主义理论体系和制度体系，正是在改革开放的实践进程中逐步提出并初步成型的。

十三届四中全会以来，以江泽民为核心的中央领导集体，冷静分析和应对20世纪八九十年代国内外严峻复杂的形势，高举中国特色社会主义的伟大旗帜，提出"三个代表"重要思想，完善社会主义市场经济体制，把依法治国与以德治国相结合，将中国特色社会主义伟大事业成功推进到21世纪。

党的十六大以来，以胡锦涛为核心的中央领导集体，准确把握新世纪新时期社会主义建设的实际，进一步推动改革开放，推动科学发展，促进社会和谐，将中国特色社会主义道路、理论和制度科学统一于全面建设小康社会的伟大实践中。

党的十八大以来，以习近平为核心的中央领导集体，回顾历史、总结经验，精辟概括了中国共产党和中国人民历经90多年奋斗创造、积累的根本成就，明确指出：中国特色社会主义是道路、理论体系、制度三位一体构成的有机整体，这是中国特色社会主义最鲜明的特色。

中国特色社会主义三位一体的内涵

　　正处在并将长期处在社会主义初级阶段的基本国情，是中国建设社会主义的总依据。中国建设社会主义的道路，既不是"传统的"，也不是"外来的"，更不是"西化的"，而是"独创的"中国特色社会主义道路。这条道路既坚持以经济建设为中心，又全面推进经济建设、政治建设、文化建设、社会建设、生态文明建设；这条道路既坚持四项基本原则，又坚持改革开放，聚精会神搞建设、一心一意谋发展。中国特色社会主义建设的道路的实质就是要解放和发展社会生产力，就是要实现人民的共同富裕，就是实现社会主义现代化和中华民族伟大复兴，它是中国特色社会主义的实现途径。

　　只有深刻理解和全面把握党的执政规律、社会主义建设规律和人类社会发展规律，才能从理论上系统回答什么是社会主义、怎样建设社会主义。中国特色社会主义理论体系，既是对马克思列宁主义、毛泽东思想的坚持和继承，更是对马克思列宁主义、毛泽东思想的发展和创新。中国特色社会主义理论体系根据时代条件赋予其鲜明的中国特色，以全新的视野深化了对共产党执政规律、社会主义建设规律、人类社会发展规律的认识，系统回答了如何在中国这样一个人口多底子薄的东方大国实现社会主义现代化的根本问题，在中国特色社会主义建设的实践中写出了科学社会主义的"新版本"，是深深扎根于中国大地、符合中国实际的当代中国马克思主义，是实现中国特色社会主义的行动指南。

　　形成一整套更加成熟、更加定型的制度，是夺取中国特色社会主义新胜利的制度保障。中国特色社会主义制度，坚持把国家层面民主制度同基层民主制度有机结合起来，坚持把党的领导、人民当家作主、依法治国有机结合起来，既坚持了社会主义的根本性质，又借鉴了古今中外制度建设的有益成果，集中体现了中国特色社会主义的特点和优势。这些制度，有利于集中力量办大事，以有效应对社会主义建设实践中的风险和挑战；有利于维护和促进社会公平正义，保持党和国家的活力，调动广大人民群众和社会各方面的积极性、主动性、创造性，促进经济社会的全面发展。中国特色社会主义制度是中国特色社会主义实现的保障。

中国特色社会主义三位一体的关系

　　习近平在十八大以后第一次集体学习时就强调：中国特色社会主义道路是实现途径，中国特色社会主义理论体系是行动指南，中国特色社会主义制度是根本保证，三者统一于中国特色社会主义伟大实践，这是中国特色社会主义的最鲜明特色。

98 三个自信

> 以改革开放30年、新中国成立60年、党成立90年的辉煌成就和历史经验作基础,2012年,胡锦涛同志在十八大报告中提出"三个自信"。"三个自信"是指:道路自信、理论自信、制度自信。

问题的起源

中国共产党人在近一个世纪的奋斗中,不断探索中国特色社会主义革命和建设道路,不断推进马克思主义中国化的进程,不断建构和完善符合国情的社会主义各项制度,在道路、理论和制度的统一中,取得了社会主义现代化建设的辉煌成就。特别是改革开放以来,我们取得的一系列新的历史性成就,为全面建成小康社会打下了坚实基础。我国经济总量上升到世界第二位,社会生产力、经济实力、科技实力迈上一个大台阶,人民生活水平、居民收入水平、社会保障水平迈上一个大台阶,综合国力、国际竞争力、国际影响力迈上一个大台阶,国家面貌发生了新的历史性变化。

相反,在国际上,20世纪90年代,随着东欧剧变、苏联解体,两极格局终结,西方发达国家一些学者妄言"人类历史终结了","人类社会发展至资本主义不再会向前发展了"。然而,资本主义的好景不长,2008年美国爆发了金融危机,随后欧洲爆发了主权债务危机,资本主义国家又开始进入新一轮经济危机,至今深未见底。

在国际国内进一步发生巨大变化的背景下,2012年,胡锦涛同志在中共十八大报告中告诫全党,要坚定中国特色社会主义的道路自信、理论自信和制度自信,正式提出"三个自信"问题。这蕴涵了中国共产党人对自己的历史开拓和未来发展的高度信心。道路代表着社会发展的方向,理论是我们前进的思想引领,制度则规范着我们的社会行为。三个自信的统一,决定了中国未来的发展态势。

三个自信的内容与相互关系

第一,道路自信。举什么旗帜、走什么道路,关系着一个国家的前途和命运。我们党的道路自信,主要取决于我们选择的中国特色社会主义道路是国家富强之路、人民富裕之路、民族复兴之路。在中国这样一个经济文化十分落后的国家探索民族复兴道路,是极为艰巨的任务。九十多年来,我们党紧紧依靠人民,把马克思主义基本原理同中国实际和时代特征结合起来,独立自主走自己的路,历经千辛万苦,付出各种代价,取得革命建设改革伟大胜利,开创和发展了中国特色社会主义,从根本上改变了中国人民和中华民族的前途命运。

第二,理论自信。作为党的指导思想的理论正确与否,是直接关乎党的性质、关系国家发展的重大问题。我们党的理论自信,主要来自于我们党的几代中央领导集体创立并发展的中国特色社会主义理论是被实践证明了的科学理论体系,是党最宝贵的政治和精神财富,是全国各族人民团结奋斗的共同思想基础,是发展中国特色社会主义的根本指导思想和强大精神力量。

第三,制度自信。制度问题直接关乎党和国家的发展方向。中国共产党的制度自信,主要来自于中国特色社会主义制度是符合中国基本国情、具有无比优越性的制度,是当代中国发展进步的根本制度保障。

中国特色社会主义道路自信、制度自信和理论自信是有机统一的。中国特色社会主义基本制度的确立,为中国特色社会主义道路的开辟和中国特色社会主义理论体系的形成提供了坚实的制度保障;中国特色社会主义道路的开辟为中国特色社会主义制度的建立和完善、为中国特色社会主义理论体系的形成提供了坚实的实践基础;中国特色社会主义理论体系的形成为中国特色社会主义道路的开辟和中国特色社会主义制度的建立与完善提供了科学的指导思想。中国特色社会主义道路、制度和理论体系,三者相互联系、相互制约,共同统一于中国特色社会主义伟大旗帜下,统一于中国特色社会主义伟大事业中。

三个自信提出的意义

"三个自信"源自于对中国特色社会主义的坚定信念,这一坚定的信念源自于中国人民在党的领导下进行艰苦卓绝的奋斗历史,源自于中国特色社会主义建设所处的基本国情和中国特色社会主义实践的现实,源自于中国共产党实现中华民族伟大复兴中国梦的美好前景。"三个自信"的提出具有重大意义。

"三个自信"的提出，是为了党团结全中国人民坚定不移地走中国特色社会主义道路，这是全中国人民在党的领导下自己选择的道路；是为了党依靠全中国人民弘扬"以爱国主义为核心的民族精神，以改革创新为核心的时代精神"的中国精神，这种精神是凝心聚力的兴国之魂、强国之魂；是为了党凝聚中国各族人民的力量形成中国力量，这是十几亿中国人民"心往一处想，劲往一处使"所形成的巨大力量，是"十几亿中国人民的智慧和力量"汇集起来所形成的"不可战胜的磅礴力量"；归根结底，是为了实现"国家富强、民族振兴、人民幸福"的中华民族伟大复兴的中国梦，它是历史的，也是现实的，更是我们未来共同的中国梦。只要党和人民始终坚定"三个自信"，中华民族一定能够傲然屹立于世界东方。

【知识链接】

孙力：《三个自信谱写社会主义现代化崭新篇章》，《探索与争鸣》，2012年第12期。

99 现代中国三个三十年

> 现代中国三个三十年是把 1919 年至 2009 年的历史分为三个三十年。第一个三十年（1919—1949 年），从五四运动中国共产党的创建到中华人民共和国建立，是革命战争的三十年；第二个三十年（1949—1979 年），从新中国建立到十一届三中全会召开，是社会主义建设探索的三十年；第三个三十年（1979—2009 年），十一届三中全会以来，是改革开放的三十年。

三个三十年提出的缘由

2009 年前后，在纪念中国改革开放 30 周年、中华人民共和国建立 60 周年、五四运动爆发 90 周年及中国共产党诞辰 88 周年之际，为了更好地研究历史，总结经验与成就，人们提出了现代中国"三个三十年"的概念。它以五四运动和中国共产党创建、中华人民共和国建立和社会主义制度在中国确立、党的十一届三中全会的召开等重大历史事件为标志，把从五四运动中国共产党创建至 21 世纪初的历史划分成三个三十年。

三个时期所包含的历史内容

第一个三十年：从五四运动、中共创建到新中国建立

1919 年 5 月 4 日，由于在巴黎和会上中国外交的失败，北京的大学生发动了五四运动，这是中国近现代史上第一次彻底的反帝反封建爱国主义运动。五四运动直接影响了马克思主义在中国的传播和中国共产党的诞生。1921 年 7 月 23 日，在共产国际的帮助下，中国共产党一大在上海和嘉兴召开，中国共产党成立。

中国共产党的成立使中国革命的面貌焕然一新。在中国共产党的领导下，工人运动蓬勃发展；1924 年，国共两党建立革命统一战线，革命形势迅速发展，

反动军阀被基本打倒；1927年面对国民党反动派的镇压，中国共产党毅然决然地发动武装起义，进行土地革命，开辟革命根据地，走出了农村包围城市的革命新道路；面对日本帝国主义侵华战争，中国共产党与国民党建立抗日民族统一战线，打败日本侵略者；随后，在中国人民的支持下，中国共产党又打败了国民党，获得了全国政权。1949年10月1日，中华人民共和国成立。

在这三十年中，中国共产党不断发展壮大，最终领导中国人民取得了中国革命伟大胜利。这是革命的三十年，是胜利的三十年。

第二个三十年：从新中国建立到十一届三中全会召开

新中国成立以后，在政权巩固与建设方面，实行了"三反五反"、土地改革，及三大改造运动，建立了社会主义制度；在苏联帮助下，初步建立中国自己的国民经济体系，五年计划的实行使得国民经济得到跨越式的发展，实现新民主主义革命向社会主义革命与建设的过渡。与此同时，进行了抗美援朝战争，并取得了伟大胜利，为国内和平与建设创造了有利的外部环境。

社会主义制度在中国建立后，中国的经济建设得到了前所未有的发展。虽然"大跃进"及后来的"文化大革命"较长时间阻碍了中国社会主义建设与发展，但是，随着"文革"的结束，对"两个凡是"的否定，实行全面的拨乱反正，坚持以经济建设为中心，中国特色社会主义建设又回到了迅速发展的正轨上来。

从1949年到1979年的三十年，是中华人民共和国建立、发展的三十年，是中国社会主义事业发展与探索的三十年。

第三个三十年：从改革开放到小康社会初步建立

十一届三中全会后，中国共产党放弃"以阶级斗争为纲"的口号，确立以经济建设为中心的方针，把中国特色社会主义建设推向了一个崭新的时期。由于传统中国是一个以农业为主的国家，工业生产力极为落后，虽然建立了社会主义制度，但仍处于社会主义初级阶段。为此，邓小平提出，实行全面改革开放，加快经济发展，"让一部分人先富起来"，先富带后富，实现全民共富的口号。到90年代初，改革取得显著成效，国民经济得到迅速发展，人民生活有了很大提高。为了适应新的国内外形势，开创社会主义建设新局面，中央作出关于建立社会主义市场经济体制的决定，全面开启小康社会建设。经过全面深化改革，全面对外开放，21世纪初，中国成为世界制造大国，经济总量位居世界前列，人民生活逐步进入小康社会。

改革开放的三十年，是中国特色社会主义建设取得辉煌成就的三十年，国家越来越强盛，人民生活越来越好。

三个三十年之间的联系与意义

第一个三十年是我们革命的三十年,这三十年里,中国共产党的创立无疑是开天辟地的大事,中国共产党在马克思列宁主义的引导下,在共产国际的帮助下,朝着共产主义的理想不懈奋斗。这个三十年里,我们取得了民族解放与民族独立的胜利,这个三十年为后面的历史发展奠定了基础。在第二个三十年里我国建立了社会主义的基本政治制度,奠定了社会主义公有制的经济基础,书写了伟大的历史新篇章。改革开放以来的三十年,我们党形成了中国特色社会主义理论,在中国特色理论的指导下,坚定地实行改革开放,取得了辉煌成就。在这三个三十年里,中国革命与建设的领导核心都是中国共产党,居于意识形态领域指导地位的思想都是马克思主义,执政党的宗旨和最终奋斗目标都是为人民服务和实现共产主义。前面的三十年为后面的三十年发展与进步创造了条件与基础,后面的三十年是前面的继续。因此,这三个三十年不是彼此割裂的,更不是相互对立的,而是内在统一的、继承发展的。只有这样看待三个三十年的关系,才能对中国现代史有一个较为完整与正确的理解。

【知识链接】
中共中央党史研究室:《中国共产党历史》,中共党史出版社2011年版。

100 "三严三实"专题教育

> "三严三实"是习近平同志提出来的,要求党员干部要努力做到"严以修身、严以用权、严以律己,谋事要实、创业要实、做人要实"。这是中国经济进入新常态,处于结构调整阵痛期、增长速度换挡期,发展到了爬坡过坎的紧要关口,为了找出解决问题的关键,为了加强党员干部的党性修养和作风建设所提出来的,是党员领导干部的为官之道和行为准则。

问题的起源

尽管一直以来我们党非常注意自身建设问题,但是由于种种原因,当前仍然面临不少问题与挑战,而且有的非常严重。2012年11月15日,以习近平为总书记的新一届中央领导集体履新之时,总书记就高瞻远瞩地指出,新形势下,我们党面临着许多严峻挑战,党内存在着许多亟待解决的问题。尤其是一些党员干部中发生的贪污腐败、脱离群众、形式主义、官僚主义等问题,必须下大气力予以解决。有鉴于此,2014年3月9日,习近平总书记参加十二届全国人大二次会议安徽代表团审议时,谈作风建设,首次提出"三严三实"。

2014年3月18日,习近平总书记在河南省兰考县调研指导党的群众路线教育实践活动时强调,作风问题本质上是党性问题,要做到严以修身、严以用权、严以律己,谋事要实、创业要实、做人要实。

2015年4月19日,中共中央办公厅印发《关于在县处级以上领导干部中开展"三严三实"专题教育方案》,对2015年在县处级以上领导干部中开展"三严三实"专题教育作出安排。

"三严三实"是新时期新阶段党的作风建设理论创新和实践发展的重要成果。领导干部要以"三严三实"作为修身、从政、成事的基本原则。

"三严三实"专题教育的内容与相互关系

严以修身,就是要加强党性修养,坚定理想信念,提升道德境界,追求高尚情操,自觉远离低级趣味,自觉抵制歪风邪气。

严以用权,就是要坚持用权为民,按规则、按制度行使权力,把权力关进制度的笼子里,任何时候都不搞特权、不以权谋私。

严以律己,就是要心存敬畏、手握戒尺,慎独慎微、勤于自省,遵守党纪国法,做到为政清廉。

谋事要实,就是要从实际出发谋划事业和工作,使点子、政策、方案符合实际情况、符合客观规律、符合科学精神,不好高骛远,不脱离实际。

创业要实,就是要脚踏实地、真抓实干,敢于担当责任,勇于直面矛盾,善于解决问题,努力创造经得起实践、人民、历史检验的实绩。

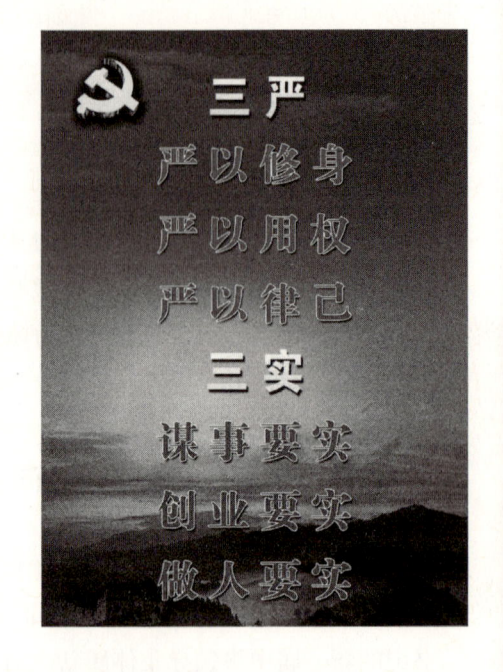

做人要实,就是要对党、对组织、对人民、对同志忠诚老实,做老实人、说老实话、干老实事,襟怀坦白,公道正派。要发扬钉钉子精神,保持力度,保持韧劲,善始善终,善作善成,不断取得作风建设新成效。

"三严三实"作为世界观和方法论、内在价值和外在规则相统一的有机整体,内涵丰富,指向明确。"三严"指向主观世界的改造,是内在要求;"三实"指向客观世界的改造,是行为取向。"三严"为"三实"奠定基础。"三严三实"体现党员干部为官做人的基本准则和目标追求,是党的作风建设的基本要求,是落实党要管党、从严治党的迫切要求。

"三严三实"专题教育的意义

"三严三实"涉及良好的品德、官德的养成,蕴含着中化优秀文化从政修养的精华,传承着我们党的优良传统,与中华民族文化血脉息息相通。中国共产党的作风既是马克思主义的,同时又扎根于中国传统文化的土壤,具有中国气派。"三严三实"既是传统美德,也是做人最基本的标准,几千年来沿袭至今。"三严三实"的提出,是对世情、国情、党情的正确研判,是党的建设经验教训的深刻总结,是马克思主义党建理论的坚实基础,是党的作风建设理论创新、弘扬历史经验和解决现实问题的必然结果,"三严三实"专题教育活动是党中央在落实八项规定、聚焦反对"四风"进入新的阶段做出的新的重大部署,先破后立,逐步深入,具有很强的针对性和指导性,是加强作风建设的新征程,是推进党的建设和改革发展各项工作的重要保障,对于进一步巩固党的执政基础和执政地位,推动实现"两个一百年"的奋斗目标,实现中华民族伟大复兴的中国梦,具有重大而深远的意义。

【知识链接】

王树荫、石亚玲:《"三严三实"论》,《中国特色社会主义研究》,2015年第3期。

朱继东:《"三严三实"的时代意义与践行路径》,《前线》,2015年第9期。

后 记

从 2015 年 6 月开始，历经半年时间的紧张工作，《百年中国百个"三"》书稿终于完成了。在书稿交付之时，我们想就书稿写作中的几个问题加以说明。

本书所说的"百年"，是指辛亥革命迄今的大约百年。因为有些事件、人物前后时间跨度较大，有的需要交代背景和前因后果，可能超出了年份界限，但事件的发生和主要影响仍在这百年之中。书中所述的"百个三"，其中 12 个具有总括性特点的条目列入总论，其他条目则在分论中按时间顺序加以编排。

为保证本书创作的顺利进行，我们组织了编委会，负责全书的创意策划、谋篇布局、内容选取、条目遴选和书稿撰写的组织工作。本书由江西师范大学党委副书记聂剑教授任主编，江西师范大学马克思主义学院党委书记王员教授、历史与文化旅游学院院长万振凡教授任副主编，江西师范大学党委宣传部部长黄保文、马克思主义学院院长周利生教授、历史与文化旅游学院教师黎志辉博士、党委宣传部干部刘芳华为编委。江西师范大学马克思主义学院和历史与文化旅游学院的 26 位教师和研究生参与了本书的写作，他们是（按姓氏笔画排序）：万振凡、王员、卢飞龙、朱明正、李正兴、肖华平、吴红英、吴郁琴、余淑兰、张宏卿、陈思、陈莎、邵晓秋、周利生、查明辉、徐少文、倪骏、袁初明、曹开华、彭庆鸿、蒋贤斌、韩桥生、韩玲、曾宪足、廖声莲、黎志辉。全书由主编、副主编统稿、审稿。

在本书写作的过程中，参考和吸收了诸多学者的研究成果，在此一并致谢。感谢江西人民出版社王一木博士为本书的出版所付出的辛勤劳动。

由于时间紧和水平所限，书中一定还存在一些不妥与疏漏之处，敬请读者批评指正。

编　者

2016 年 4 月

图书在版编目（CIP）数据

百年中国"百个三"/聂剑主编．－－南昌：江西人民出版社，2016.7
ISBN 978-7-210-08561-4

Ⅰ．①百… Ⅱ．①聂… Ⅲ．①中国历史－研究－近现代 Ⅳ．① K250.7

中国版本图书馆 CIP 数据核字 (2016) 第 146746 号

百年中国"百个三"
聂　剑主　编
责任编辑：陈　茜
封面设计：同异文化传媒
出　　版：江西人民出版社
发　　行：各地新华书店
地　　址：江西省南昌市三经路 47 号附 1 号
编辑部电话：0791-88612505
发行部电话：0791-86898815
邮　　编：330006
网　　址：www.jxpph.com
E-mail:942867919@qq.com　web@jxpph.com
2016 年 7 月第 1 版　2016 年 7 月第 1 次印刷
开　　本：787×1092 毫米　1/16
印　　张：18.75
字　　数：350 千字
ISBN 978-7-210-08561-4
赣版权登字—01—2016—405
版权所有　侵权必究
定　　价：36.00 元
承　印　厂：南昌市红星印刷有限公司
赣人版图书凡属印刷、装订错误，请随时向承印厂调换